© Gen'
Graphismes couverture et dessins des chapitres.

OLIVIER NECKER

LE COUPLE,
Entreprise de vie…
Tome I

AUX AMOUREUX...

PROLÉGOMÈNES

LE présent ouvrage – essai à chaque volume – porte sur les principaux termes, mots, maux, faits et concepts traités, parfois incompris, aussi oubliés au cours de la vie de couple, dans un projet continu, à la relation duale mêlant inter-action et réciprocité, à dessein du couple. Il s'agit d'approcher tant les parties, à la fois politique, sociologique, esthétique, historique, philosophique, analytique, psychologique du couple, tant sur la libido, les mœurs, l'amour, la famille, le spirituel, le mariage, la santé, le territoire, etc. Avec tous les éléments, les faits du quotidien et de l'histoire restant dans une relation de dépendance réciproque, qu'il se trouve souvent difficile d'inter-agir dans l'immédiateté, aussi dans l'espace-temps ; ainsi que tous les antagonismes pouvant et se trouvant importants dans tout parcours de vie. Au regard d'une photographie ou d'une peinture.

Afin de marquer les relations entre les termes et notions, il ne sembla point nécessaire de présenter dans un ordre alpha-bétique, car j'invite le lecteur à établir lui-même par-delà ses sensibilités, les relations significatives entre ces derniers, en y associant le langage, au risque de provoquer l'arbitraire d'une signification hypothético-déductive au regard de la construc-tion d'un dictionnaire. Chacun des termes retenus porte l'objet d'une définition et d'un commentaire. La définition rappelant l'acception dans un usage courant et rigoureux de la langue, alors que le commentaire représente l'essentiel de l'étude *(his-toire – sociologique – structure – problèmes – inductions – philoso-phiques – références...)*.

Ce travail de recherche, au départ s'articula autour d'un « mé-moire » photographique sur le mariage, et me renvoya *(dès la première année)*, autour, mais aussi à l'intérieur du couple, ce, au travers de toutes les pensées et mécanismes devant s'y rapporter. Certes, il n'y eut rien d'aisé à établir une corrélation entre les termes, tant certains paraissaient « loin » et « hors » du couple. Car les mots ne se rattachent pas toujours aux maux et inversement ; pourtant, au cours de mes recherches, des rencontres, toutes les études de cas (*Fiançailles, Mariage, Divorce, Amour…*), me permirent de comprendre, de mesurer l'importance et l'étendue, de ce « casse-tête » de vie qui se trouve malmené dans cet environnement ou chacun se voit ou se situe en qualité d'expert de la vie de couple, par d'étranges truchements.

Je choisis de porter un « autre regard » à l'appareil interne et externe du couple, à savoir l'ensemble des concepts et mythes l'entourant, l'encadrant, le composant et le faisant, avec le plus grand nombre de variations (politiques, sociales, esthétiques et philosophiques) à notre époque. Et tenter de décrire ces dernières dans les formes et les fonctions, aussi de les notionner au regard des règles établis dans les sociétés au cours des âges, à l'image d'une entreprise, dans une approche systémique et non comme une vérité absolue.

Le Couple existe depuis les origines de la vie, de nombre d'espèces et des hommes sur terre. Le couple « humain », histoire longue et tourmentée « *d'Adam et Ève* », jusqu'à nos jours, célèbre ou non, tous existent dans ce mouvement perpétuel de la vie. Il semble que par-delà nombre de cultures, que le mariage ne fit que lui conférer un autre cadre – voire une dimension sociale, économique, politique, organisationnelle, spatiale, spirituelle, temporelle… Auquel, les hommes et les femmes tentent encore d'apporter un certain nombre de solutions plus ou moins bonnes, des récentes évolutions et révolutions dans son efficience. De nombreuses réflexions s'articulent autour du couple, ses conceptions, ses problèmes, ce, de manière « isolée », mais peu collectivement devant ce flot informationnel de plus en plus important d'une culture de l'individu comme une entité à part entière de vie, dans ce monde moderne !

Pourtant, devant la multiplicité des sujets et questions autour et dans son fonctionnement, il peut sembler « simple », de ne traiter que quelques points, mais devant tant de questions et de définitions, il me fallut puiser dans une large part de la littérature : classique, historique, sociale, religieuse, amoureuse, psychanalytique, tant occidentale, anglo-saxonne, orientale, latine, africaine, mais aussi dans les études de cas auprès de médecins, de chercheurs, d'hommes de lois, de religieux, d'observations et d'échanges avec des hommes et des femmes de tous âges et cultures. Afin que la démarche reste « simple », et comprise de chacun dans un vocabulaire, ne se limitant pas aux seules définitions, mais aussi à l'ensemble des concepts établis dans les sociétés au cours des âges et tenter de les notionner. Avec un commentaire étayé de références aux propositions des définitions retenues, réfléchir à tout ce qui compose et fait l'histoire humaine et du couple – expérience quintessencielle à laquelle, il faille se replonger, afin de tenter de la situer entre le passé, le présent et l'avenir.

Depuis longtemps et de plus en plus, l'homme se bat avec les idées à l'aide des mots et moins pour les maux, car ce qui semble le plus important à retrouver, l'ensemble des idées de chacun, ainsi que l'organisation conceptuelle des pensées au fil du temps qui passe au sein du couple. Sans pour autant oublier que dans le dessein des hommes, toute incompréhension des mots conduit à une voire des situations conflictuelles à l'autre, malgré le développement de la psychanalyse. Nonobstant la jeunesse de cette dernière, il semble de plus en plus important de renouveler la compréhension du couple au travers des âges, des cultures, mais surtout au travers des histoires familiales et culturelles de chacun – malgré les difficultés à s'y référer parfois – avec ses codes, ses particularités et ses originalités. Au travers d'un vocable intégrant un grand nombre de codes du couple ; en tentant d'éclairer certaines ambiguïtés et contradictions.

Sans prétendre à la plus grande exégèse des termes et textes, mais plutôt ce qui devrait s'expliquer, afin que chacun y comprenne et trouve des réponses, et des pistes de réflexions « nouvelles », à quelque niveau des expériences de vie ; au travers de nombre d'approches existantes. En souhaitant que ce travail réponde à l'utile, qu'il devienne non seulement un outil, mais un document de travail, de réflexions, pour chacun dans sa curiosité, sa quête d'information, tant sur l'histoire du couple, ses concepts, ses origines, ses évolutions, ses échecs et au sein des sociétés.

Certes à la réalisation d'un tel ouvrage, chaque lecteur attentif, informé, exigeant ou non découvrira sans doute des lacunes, des critiques d'interprétations, des erreurs de fait, chacun ira de son expérience, de son approche personnelle, philosophique, sociale et culturelle ; et communiquera sa critique, son point de vue sur l'objet, le contenu et la forme des textes, de son vocabulaire, ainsi que l'organisation sémantique. À certains thèmes et sujets, certains, pourront interpréter mes explications, comme des prises de position, strictes et mêlées d'idéalisme, pourtant, chaque sujet comporte son système de symbole et aussi d'idéal que chacun cristallise, au gré de son expérience et de sa vision d'humaniste – cependant une réflexion nécessaire.

Ceci restant une réflexion et non à la stricte *doxa* du couple, du célibat, du pacs ou du mariage. Car, le couple ne se regarde, à sa seule expérience et son entourage direct, mais au-delà des frontières, dans les visions, les échanges, les cultures, les politiques, les philosophiques et les projets induisant des différences sur le plan humaniste – Occident, Orient, Asie, Afrique, Amérique, Océanie –, une histoire humaine en continu.

Olivier Necker

CHAPITRE I – LE COUPLE

I — COUPLE

n.m. Homme et femme unis par le mariage ou par les liens affectifs. – Réunion de deux personnes – rapprochement de deux personnes lié par l'amitié, l'affinité, des liens communs.

Depuis le début de l'histoire humaine, le couple la débuta et la poursuit encore. Pour beaucoup, cette dernière commence dans la Bible au livre de la Genèse, par Adam et Ève, démarrant par là même l'humanité ; pour d'autres, *il* débuta bien avant par « la préhistoire », mais aussi par les différentes mythologies. Cependant, il reste certainement, l'association humaine la plus ancienne dans l'histoire de toutes les sociétés, il en permit tous les grands changements et développements *(moraux, sociaux, matériels et intellectuels)* en son sein. Au regard de nombre d'études et d'ouvrages, il comporte nombre de connaissances humaines, pour toutes les parts de la société, allant vers le progrès ; mais tend aussi sous différentes influences, vers un recul, voire un repli de ses progrès, par l'espérance qu'elle portait pour un grand nombre.

En abordant ce sujet, je voulus marquer toute l'hétérogénéité le composant, par tous les points retenus. Il ne s'agit pas de le regarder comme une épreuve intellectuelle au sens premier – de mettre en évidence – ébranler pour certains, ses lignes *Maginot* – théoriques et pratiques –, derrières lesquelles, se voit chacun d'entre nous, un refuge et un abri, confortant par là même notre psyché. Dans son histoire, il ne peut se regarder comme *Janus*, car il comporte de multiples visages. Cependant, certains diront qu'aborder ce thème va au nihilisme, parce que dénué de toute signification. Car, comprendre le couple peut devenir une vertu au mérite de l'esprit, en reliant à toutes les choses sensibles nous entourant, non comme une vérité unique, mais une force stimulatrice de vie allant à hue et à dia.

En ce début du XXIe siècle, la condition humaine actuelle, par ses rapports, se raconte-t-elle seulement par les violences de la société ? Se voit-elle sans fausse pudeur dans le réalisme viscéral de ses idéaux ? À quoi peut-il servir dans la vie actuelle ? Ces questions font que la vie du couple en son sein, comporte aussi ses violences, par beaucoup de sujets retenus aux différents chapitres. Le couple représente une large partie de l'ensemble des connaissances universelles développées : du savoir et du savoir être – relation de face-à-face – perception des autres, dans une distance rapprochée. Par l'obnubilation des problèmes personnels, limités au quotidien, toutes les transmissions naturelles et intergénérationnelles s'annihilent, dans les parties subjectives de l'amour, au profit de l'objectivité individuelle.

À l'heure où chacun parle de valeurs de la famille, peu parlent de la valeur du couple et non la présenter comme une valeur refuge pour le commerce, l'économie et le spectacle ; mais, comme un élément important constituant la vie publique ; donc sociale – une espérance commune du dessein humain ; par sa rencontre, comme l'étoile polaire devenant guide. Pour beaucoup, il se trouve prit dans sa structure hiérarchique –, par le rapport de force, de pouvoir et de son organisation de vie plus ou moins ouverte ; où l'un peut rentrer en compétition avec l'autre, afin de déterminer un vainqueur figé. Le couple va aussi à dessein de la vie, dans son rythme, son équilibre, par ce côté dual de l'existence ; car en chaque chose, il y a un contraire, tendant à l'équilibre. Pourtant, l'un et l'autre « possédons » ce pouvoir, cette capacité de régulation, comme la lumière du jour et la nuit ; une complémentarité utile, nécessaire et essentielle.

Le couple dans sa finalité, se perçoit et se regarde comme un courant électrique, avec ses pôles positifs et négatifs, générant un courant électrique de vie continu ; une belle histoire, où le mariage lui confère « l'extraordinaire », sortant l'un et l'autre de la grisaille, de la solitude de la vie quotidienne. Car, le mariage se voit encore pour beaucoup comme une norme absolue de vie, avec ses détracteurs et ses défenseurs. Comme à toute entreprise, celle du couple, doit aussi les interroger sur le sens de leur responsabilité sociale commune et individuelle – une entrepreneuriale de leur philosophie, intégrant partage, sincérité, équilibre et développement durable. Cette entreprise de vie se mesure aussi sur l'unicité, la pluralité et l'exemplarité des personnes (hommes et femmes), dans l'esprit et la défense d'un projet moral, social, humain, donc sociétal ; chacun possédant ce choix, devra les porter tôt dans la rencontre et dans la suite de vie. Cependant, il demeure multiforme, parce que deux personnes, par deux stratégies de vie doivent se combiner, se compléter et se diversifier dans leur rapport – comme un apprentissage, une découverte continue. Car, tout couple se trouve en proie à des zones d'échecs et de déceptions au cours de sa « vie ». D'autre part, ce bonheur parfait que nombre beaucoup attendent du couple apparaît comme une attente religieuse qui se trompe d'objet et d'un point de vue mystique, d'autant dira que seul Dieu peut donner cette paix et cette joie du cœur. Car l'amour totalisant demeure la négation de l'altérité.

Pour toute découverte, construction et développement, il y a une naissance historique et sociale du couple, existant depuis les origines de l'homme, au sens religieux ou non. Découverte se regardant aussi dans les environnements respectifs *(communauté, langage, philosophique, politique, sociale et religieuse)*, montrant aussi le niveau de civilisation liée à l'époque, le reflet de l'économie à l'échelle locale, régionale et nationale ; par la société des classes, où le rapport diffère entre « riches » et « pauvres ».

Le couple se regarde pour beaucoup (spécialistes ou non) dans une théorie historique (discutable) de la dite « évolution en boucle », ou toute situation antérieure, analogue ou non, se répète dans un cycle de vie *(mois, années)* ; où sa fermeture se voit comme initial dans un final se reproduisant et non à cette seule atonie se développant dans les réflexions sociales et politiques. Pendant longtemps, son regard se porta sur le principe de La Trinité – par le : je, tu, nous – formant une personne morale défendant des valeurs morales, humanistes ne se limitant pas aux références lénifiantes de l'époque. Dans un regard binaire, nous abordons ses rapports comme seulement dualiste, par l'expérience des contraires, des échanges malheureux, des souffrances et des blessures, des réalités humaines. Pourtant, chacun tend à s'inscrire dans la recherche d'une bonne relation ouverte à l'autre – comme le sens de la vie – portant au plus haut, les promesses réelles et virtuelles, pour une réalisation pleine et entière de chacun. Jadis, le couple demeurait la porte d'entrée dans la famille, marquait le temps, et surtout amplifiait et signifiait les relations humaines – du groupe –, en premier lieu.

Les différentes réformes et révolutions dans les mœurs en Occident depuis les années soixante, conduisirent peu à peu à des rapports différents dans les comportements au couple, par un développement des références initiales à l'individuel ; notamment le contrôle des naissances – et hors mariage, le mariage, le divorce et la famille. Ces changements portèrent le regarde sur l'évolution du couple hors de ses « normes » et ses « cadres réducteurs », par l'apport triomphant de l'individu, devant l'en sortir pour répondre à de nouvelles exigences sur ces mêmes normes et celles de la famille, mais aussi par le choix de se séparer ou de se remarier, comme souhaité. Depuis le XXe siècle et ses différentes révolutions et mouvements, le schéma du couple homme/femme subit quelques changements, par le fait que nombre de revendications du féminisme s'adaptèrent plus aux lois masculines – dans les comportements (autonomie, domination, conquérantes), en opposition à : la tendresse féminine, l'écoute, la sensibilité, la vulnérabilité, la passivité. Car l'époque allant à l'individu, le besoin d'équilibre de nombre de couples passe à la fois, par le physique et le psychique ; et aussi par plus d'écoute et de compréhension dans les actes réclament plus de négociations, que de rapports de force, dans cette fonction du féminin. Cependant, le couple doit se vivre dans la sincérité de ses rapports et exigences, dans l'ensemble des échanges et rapports entre les hommes et les femmes ; exigences se vivant avec beaucoup d'opposition, au regard de l'époque.

Malgré les lois et « avancées sociales », il semble que l'espace social reste patriarcal, car tous les modèles restent masculins –

par là même inégalitaire pour les femmes dans cet unique espace et d'un meilleur développement du couple et d'un projet humaniste. Car, les règles normatives du couple passeront aussi par une réévaluation et une réhabilitation du féminisme –, au sens du couple traditionnel homme/femme.

Cependant, le couple et la philosophie restent parmi les phénomènes les plus grandioses depuis l'Antiquité. Le premier prit naissance dès les origines, alors que le second se voit plus récent influença les raisonnements. Une des questions à se poser : sur quel modèle fondamental repose le couple ? Sur la contradiction, la passion ? Cependant, les deux vont à dessein pour le dialogue, la logique et non pour induire à une contradiction de soi, ne pouvant garder le respect de l'autre. D'ailleurs, les différents paliers graduels de la relation et échanges duaux du couple, s'observant passent par :

- Le possible et l'impossible ; – le vrai et le faux ;
- L'honneur et la honte ; – la certitude et l'incertitude ;
- La beauté et la laideur ; – le probable et l'improbable.

Des idées inférant tout au long de « sa » vie, dans le jugement de valeurs, du tout à vivre et à faire. Une recherche de *vérité* impossible pour beaucoup et pas nécessaire pour d'autres ; se suffisant d'opinions et d'idées vaines, mais juste, du bon sens à partager.

Cependant, le couple se régule et se compare aussi dans les « traditions » occidentales et orientales, comme une opposition des civilisations et des traditions, mêlant ordre, optimisme et renoncement du monde – rapports à la vie, à Dieu, à la mort et la raison. Depuis la renaissance, l'Occident et l'Orient se développèrent différemment, car les conceptions logiques du couple se fondèrent sur d'autres aspects philosophiques sur l'être, avec conscience ou pas. D'un point de vue philosophique, Leibniz dans son ouvrage « *De rerum originatione radicali* », il estimait que tout dans la réalité, repose sur des contradictions. Dès lors, le couple se baserait sur un défi, lié aux équilibres aux lois de la nature et surtout à celles des hommes. Il répond depuis longtemps *(en Occident)* à un modèle de pensée induisant une base régnante du Platonisme. Car, nous avons longtemps dissocié la pensée du corps et surtout mîmes en avant ce dernier. Réfléchir sur le couple dans ce monde moderne, posera de : ses problématiques, son utilité à la société, à la santé, mais aussi comme moyen d'éducation et de transmission. Le couple regroupe aussi nombre de passions et d'idéaux partagés, devenant des remèdes à nombre de maux – un régulateur social. Car, à nombre de cultures, dans l'histoire humaine, les couples, par leurs rapprochements, s'engagèrent à rester l'un pour l'autre, de s'écouter et de ne pas fuir, dès les premiers problèmes ou soucis.

Au regard de la structure sociale élaborée, le couple ne peut s'élaborer que dans les « espaces » balisés, ces derniers tenant de moins en moins compte de son développement, d'où la question : Le couple compose-t-il et fait-il l'ordre social ? Car, la société a besoin des couples, car ces derniers permettent un équilibre de l'écosystème humain, et non des ions ne vivant pas au contact des autres dans le groupe. D'ailleurs, le nivellement des lois permet de comprendre sa parfaite ou imparfaite humanité, par l'infaillibilité des jugements et des procédures, touchant au concubinage, au mariage et au pacs. En regardant l'histoire, il n'y a pas « d'école », de système éducatif, au regard du système politique à comprendre et apprendre le couple. Il reste une expérience propre à chacun, où seule l'éducation des parents et l'entourage direct permettent – en partie – cette préhension. Aussi, pour progresser, le couple ne s'entraîne pas à devenir pire ou meilleur, mais s'appuie sur les forces et faiblesses de chacun, comme un « double » sportif – ou l'un remplissant l'autre de son caractère.

Aujourd'hui, depuis la deuxième moitié du XXe siècle, suite à tous les mouvements sociaux et économiques, et devant les codes et impératifs de la société du narcissisme et de l'ego, l'essentiel va à la réussite de sa vie, devenir riche et de le monter au plus haut, comme une vie d'étoile. Cela ne va pas sans causer d'écueils dans les relations et objectifs de vie humaine, mais à la doxa de l'image et des apparences – critères de l'époque. Or, va-t-on au couple pour l'image ou compléter une harmonie sentimentale ? À la différence d'un sportif, on ne peut mesurer le couple par les seules conjonctions : talent, désir de réussite et expérience ; car dans le sport, le principal facteur repose sur la compétition – l'opposition de l'adversaire ; or, le couple comme toute entreprise, ne se régit par ce seul fait. Cependant, la modernité politique, sociale et économique de la société, se voit aussi dans le maintien et la structuration des capacités régulatrices des hommes et des femmes, dans leurs protections individuelles et collectives ; favorables à leur unicité et non du rapport antinomique.

Selon l'Insee, en 1999, la France comptait 23,8 millions de ménages ; où la composition des familles évolua –, montrant une transformation des mentalités et des comportements. Ces derniers diffèrent par leur taille, qui jadis s'imposait par le nombre des membres le composant ; aujourd'hui, les ménages se composent de couples célibataires – fort nombreux –, de couples sans enfants et monoparentales. Un peu plus de la moitié des ménages comptent une ou deux personnes, une personne sur trois, vie seule dans un logement et un couple sur quatre restes sans enfant.

Au cours de l'histoire en Occident, le couple devint à la fois universel, et uniforme dans la construction « des mondes ». Étymologiquement l'universel se voit tourné vers un tout (raison, connaissance) fondant une identité individuelle et commune pour ceux qui l'acceptent dans sa globalité ; alors que l'uniforme tend à renvoyer au factuel et à l'économie. Cependant, le couple se regarde dans sa valorisation par un couple « élu » ou modèle, par interposition dans la famille ou dans la société, comme en transfert d'une large partie de soi sur ce modèle ; semblable au processus du coup de foudre.

Malgré certains débats aujourd'hui, la femme demeure le moteur de la réussite du couple, tant dans l'histoire passée, présente et certainement future. La femme comporte tant de facettes importantes et utiles dans la vie, dont, intrinsèquement l'homme peut ignorer (comme jadis) et s'en exonérer. Ce moteur, comme tout autre, doit s'entretenir à tous les instants de la vie et impose aussi des contrôles (techniques) de vie –

bilan permettant au couple de s'assurer qu'il poursuit bien leur projet de vie, comme initialement décidé. Cependant, elles restent et resteront porteuses de la vie, par conséquent gardent le contrôle de cette dernière par les naissances et souhaitent porter de nouvelles valeurs morales à la société, notamment sur l'égalité des sexes, par un apport plus important du féminisme. Cependant, les femmes restent différentes des hommes (idem pour ces derniers) et ce discours de différenciation, parcours les canaux de communication des sociétés avec diverses approches. D'où deux questions : abolir cette différence des sexes ? Ou affirmer une supériorité totale des femmes sur les hommes, afin d'oublier cette domination ?

Depuis toutes les libérations, le couple souffre aussi du changement rapide de la position des femmes, beaucoup le décrivent comme ont pour elles ; mais mauvaises pour les hommes, car ils souffrent de plus en plus de leur masculinité. À la moindre manifestation de leur part, les voilà sacrifier sur l'autel pour machisme, usant de la force brute, de ne pas exprimer suffisamment sa féminité ; cela entraînant des conflits d'idées opposant l'histoire à la réalité. Les hommes et les femmes restent des êtres identiques et différents, devant se compléter par leur association et non rentrer dans un combat d'être inférieur et supérieur. Cela nous renvoie à cette idée circulant et affirmant qu'il y a une féminisation du masculin et vice versa ; que chacun doit l'assumer et l'affirmer, afin de rentrer dans cette dite égalité, induisant plus dans l'apparat et le futile que dans le fonctionnel –, au risque d'augmenter les conflits. Alors que la principale demande des femmes, vis-à-vis du couple, se situe sur l'écoute, l'entraide, la compréhension, le dialogue, le partage dans l'amour et aussi dans les passions de chacun. Car, elles occupent une plage plus large du social et de l'économie, par leur travail – leur besoin d'indépendance et leur implication à tous les étages de vie.

Les principales capacités et incapacités du couple, se regardent aussi par le fait d'accepter ou de refuser : la honte, le déshonneur, les injustices et les injustices. Cependant, sa *crois-*

sance repose sur la capacité d'aide réciproque de chacun dans tous les domaines, aidant à rester heureux, optimiste –, une innovation relationnelle de ses activités, son langage, sa capacité à recréer son amour ; l'aide au développement personnel et professionnel de l'autre. Car, aucune entreprise ne se construit sur l'éphémère, mais sur le désir de durer, clé de voûte à toute organisation de vie. L'effet de prévisibilité induisant un statut durable fondant le couple par la famille ; les projets de vie, d'habitat, de travail, etc., ne se voit plus comme un absolu, au regard du climat social ne permettant pas de « se ranger ».

D'un point de vue psychologique, le couple se regarde aussi comme une tragédie à l'endroit comme à l'envers – car le résultat ne se connaît pas par avance au vu des souhaits par la rencontre « bénéfique » et d'ailleurs toutes les tragédies restent humaines. Une religion, où chacun va au salut de l'âme de l'autre – position délicate des conflits au regard du rapport aux Dieux. Et comme une société, symbole de l'universelle, car depuis toujours, s'organisa comme une entreprise, une société, avec ses codes, ses dates, son système de gestion et même ses lois Avec comme particularité, la non-violence – inverse de la société. Le couple existe par ce besoin exigeant, normal et naturel de remplir ce vide de la vie selon une loi naturelle, permettant de développer une histoire commune se mêlant et se confondant à l'histoire humaine.

En général, le couple répond à ces cycles ou phases – faisant ou non son entreprise de vie par : la rencontre, le lien affectif, la perte des illusions et la rupture (définitive). Car, le couple humain se regarde dans ses nombreuses métaphores, illusions – mensonges – mais aussi ses concepts lui permettant de se distinguer de nombre d'espèces vivantes, par sa hiérarchie et sa gradation sociale. Car il contribue depuis longtemps aux différentes métamorphoses des sociétés, par des codes de compréhension – de vérité –, néanmoins métaphoriques. Pourtant, tout couple, comme toute entreprise, se construit sur l'association de personnes – compatibles – portant nombre de valeurs communes (*visions, intérêts, buts)*, ne devant compromettre en péril et en ruine son édification ; mais dans une prospérité conscientisée, longuement pensée et réfléchie.

Dans nos sociétés, depuis que le mythe des princes et princesses se développe dans l'imaginaire collectif, par cette notion du « couple parfait », non soumis aux interdits et toujours à la lumière et vivant dans un monde confortable, un rêve se voyant comme une vérité – un parallèle du miroir à ces effets. La recherche de l'esthétisme répond au sens définissant le bonheur, les mouvements qu'elle entraîne, par une satisfaction morale induisant une éthique. Cet esthétisme se trouve aussi tragique, car elle comporte deux côtés : rationnel et irrationnel, dans les limites d'espace et de temps. Car, il se bâtit et se construit comme un réseau de communication, entre l'un et l'autre. Aussi, le besoin d'esthétisme de l'homme se voit différent de la femme, au regard des différentes révolutions infléchies, par les pôles positifs et négatifs du dualisme du caractère masculin et féminin. Ses contraires, complémentaires dans l'association des contraires particuliers, dans la fusion finale et de recommencement.

« L'assemblage » du couple varie dans une large proportion (beauté/laideur – intelligence/sot), dans une échelle de valeur et représentativité initialement établies, selon des critères sociaux, politique, morales, esthétiques et religieuses de l'histoire et de l'époque ; *« un homme peu brillant ne se retrouve que très rarement avec une femme d'esprit »*. L'inverse ne souffre que peu de critique, mais d'autant dira toujours, *« Comment un homme si brillant peut s'enticher d'une femme si légère, un peu vulgaire ? »*. Dans cette recherche d'accord, l'homme ou la femme brillante *(trop)* effraie aussi ; idem sur l'amour qu'il partagera, sur la démonstration de sa jalousie. Cela tend à monter dans le dessein humain, combien élever, l'homme ou la femme « jusqu'à nous », au lieu de s'élever à lui/elle – une recherche d'harmonie pour un accord plus parfait dans l'équilibre devant exister entre le couple et le *monde*.

En analysant cette phrase de Nietzsche, dans *Zarathoustra* : *« L'homme est fait pour se dépasser. Homme t'es-tu dépassé ?*

Homme, qui t'a appelé à te dépasser ? ». N'invitait-il pas dans une juste proportion, l'homme et la femme –, le couple, à se dépasser par leur rencontre, à développer leur connaissance de soi, tout au long de leur vie partagée ; afin, aussi de développer leur âme dans une libre expression de la personne. Bien sûr, tout cela ne peut se mettre en place, qu'avec la volonté de faire et de se réaliser pour chacun, dans l'acceptation de l'autre avec ses différences et ses spécificités – s'il faille atteindre une dimension de l'immortalité de l'âme. De là, naît et grandit l'amour, la fraternité, la liberté et l'égalité, qui renforceront le sentiment d'une vie juste où la famille, le droit et tous les autres points s'y rattachant, conduisent et développent tout projet d'une société tolérante et humaine.

Pour beaucoup, le couple semble perdre de « sa sève », celle de l'amour – car les urgences immédiates du quotidien, semblent faire en partie oublier l'urgence de l'essentiel de vie. Car, le cours emprunté par cette vie globalisée, produit de plus en plus d'effets pervers, que positifs sur les personnes – divorce grandissant, solitude, individualisme, communautarisme, etc., où seul semble compter, l'aspect quantitatif des choses et moins le qualitatif des personnes. Pourtant, il reste un moteur devant se régénérer, dans une mutualité des corps et des esprits, afin de ne pas dégénérer rapidement. Aujourd'hui, devant les difficultés du vivre ensemble, de communiquer et de partager – des problèmes « vitaux », au regard de la planète – il conduit un grand nombre – de plus en plus – vers une désintégration, mais moins vers une métamorphose. D'où la recherche d'une aide « externe », pour en limiter les effets *négatifs,* par un conseiller conjugal et/ou d'un thérapeute de couple, afin « d'éclaircir » les conflits, et de faire comprendre à l'autre les enjeux de leur couple – et de son entourage.

Pourtant, chacun dans sa rencontre avec l'autre cherche à se transformer, se guider mutuellement, à l'image de l'étoile polaire, indiquant ce « Nord » et non à se désintégrer. Cependant, ses problèmes se trouvent communs et identifiables (Asie, Amérique du Sud et Afrique), car nous vivons une *(réelle)* unification des problèmes sociaux, se reliant au couple. Et tenter de comprendre ce réalisme, renvoi à comprendre l'utopie de ce monde « parfait », en approchant les problèmes vitaux des systèmes sociaux, dans nombre de fondamentaux au dessein humain. Pour Kant comme pour Aimé Césaire, l'homme doit s'élever à l'universel dans une construction et reconstruction permanente.

Un plaisir de vie à partager, à développer, en réponse au bonheur de vie partagée dans le temps, par le respect, la conscience de l'autre, la générosité des corps et esprits, de l'écoute, de la parole d'amour et de l'entente sexuelle. Où le plus difficile devient le maintient et la quête de ce plaisir de vivre en l'autre et avec lui (elle), comme une altérité aux malheurs survenant. Car, l'abondance des biens matériels aujourd'hui, ne suffit plus au seul bonheur des personnes et des couples, car il s'agit d'apprécier le temps, par le *plaisir*[1] – immédiat –, de partager avec *l'autre*, les autres et dans le groupe. Cette notion reposa pendant longtemps, sur la recherche de l'harmonie à la fois sur le physique, le psychique – et surtout dans la quête de son partage.

Depuis les contes anciens jusqu'aux modèles diffusés de nos jours, le couple se définit selon un « portrait idéal » de l'homme et de la femme, utilisé dans tous les canaux de la société. Dans son ensemble, cette symbolique se définit souvent par ces *critères* ou *portraits* :

- La beauté.
- De l'amour porté en continu.
- L'appartenance sociale et culturelle.
- De son niveau de savoir (savoir-faire).
- Qu'*il* ou *elle* justifie d'une bonne situation sociale.
- De sa qualité de communication.
- De la dynamique et de la persuasion exprimée.
- De la connaissance de ses limites par rapport à ses objectifs.
- Celui qui parviendra à gérer l'énergie de l'autre, de le motiver, de le guider.
- Celui qui utilisera différents types de pédagogie.
- Celui qui ira le plus loin dans l'exhaustivité des sujets, propos, projets.

- Celui qui ouvrira le dialogue.
- Celui qui se verra conforme à des exigences fixées *a priori* de lui *(amour, hygiène de vie…).*
- Représenter tout ce dont l'autre peut espérer : le rôle du père, de confident – normalité idéale par rapport au père et/ou la mère.
- Qui agira toujours dans l'intérêt du couple.
- Qui saura représenter le père et la mère idéale.
- Sachant : arbitrer les conflits, les causes, les solutions et les orientations de vie.

Aujourd'hui, le couple dans la conception de notre raison se rejoint dans nos abstractions, mais ne se partage par une définition unique, s'appliquant au commun. L'uniformisation actuelle grandissante de la société engendre aussi des phénomènes de blocages, des heurts empêchant l'harmonisation du couple devant tant de liberté – à la fois mal comprise et mal utilisé. Cependant, dans son antagonisme, il repose aussi sur les conflits et les coopérations, par la pluralité des opinions, des caractères, des visions et des expériences de chacun. Sur le plan psychanalytique, se voit comme nécessaire et absolu dans l'exercice de vie quotidien – agissant comme une soupape de sécurité et non un frein à son développement. Il en devient un mobile de l'actif et/ou du passif – une unité mesurant sa nature sociale. Mais, se regarde aussi sur le plan individuel sur trois points (discutables) : *Repérer, infiltrer et contrôler* l'autre par son physique, son attrait, son charme, son charisme, son ouverture, sa pudicité, son origine sociale et ethnique, ses forces et faiblesses mentales.

Les graphismes suivants reposent sur de longues réflexions, visant à trouver des modèles représentant les points de liaisons, faisant la relation de chaque couple.

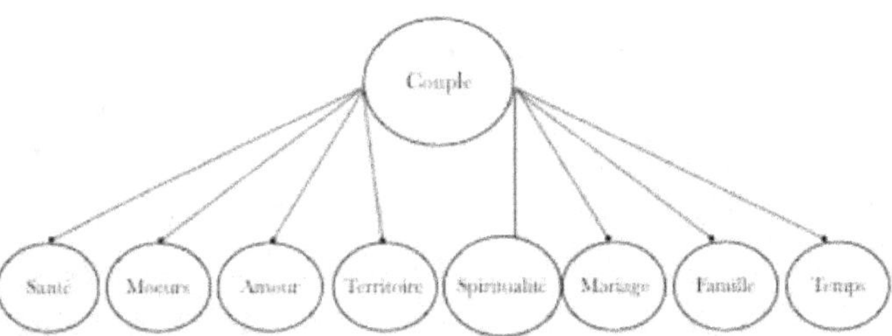

Schéma 1 : vue « *Couple moderne* », interaction simple ou micro. Où chaque point se trouve isolé, indiquant un survol – un désir immédiat, devant se satisfaire –, sans « rentrer » dans les attentes de l'autre, et de sa relation à tous ces points.

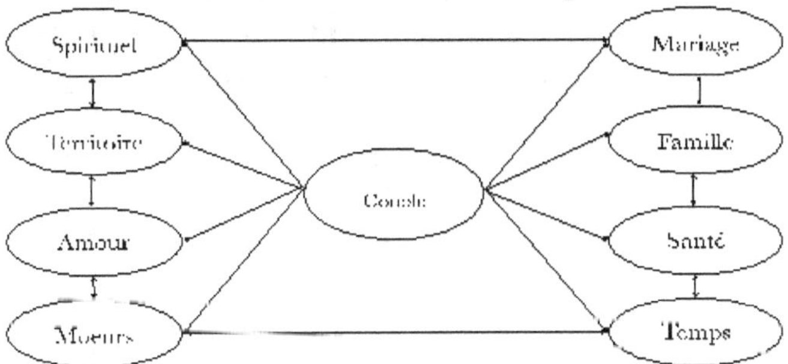

Schéma 2 : Interaction à double entrée pour chaque point, pour ceux et celles souhaitant s'engager en prenant le temps de comprendre toutes ces liaisons (utilités et nécessités).

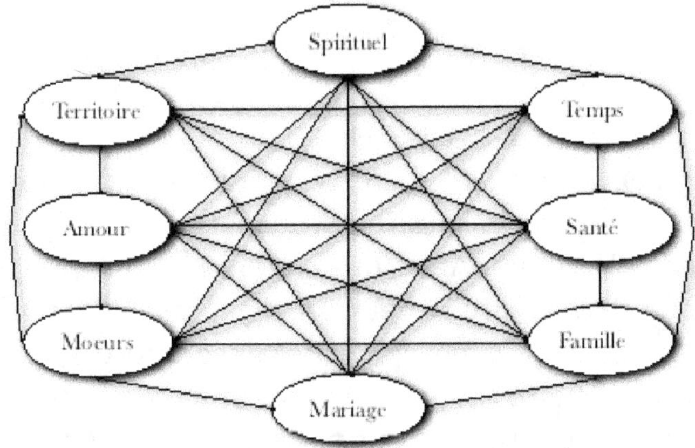

Schéma 3 : Interaction de tous les points ou réseau multiple

– un diamant pour ses corollaires –, lorsque les deux abordent ensemble tous les thèmes devant les rattacher, les unir – une communication ouverte – avec l'intégration de cette notion de classification. Mais comment organiser leur vie dans ce maillage – une approche en macro de sa structure interne et sociale. En construisant ce schéma, je tentai d'intégrer tous les points observés, abordés, écoutés par le plus grand nombre, pouvant démontrer leurs importances se relayant dans un projet de vie. Le couple vit et se vit par différents modes de cohabitation, et ce schéma peut le représenter. L'essentiel pour le couple dans sa durabilité, reste ce *carburant* essentiel au capital humain et psychologique, la confiance en soi et à l'autre, permet aussi de le mutualiser, de se montrer responsable dans les grandes décisions – une mise en œuvre continue de sa réciprocité, afin d'affronter et de maîtriser toute situation.

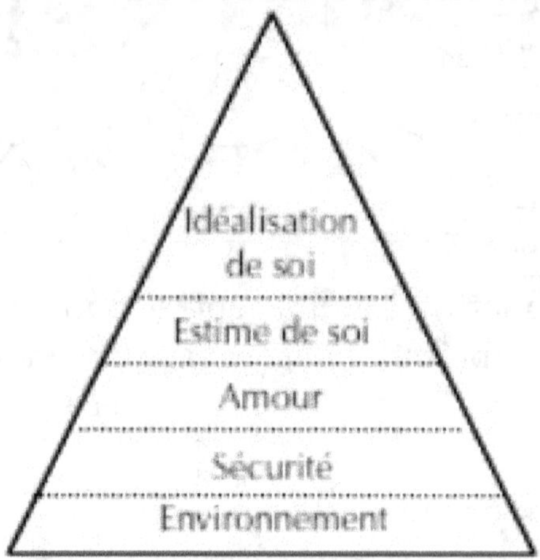

Schéma 4. – D'après « la pyramide de Maslow ».

En référence à cette dernière, le couple se voit pour beaucoup par une création de besoins devant « normaliser » son identité propre dans le social. Alors qu'il s'agit d'un partage, d'une coopération référant à un rituel historique, avec l'apport culturel de chacun sur ses besoins réels. Une généalogie de vie de chacun, où le genre souhaité intègre aussi cet outil. En s'assemblant, les besoins du couple se mettent en avant, pour répondre aussi à un classement hiérarchique de manière pyramidale – bien que contesté aujourd'hui, cette notion aide aussi, dans le dessein du couple humain :

- L'environnement *(immédiat et futur, liant la vie et la survie du couple)* ;
- La sécurité *(mentale, physique et matérielle)* ;
- L'amour *(corps et âme)* ;
- L'estime de soi *(utile dans le partage et la réciprocité)* ;
- L'idéalisation de soi.

Dans la vie, notre habit nous confère un rôle social et économique, mais chacun aspire à vivre en couple, en bâtissant un amour-propre, à soigner ses imperfections, à mijoter une recette fondamentale de vie, à cravater les extrêmes et garder un juste équilibre avec une conduite souple dans la route de la vie. Au cours de ces dernières décennies, pour beaucoup, le couple ne représente plus l'élément de valeur dans la société, mais l'individu « seul » partant à la conquête des territoires de la société ; où l'autre vient compléter ses conquêtes. Le couple se situe dans le va-et-vient de la vie, où le seul point ne s'accorde sur le seul fait de vivre, mais d'espérer et de croire. Plus qu'hier, le couple n'évolue plus aux valeurs jadis prônées dans la société, à ce qui unissait et développait cette unicité – plutôt que de les éloigner de cet essentiel aujourd'hui. À force d'un discours sur l'égalité des sexes, l'image et les rapports entre les hommes et les femmes se dégradent, pour ne plus tendre vers l'universalité ; mais par un communautarisme, où chacun se reconnaît par le caractère individuel qu'il développe en prônant qu'il devient impossible de s'unir à l'autre.

Pourtant, la responsabilité individuelle de chacun conduit et participe à la construction du couple, de la famille et du monde, par les différences habitant chaque être. En ces années développant l'individualisme, la solitude, et un clonage de vivre et de l'être, la réflexion appartient à chacun, et non aux seuls diktats d'une minorité, définissant l'essentiel du bonheur. On peut continuer à penser, et à regarder le couple dans une idée fixe, regroupant seulement la famille, l'identité et l'État, dans lequel il vit. Pourtant, cela reste une aventure de vie et humaine, par tous les points le codifiant et le complexifiant. Le couple se pense et se regarde aussi dans le flux d'informations le composant, aussi dans ces différences, par sa capacité à transcender l'universel (identités, famille, santé, culture, religion, travail, liberté, argent, couleur de peau...). Au cours de la seconde moitié du XXe siècle, l'individualisme développé par le modèle du libéralisme à l'Occidental, a triomphé de « l'individu », au point de l'avoir délicatement coupé d'autrui et même de son compagnon de vie. Car, le point principal développé reste le *moi*, dans une réussite absolue dans presque « toutes » les sphères de la société ; induisant rapports de force, égotisme, immoralité (symbolique), intelligence, monopole de la beauté... Il ne s'agit point de faire de la nostalgie sur le couple d'avant –, qui comporta ces bonnes et mauvaises parts. Mais de se rappeler que la relation interhumaine basée sur une réciprocité naturelle doit rester un liant au dessein humain et de l'écosystème. Comme à chaque étude quotidienne, engendrant différents phénomènes dynamiques et progressifs, le couple semble devoir revenir, à celui, d'un dialogue réflexif, personnel et aux autres ; tant en théorie, qu'en pratique dans la substitution des valeurs.

L'universalité humaine du couple ne doit supporter quelque enfermement, tant physique que mentale, mais rester dans une ouverture réciproque, permettant une envolée plus longue que jadis ; car tous les moyens de compréhension semblent accessibles à tous comme une étude quotidienne engendrant différents phénomènes dynamiques et progressifs. Car le couple doit revenir au centre du projet social et humaniste et non sur les seules révolutions féminines et du seul individu – évitant les montées des communautés de couples dissociés.

Les incertitudes économiques et sociales (études, travail, chômage) d'aujourd'hui pour une génération, ralentissent la mise en place du couple vivant ensemble – et se mariant – du schéma de jadis – l'employeur pour une carrière unique – et le même mari ou la femme pour la vie durant. Ces schémas, se voient bousculés, par les tensions égalitaires hommes femmes, restant encore – trop théorique sur nombre de points, pour un projet humaniste consensuel, réduisant leurs conflits. Je conclus, par l'extrait d'un article paru en 1954, dans une réponse à un courrier au Forum du magazine, *L'Express*, n° 76 du 6 novembre au titre : « Les femmes sont-elles des hommes ? », Maurice Merleau-Ponty répondit : « *Il n'y a de solution que si hommes et femmes cessent de se mesurer du regard, de se penser comme groupes, de s'imiter, de rivaliser, de se définir une fois pour toutes et de faire leurs preuves, bref, s'ils pensent à autre chose. Alors, différents comme ils sont, il leur arrivera soudain de sentir qu'ils vivent la même vie. [...]* ».

Aujourd'hui, la présence de la psychologie à tous les « étages » de la vie, vient comme une aide, aux problèmes des couples, par des thérapies – que certains nomment *refuge*, pour échapper à la réalité des problèmes, et piège pour les autres, par le fait de présenter qu'une partie de sa véritable situation et nature. L'emploi de la thérapie, pour « sauver » son couple, reste une approche particulière, à la fois méconnue pour beaucoup, acceptée, pour ceux et celles souhaitant une aide extérieure, à celle de l'entourage directe, et refusée par ceux la jugeant inutile, pensant s'en sortir « seuls » des problèmes et conflits – un refus de consulter et de traiter individuellement les maux, par le dilemme, bien connu : de victime ou responsable de la situation ou de l'autre. Malgré la démocratisation (vulgarisation pour certains) de la psychologie pour tous et sous moult formes, n'oublions pas que sa structure s'avère encore « jeune » au regard de la philosophie. Et chacun dans *l'urgence* de sa situation, recherche une solution ou réponse rapide – un outil miracle – à la fois, à la souffrance exprimée et ressentie, dans une thérapie comportementale.

De plus en plus, nous nous situons dans un « monde », où tout *(ou presque)* se remet en question, et l'on attend autant du couple, comme pour combler « le reste » des manques à la société, Tout en réclamant une liberté individuelle de vie. Pourtant, pour beaucoup, il garde un aspect « bouclier » – une ressource naturelle à protéger, à aimer, car il protège encore pour un temps l'humain, de sa propre identité, en créant une nouvelle, à deux. Par la recherche de définitions claires et absolus, dans cette entreprise de vie, afin d'en assurer un succès, tant, les esprits se fragilisent dans le temps.

Le couple joue un rôle important dans la vie politique, culturel, aussi d'un rôle de régulateur dans une adhésion à la société et à l'unité, défend le territoire, et donne un sens fort à la famille, avec un pouvoir cathartique. Le couple oscille aussi entre le biologique et le social, dans son développement. Néanmoins, il porte aussi les stigmates et les souffrances de la société, tout en exprimant l'universalisme. Et doit permettre aux hommes de se sentir bien dans l'espace grandissant du monde avec ses valeurs et contre-valeurs, une ipséité nécessaire pour chacun.

Aujourd'hui et plus qu'hier, on attend « tout » (ou presque) du couple : harmonie affective, possession matérielle (immédiate), entente sexuelle, accord des caractères, bonne communication, transparence, etc. Cette exigence reste une richesse, mais, vivre ainsi pendant vingt, trente voire quarante ans, relève du prodige spirituel. Cela reste possible, mais à condition d'en prendre et de se donner les moyens de cette entreprise. Cela implique notamment une part de renoncement à soi, de souffrance et de douleur ; or, notre époque va plutôt à l'autonomie, même ensemble. Il ne faut pas trop gommer la dimension tragique de la vie de couple, par toutes les concessions en résultant, car la part de cannibalisme s'intègre dans les subconscients – entre amour fusionnel et fissionnel.

Pourtant le couple se regarde dans sa discontinuité, par la génération précédente, malgré le mimétisme s'en inspirant, car personne ne reproduit à l'exactitude de la vie de ses ancêtres, ni du modèle référant et fantasmé, par les couples célèbres – mais reste présent dans l'expérience immédiate pour une majorité d'entre nous, dans l'irréversibilité de la vie. Car, le couple humain tente de trouver sa place et son utilité dans la mémoire de l'histoire, passé, présent et futur, en partie, pourquoi le système des références (culturelles, philosophiques, politiques) se renforce, afin de resignifier l'importance de vie et de partage, dans un projet orientant, chaque instant de vie. Pour un grand nombre, dans leur « longue » expérience de vie, il se regarde dans ce mélange de : flexibilité et de plasticité à l'autre ; une forme de pragmatisme pour d'autres – se régulant par la vigilance de chacun, dans les actes et paroles –, une (des) ligne(s) directrice(s) fixant son cap.

Le couple peut se réinventer plus rapidement, que n'importe quel système politique dans son écosystème, par son dualisme – homme femme –, des contraires associant aussi les contraintes, pour son renouvellement. Il accepte néanmoins les processus pouvant conduire à une réhabilitation des idées, lui conférant un rôle d'inventeur, d'innovateur – au regard des esprits figés. Car, il se présente comme la clé ouvrant toutes les portes du présent et de l'avenir. Cependant, il ne peut se regarder sans morale, sans interdit, ni sanction – donc pas d'obligation, mais seulement par des recommandations l'autorisant à poursuivre son parcours de vie dans un cheminement de tous les instants. Au regard de l'histoire, le couple donne par le devoir engageant chacun, une valeur morale – qui s'interpréta et s'utilisa différemment, non comme une fin, mais un moyen. Sa morale ne s'articula pas toujours autour de la société, mais par l'exigence de cette dernière – devoirs et obligations, répondant à la fois à ses inerties et à ses impulsions, dont chacun se reconnaît ou non.

Aujourd'hui, pour beaucoup le couple n'apparaît plus comme un absolu de vie, mais une possibilité de vivre à deux et aussi « en solo » ; dans un passé récent, le couple marié ou non « tenait » face aux conventions sociales. Aujourd'hui, chacun cherche à protéger son territoire – son entreprise personnelle – sans une totale fusion, dès lors, cette entreprise n'a plus le même sens, puisque beaucoup la fondent sur le seul caractère individuel ; afin de ne pas devenir la « possession » de l'autre. Car, la question pour les déçus du *couple,* va à son utilité dans une plénitude de vie. Y croire ne doit et ne devra rencontrer de renoncement, à sa compréhension pour tous – malgré les échecs de certains –, par tous les points le composant, afin de dépasser les limites de toutes les conceptions établies. Car, le couple

Olivier NECKER

reste une importante alchimie de savoir, de compréhension, d'intelligence, de savoir faire et de mémoire.

II – PERCEPTION

N.F. (lat. *Perceptio, – onis*). Fait de percevoir par le sens, par l'esprit. Perception des couleurs, des odeurs, etc. Avoir une perception claire de la situation.

Du point de vue de la psychanalytique, la perception – phénomène psychologique nous reliant intrinsèquement et extrinsèquement au monde sensible, par l'intermédiaire de nos sens –, processus de recueil et de traitement de l'information sensorielle. Cependant, ce terme a un double sens : à la fois par l'ensemble de nos cinq sens et par l'esprit, cette dernière demeure une représentation consciente à partir de toutes nos sensations conscientes de l'une d'elles et pouvant partager la compréhension et l'analyse par l'esprit.

La perception du couple et dans son dessein ne peut se faire, exister et se maintenir dans l'unité du temps, qu'avec une approche de plus en plus fine de la personnalité, ainsi que la nature de l'esprit de chacun. Réaction humaine des plus complexes, à définir universellement, d'Aristote à Spinoza, aux lois de Weber-Fechner[2] sur la psychophysique et jusqu'aux derniers travaux récents par l'expérience comme processus empirique font avancer les recherches. Ce sens et aussi trait de caractère répond à des logiques sociales, structurelles, culturelles et organisationnelles pour l'ensemble des êtres vivants. Cependant, toute perception répond dans son efficience « basique » au schéma suivant, avec un *retour d'information* inhérent à chaque niveau :

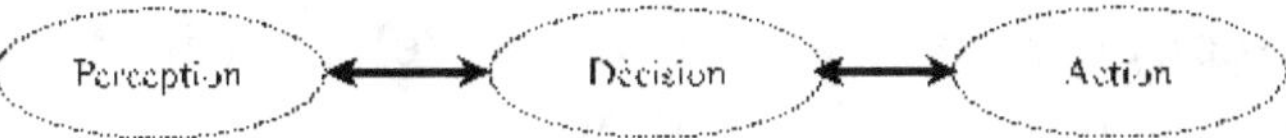

Ce terme requiert une approche fine, tout au long de notre vie, car elle rencontre nombre d'influences régissant la vie des hommes et génère une énergie qui semble presque sans limite à quelque niveau dans la vie de chacun, surtout en tenant compte, plus particulièrement du niveau d'écoute — ceci entraînant toujours et normalement des différences d'interprétations.

Fort souvent, nous ne savons pas et oublions que la perception se voit indissociable de ces sens premiers :
- La vision (*vision immédiate de notre vie, de notre passé, de notre entourage direct et indirect par l'imagerie de l'analyse, vision centrale et périphérique*) ;
- De l'audition (*de l'écoute de l'autre, de la « société », de nos parents, de nos enfants, de nos amis, etc.*) ;
- De la connaissance (*de l'éducation, de l'inné, des expériences acquises*), etc.

La perception se situe aussi aux différents niveaux verbaux – superficiels – d'où des stimuli nerveux sélectifs en fonction des réponses de l'organisme face aux situations globales dans leurs projections et abstractions ; cependant induit et implique vers une évaluation consciente ou non ; Car la perception – ce phénomène sensoriel nous lie fortement à la parole, quel que soit le type de société *moderne* ou *primitive* ! Nous observons les faits liés aux effets des mots et octroyons une réponse aux causes, aux maux par des niveaux non verbaux, silencieux et verbaux.

Presque toutes les perceptions humaines restent principalement liées à la parole mais aussi au silence ! Dans la relation des hommes et des femmes, nos perceptions « souffrent » de cette liaison à l'immédiateté, mais surtout au passé, additionnant les points moyens et les points faibles de nos expériences individuelles, afin de diagnostiquer la réussite ou l'échec notamment au sein du couple. Car la perception du couple doit créer une nouvelle « dimension » identitaire, car chacun vivant pour lui-même, avec cette nouvelle identité, « d'être » deux, et décide ainsi de coopérer avec l'autre, afin qu'elle devienne commune. Tout en travaillant au quotidien dans cette unité temps, avec pour vœu initial, la transmission, et le développement en premier lieu, aux enfants de l'amour et de la loi.

La perception dépend aussi des expériences accumulées de chacun, des interprétations et des formalismes verbaux, approche importante de la personnalité et déterminante dans la communication. Si les expériences n'ont pas été correctement verbalisées, le développement au contact de l'autre peut sérieusement se compromettre. La perception du couple, se situe aussi et en dominante dans ce « regard » de l'autre, dans l'écoute, du don de soi, d'altruisme, de sa foi en la vie et accessoirement ou au nécessaire d'une dimension mystique. Cependant, chacun souhaite se rendre acteur et responsable à dessein de son couple, mais, pour différentes raisons, se comporte le plus souvent en observateur des faits en prise à des partis pris de l'autre ; ce qui finit par produire une altération visible à l'ensemble des perceptions personnelles et communes.

À l'intérieur du couple, la perception change pour chacun au fil de la découverte des esprits et de la nature concordante et discordante du « moi » en face. Cependant, au sein du couple, à l'ensemble de toutes les perceptions qu'il faille repenser, cheminer, découvrir et développer ensemble dans le temps, afin d'y maintenir un niveau d'équilibre fragile tant interne qu'externe.

• *La perception sensorielle* : elle se trouve immédiate et regroupe nos cinq sens *(la vue, l'ouïe, l'odorat, le toucher, le goût)* en réaction aux différentes stimulations internes et externes, au niveau du système nerveux central, neurologiques et chimiques. Retranscrivons cela de manière consciente l'ensemble de ces sens en une fois, en oubliant tous les schémas pré-induites dans nos pensées face à cet homme ou cette femme « de notre vie », et tâchons de comprendre cette mesure continue, bien qu'elle ne semble pas dans la constance de tous les instants que chacun souhaitera, etc.

• *La perception visuelle et ses codes* : couleurs, formes, beauté, vision centrale et périphérique, etc. La perception visuelle du conjoint dans le temps.

• *La perception auditive* ou comment nous percevons les sons, la parole, la voix, l'état psychologique de l'autre.

• *La perception olfactive* : très « délaissée » des humains modernes au profit des senteurs artificielles, combien d'entre nous en ce début de ce nouveau millénaire peuvent encore et pourront « s'identifier » par ce simple sens de l'olfactif ? Alors qu'une grande partie des animaux se reconnaît par ce sens.

•*La perception tactile* dépend de notre « niveau et de la culture » ou non du toucher de chacun qui se situe différemment entre les peuples de l'hémisphère Nord et Sud.

• *La perception gustative* : Certainement le premier sens en éveil de notre naissance jusqu'à notre mort, elle fait partie de l'inné, elle se trouve liée à la culture du goût transmise par nos ascendants et déterminant dans notre relation et de l'adaptabilité à l'autre. Quels sont ses goûts ? Salé ou sucré ? Goût culinaire partagé ou non ? Par nos cultures respectives et semblables ? Goût de la peau et des organes sensuels ?

Dans son *Traité de la réforme de l'entendement,* Spinoza[3] situait déjà quatre modes ou niveaux de perception :

- La perception par le sens ;
- La perception par l'expérience ;
- La perception par le raisonnement déductif et,
- La perception par l'intuition.

Depuis le XIXe siècle et depuis l'avènement de la psychanalyse, nombre de chercheurs eurent des approches sur ce thème, notamment les travaux de Maurice Merleau-Ponty au cours du XXe siècle sur *la phénoménologie de la perception* ; mais peu avec une liaison directe au couple. Car les perceptions de sens et d'expériences restent et demeurent individuelles pour chaque homme et femme et cependant fort longtemps, alors que le raisonnement et l'intuitif répondent à des implications collectives, des uns et des autres, pour une meilleure vision de l'ensemble. En introduisant dans toute analyse, l'induction de toutes les situations nous semblant singulières, afin d'y percevoir sa complexe spécificité.

Sans pour autant rester dans l'illusion de nos pensées restructurées ! Alors que l'échange des informations doit et devra améliorer nos perceptions, *in fine* dans ce temps de vie, dans notre rapport à nous-même, à notre compagnon de vie, à nos enfants et aux autres. Malgré cette définition, n'oublions pas que la perception peut se traduire pour beaucoup comme une illusion, car elle passe par des canaux de situations complexes et entravées par des biais cognitifs que nous connaissons et comprenons peu ou pas ; alors que le couple existe bel et bien dans une entité de vie, aussi en grande partie par la force de cette dernière et aussi par l'échange entre deux êtres avec toutes les similitudes et les différences.

Il semble que, seule la perception ne peut apporter et répondre à l'ensemble des changements et modifications attendues et inhérentes à notre devenir, mais bien la connaissance de nous-même, au sein de la société et du monde nous entourant dans son ensemble ; mais, elle peut aider chacun de nous à comprendre sa socialité propre. Cependant, la perception doit rester un « objet », utile à l'expérience de vie, dans l'ouverture et l'investissement à l'autre – continu –, constituant une dimension naturelle et active, une expérience de l'éveil.

III – TEMPS

n.m. (lat. *tempus*). Notion fondamentale conçue comme un milieu infini dans lequel se succèdent les événements et souvent ressentie comme une force agissant sur le monde, les êtres.

De notre naissance jusqu'à notre mort notre vie s'en trouve marquée par cette notion du temps. Tout au long de l'histoire, les hommes établirent des échelles définissant différentes dimensions :
- Le Temps sidéral (en lieu donné).
- Le Temps solaire moyen.
- Le Temps civil (se compte de 0 à 24 heures à partir de minuit).
- Le Temps universel (UT) temps civil du méridien de Greenwich.
- Le Temps réel.
- Le Temps partagé.
- Le Temps dans l'instant.
- Le Temps pensé.
- Le Temps passé.

Le monde physique dans lequel nous vivons, se définit pour nombre de spécialistes par *l'espace* et le *temps*. D'ailleurs, un des points faibles de notre époque devient le sens du temps, il y a de plus en plus souvent une peur de la durée pour vivre une relation humaine. Or, celle-ci reste une réelle chance d'éprouver vraiment la différence –, sinon l'union reste plus fantasmatique que réelle. Cependant, n'oublions pas que toute œuvre « petite » ou « grande » demande du temps, et l'homme moderne n'a que faire d'attendre. À cette peur, s'ajoute celle de la vieillesse et de la mort.

Souvent nous entendons nombre d'adages utilisés dans le langage courant : gagner du temps, perdre son temps, avoir fait son temps, passer le temps, être de son temps, etc., afin de mieux philosopher pour chacun. La durée ne peut reposer que sur des actes de parole comme la promesse, la reconnaissance, l'aveu et le pardon. Aucune culture n'a autant valorisé l'amour que la nôtre, et aucune n'a engendré des liens conjugaux aussi fragiles et produit autant de solitaires, au cours du siècle passé.

Car la date marque consciemment toutes nos théories, notre histoire personnelle – et tout au long de notre vie, dans les symboliques de nos cultures et nos coutumes par la simple marque de cet élément temps. Pourtant, le temps fait partie des lois naturelles et universelles. Le temps de vie du couple, naît, se développe, se construit et meurt pour différentes raisons. Cependant, cette durée de vie, induit une immortalité symbolique et réelle, car le temps atteste l'existence des choses et de soi par une vision continue des changements et des transformations du couple comme la vieillesse dans le point commun de l'histoire.

Sur le plan religieux, du délai et du temps chrétien –, à la différence des hommes, Dieu n'a pas une vie mesurée dans le temps – Saint Augustin considérait : « *qu'il n'est pas possible de penser le temps sans l'œuvre divine, car le temps est une création* ». Le temps permet le développement dans sa longueur (la vie, l'amour et la mort), or, le problème de notre époque repose sur cette notion à tous les niveaux dans la société, mais pose aussi de plus en plus la marque de la relation humaine – et du couple –, comme une condition nécessaire et sans fin.

Cependant, le temps et la philosophie restent des sujets déchaînant nombre de passions pour les uns, un regard « lointain » ou subjectif pour les autres. Au sein du couple, sa question par sa perception peut s'avérer subjective – particulièrement sur l'aspect physique –, sujet à l'aune du bien-être et d'une perception de soi et de l'autre, dans l'époque. Car, le temps s'oppose à la notion d'éternité, par l'existence et la création de toute chose – problème ontologique, dans et en dehors. Pour Saint Augustin, « *Dieu ne possède ni passé, ni présent, ni avenir.* »

Au cours des siècles, les philosophies tentèrent de démontrer l'existence du réel, comme la fabrique à la fois de nos entendements, pris dans l'illusion des sens et ses interprétations. Longtemps, il se vit dans le quotidien par toute la cohorte entourant et encadrant la vie personnelle, où le besoin de faire une pause, devient important, afin de le partager ainsi que son souffle de vie. Car l'environnement social immédiat transforma cette notion – et outil – pour ne la rendre qu'urgence, partout et pour tout, modifiant aussi sa perception dans le partage humain. Partage se regardant aussi dans l'âme de chacun, par un contact continu, usant ou renforçant sa perception, par la qualité et la quantité des échanges moraux, affectifs et amoureux, réflexion reposant sur le vécu et dans tous les événements heureux et malheureux.

Les bienfaits du temps sur la condition du couple, car le temps accorde réflexion à la longévité, ainsi que l'empreinte d'une sagesse devant se transmettre. Le temps conduit à la patience, car celui qui craint de manquer de temps au sein du couple, échouera dans cette entreprise, car il ira seulement de la satisfaction de ses désirs. Le temps rapproche et éloigne les hommes par la puissance qu'il pense détenir et de l'impuissance de lui résister ; de l'arrêter. Le temps marque le couple dans sa dynamique du réel, prophétique, énigmatique et incantatoire, tout en favorisant un développement intellectuel continu. Cependant, cette notion se regarde aussi au temps calendaire ou au temps subjectif. Un point nodal, peu expliqué à la majorité des hommes se pose sur « l'espace et le temps », à la fois comme évoluant et involuant du couple dans une marque d'unité et de transfiguration naturelle juxtaposant la différence de l'homme et la femme. Cependant, cette notion reste principale à l'activité musicale et exprimée dans le classique.

Dans la religion chrétienne, ce temps subjectif se définit dans Le Code de droit canonique, le définit comme suit au can. 202 :

• § 1 : Par jour, on entend en droit la durée qui comprend 24 heures à compter de façon continue depuis minuit, sauf autre disposition expresse. La semaine comprend 7 jours, le mois 30 jours, l'année 365 jours, à moins qu'il ne soit que mois et année doivent être pris tels qu'ils sont dans le calendrier.

• § 2 : Mois et année doivent toujours être pris tels qu'ils sont dans le calendrier, si le temps est continu.

Pourtant à nombre de cultures, le temps se regarde dans la production des énergies – masculine et féminine – qu'il faille associer à tous les éléments naturels de la vie, afin d'apprécier le temps de vie, à l'échelle humaine –, et du couple.

Le temps marque l'existence de la société et des hommes –, marque le passé, le présent et l'avenir de manière objective et subjective. Il s'utilise à toutes les fins : sociale, économique, philosophique, et nourrit les passions et les idéaux. Le temps se vit aussi, comme une valeur marquante dans la réalisation quotidienne de vie et comme but, mais aussi comme un ennemi sur les actions ; car avec le verbe, l'homme créa le temps et lui donna trois modes : le passé – le présent – l'avenir.

Cependant, il reste un phénomène naturel, élaborant nombre de symboliques, induisant le socioculturel. Se regardant dans le couple, par la beauté – aussi tragédie, par la religion, lui donnant une marque de vie spirituelle par l'universalité de la société – créant une intemporalité. Tragédie, car il marque la vie et la mort des choses ainsi que celles des hommes. Le temps ne permet pas toujours de connaître le résultat final, de ses attentes par l'avance, mais se vit dans la rencontre de chaque instant, et d'ailleurs l'histoire du couple se crée et se recréait aussi dans cette notion. Par le spirituel, il induit le développement de l'amour, car il ne crée pas que des situations sereines, mais aussi conflictuelle par rapport aux actions du couple. Le temps en tant que notion, reste la même dans presque tous les pays du monde. Pourtant, nombre de sociétés dans leur organisation vivent le temps au « présent », car le passé ne leur appartient pas et le futur n'existe pas en tant que tel, Mais, permit aux hommes d'établir des règles de vie, parfois complexes et s'appréciant différemment aussi au sein du couple Le temps s'observe par la durée de vie partagée, dès le début de la rencontre, d'ailleurs, ce temps de vie se voit raccourcit, depuis les années quatre-vingt par rapport à la génération précédente. Les anniversaires devinrent ses marqueurs, afin d'exprimer la durée de vie et de partage s'écoulant, témoin des actes positifs et ratés comme le temps *perdu* ; et, surtout comme un point nodal de l'évolution du couple dans sa relation personnelle et à la société. Il se regarde aussi dans l'éducation, le social et le culturel de chacun, par la recherche de ce temps qui passe par des échanges des premiers jours (regards, baisers, toucher, flamme de l'amour, etc.) dans une réciprocité ne traduisant pas toujours les « évolutions » et les « aspirations » de chacun. Mais, devient pour beaucoup, l'importance marquant la symbolique de vie.

Au sein du couple, il ne se mesure en termes de vitesse ou de propulsion, mais comme une valeur d'échange entre chacun dans la pérennité de cette entreprise, par l'investissement humain, se qualifiant de profitable pour les uns et de gaspiller pour d'autres, lorsque les résultats ne correspondent aux attentes. Car, la structuration du couple se regarde dans cet espace-temps social, sur lequel chacun s'accorde et analyse, pour trouver un « équilibre » de vie dans son projet commun. Pour le couple, chaque jour passant, témoigne de la vigilance de chacun dans cette entreprise de vie – comme un marqueur –, normal et utile, dans l'expression de l'amour et de la réciprocité.

Sur le plan esthétique, il atteste de sa propre existence visible par les seules marques externes de sa transformation et aussi de l'autre. La nature fait que nous ne pouvons rajeunir, sauf, « supprimer » les parties gênantes afin de *gagner* du temps. Le temps se lie-t-il aussi à l'esthétique ? Par le sens du bonheur au regard de son mouvement, par les plaisirs de vie au sens moral –, « *on dira que leur vie de couple fut belle et agréable* », par le côté rationnel du temps et l'espace au regard de la mort. Ceci renforçant l'objet de la rencontre sur le projet de vie. Le temps sert à construire seul et en commun au sens humain de l'éthique de vie. Il se vit, se conte, se relate dans l'écho de la société ; pourtant, nous nous trouvons dans des antagonismes, mêlant philosophie et ordre de vie dans le quotidien des couples aujourd'hui. Actuellement, la marque du temps par l'esthétisme physique des corps – ne pas vieillir, sinon le plus tard possible. Cela montre combien cette notion a fini par développer des peurs et des inhibitions à la vie, par tous les moyens déployés, afin que les hommes se voient comme des dieux.

Il se regarde dans différentes perceptions, celle de l'horloge interne répondant au processus naturel conscientisé dans les principales fonctions physiologiques et « invisibles », marquant chaque jour par le calendrier, le miroir, le regard de l'autre et de l'entourage. Cette perception s'observe aussi dans la construction sociale – consumériste – où toutes les « solutions » se trouvent, afin de ralentir ces effets sur le seul aspect physique et non sur les causes entraînant ces conséquences. Modifiant par là même et de plus en plus sa perception dans presque toutes les cultures, par des actes de vie allant à l'identique. On peut dire que le temps du couple se regarde et se compare aussi, dans le temps de ses créations propres – naturelles (famille, enfants, petits-enfants, et de l'amour développé), au passé, présent et futur. Cette notion se mesure aussi dans la culture de sa perception, celle de l'instant présent, des événements passés et de celles à venir. Par certains archétypes :

- Temps et instant de vie.
- Temps de l'amour.
- L'éternité.
- L'amour éternel.

La perception temporelle : hormis nos cinq sens, nous ne possédons pas de récepteurs sensoriels dédiés à cette perception. Cependant, nous possédons intrinsèquement cette horloge biologique, nous permettant de percevoir son écoulement sur nous-même et d'en ajuster les effets naturels (vieillissement). Sur nos fonctions de vie, sur nos expériences de vie, de faire, psychologique, philosophique, ainsi que notre compréhension des durées, des rythmes, de la temporalité et des illusions au travers de toutes les questions inhérentes au temps. Depuis l'avènement de tous les outils de mesure, de l'Égypte à la Chine en passant par l'Occident, nous n'avons cessé de tenter de mesurer cette unité, afin d'induire la notion d'immortalité.

Si la course au temps devient si importante, je propose un « petit » exercice de calcul individuel, à partager et à comptabiliser avec l'autre, sur le temps réel de vie passé « ensemble », depuis la rencontre !

Olivier NECKER

Les désorganisations sociales, économiques, politiques, modifient aussi cette perception du temps passé, présent et le futur. Pour le couple la temporalité se construit sur leur projet de vie – ou l'inverse – d'entreprendre – par le flot régulier du continuum –, non dans la seule émotion immédiate ; mais dans la patience de chacun.

IV – WWW.

La rencontre transforme les personnes dans une nécessité de vie, dans la fabrication d'un éternel fugace méritant de se repenser très souvent.

Jadis, elle s'opérait dans les cercles évoluant ou non dans la sphère sociale immédiate, économique et géographique ou éloigné, se limitant à un périmètre restreint. Les hommes et les femmes se rencontraient : à la géographie de résidence *(voisinage, village)*, en ville, au cours des fêtes *(bals ou soirées)*, au travail, transport, lieux publics, par l'échange direct de la relation humaine des lieux de vacances. En ce début de XXIᵉ siècle, des études (à confirmer) montrent qu'environ 15 % des rencontres se font sur le lieu du travail ! Jadis, tous les artefacts humains de la rencontre et de ses symboles *(lieu, milieu, lettres, photos, l'attente et l'espoir du lendemain)* se réduisirent, pour des outils électroniques (ordinateurs) – comme à la gestion d'un produit commercial, vivant le temps de son passage par ce circuit ou réseau virtuel. Car, il s'agit d'une dématérialisation de la rencontre physique en premier lieu, remplacée par un contenu numérisé –, une offre de service.

Jadis, le forum permettait la rencontre « réelle » entre les hommes et les femmes pour des rencontres amoureux, débats, colloque. Aujourd'hui, par le réseau Internet, les forums devinrent virtuels, avec beaucoup de différés sur autant de thèmes. Le principal avantage reste l'anonymat – on dessine un profil – évitant les moqueries et railleries de visu, comme un temps nécessaire pour se préparer à trouver ses mots, organiser ses idées, pour son propre dessein d'une « rencontre amoureuse », le réseau virtuel devenant un juriste conseil par l'aspect de filtre – de tri – qu'il semble permettre, par rapport au temps consacré à cette recherche dans le monde réel ; d'où : *« On s'est rencontrés sur un forum ! »*.

Par le réseau virtuel, il s'agit dès lors d'une mise en relation passant non plus par un échange de visu, avec les sensations et l'exaltation des sens –, mais d'une machine à l'autre, par un ensemble de relais. Comme un ou plusieurs intermédiaires, annihilant l'alchimie de jadis, car il s'agit de l'instantanée du moment. Mais renouvelant à sa solitude d'avant, après ce passage en réseau, si le passage à une véritable rencontre physique n'a lieu, afin de sortir de l'illusion, pour un passage au réel. Par ce dernier, l'homme et la femme font tomber la frontière obstruant la « personne », pour encourager et renforcer l'humanisme et l'amour. Dès lors que cela reste virtuel, il reste dans les seules bonnes intentions du lendemain. Pourtant, chacun aspire à la rencontre à l'autre, un désir de partage, de tendresse et de complicité.

La mise en place d'informations s'avère importante et capitale pour l'évolution politique des systèmes, mais son contrôle définit aussi la liberté et la qualité des informations, dans cet espace – de liberté. Ce dernier, restant aussi à l'appréciation des politiques et de l'ordre social. Bien que tous les sujets (parfois interdits) touchant à la religion et la « morale » s'y échangent – avec ses vérités et contre, au nom de la libre expression.

Pourtant, trois questions ou schémas corollaires, se posent à chacun dans son optique de la rencontre : Où ? Quand ? Et Comment ?

• *Où ?* Indique le lieu et la sphère de la rencontre, sphère familiale et relationnelle, scolaire, professionnelle par la proximité des personnes et des conditions la rendant possible.

• *Quand ?* Induis la marque du temps – l'âge dans le regard social, et aussi le temps et la distance pour l'être « souhaité ».

• *Comment ?* Par la stratégie, le *hasard* de la rencontre, le milieu social, professionnel et familial.

Par la rencontre de jadis au bal, chacun s'y préparait à cette première, aussi par ses symboliques (lieu, tenues, danse, approches) ; à découvrir, à confirmer et inespéré, pour d'autres, une forme d'échange qui longtemps, favorisa le mariage, par ces rencontres endogames et ceux pratiquant son exogamie, se voyait « montré » du doigt par le reste du groupe. Ce mode de rencontre touche une large part de la société en Occident (jeunes, actifs, retraités), et débuta en premier lieu dans les grandes villes – car, le grand urbain ne favorisant pas toujours les rencontres entre les personnes, par l'anonymat qu'il développe. Aujourd'hui, par certains sites, on parle de « réseaux sociaux », par l'étendue de son territoire – virtuel relié, par les seules machines développent une industrie pour ces échanges, pour la seule mise en relation des personnes se connaissant ou non. Notion développée, jadis par les sociologues, où toutes les langues, cultures et sociologie s'y retrouvent, afin de tisser « d'autres » liens sociaux de jadis, entre les membres des classes ouvrières, moyennes et des cadres. Il permet par sa virtualité cet impossible au réel, une cohésion, auquel ceux y figurant se reconnaissent – une norme du mensonge – visant à multiplier les rencontres –, les règles se fixant par chacun, pour soi.

Car, pendant longtemps, les rencontres des jeunes garçons et jeunes filles se fit, par des frontières autorisées – balisées, par les adultes – parents ; cependant l'école par sa mixité, dès l'entre-deux-guerres, permit une mixité, qui ouvrit d'autres possibilités à la rencontre. À la campagne, la rencontre humaine se faisait plus naturellement qu'en ville par une proximité remontant souvent à l'enfance, alors que la ville « impose » des règles et des codes – souvent invisibles – et parfois compliqués, dans le développement de l'anonymat, par son gigantisme. Pourtant, nombre de couples se rencontrent en premier lieu sur le lieu du travail, car la proximité reste un phénomène naturel, et rassurant, mais se compliquant (parfois) par le poids que comportent ces rapports, et le regard des autres – équilibre parfois difficile entre travail et amour. Pourtant, certains corps de métier continuent de « favoriser » – naturellement – la rencontre, par la proximité, le temps de travail passé ensemble – se confondant ensuite dans la vie personnelle – vie que beaucoup, parviennent à enrichir, par une grande hétérogénéité de chacun, par l'apport d'activité intellectuelle et culturelle.

Ces dernières années, de nouveaux lieux de rencontres se développèrent sur un noyau d'outils virtuels (*Minitel, téléphone, in-*

ternet), ces rencontres bâtirent un rapport anonyme, de prime abord, – sans vision, ni regard, à la première recherche –, donc éphémère. Visant au remplacement des anciens codes et modes opératoires des rencontres, pour des communautés sensibles sur ce modèle –, la rencontre rapide en zappant sans quitter son fauteuil, avec le minimum de risque. Hormis certains milieux ou cercles, les rencontres entre les hommes et les femmes se déroulèrent sur un territoire physique, connu à l'avance, induisant par son caractère l'essence et le début de la rencontre, ces derniers symbolisant sa naissance et son existence.

Depuis l'avènement des réseaux de « communications », la rencontre traversa le monde de la virtualité et devient une prothèse (presque) obligatoire dans les échanges et la rencontre ; idée qu'elle n'a plus de frontière à l'heure où les territoires physiques se redéfinissent, par des frontières devenant hermétique pour nombre de populations devant rencontrer d'autres. Les réseaux de communication « s'inscrivent » dans cette globalisation et uniformisation du monde et supprimant les mystères de la rencontre et aussi des spécificités de communication de chacun dans sa culture, par une préfictivité rassurante. Pour beaucoup Internet devient une technologie nuisible, transformant l'activité humaine par l'envahissement qu'il produit d'un besoin grandissant de virtualité. Depuis l'arrivée du Minitel, au cours des années quatre-vingt, les premiers réseaux de rencontres virtuelles s'établirent, au départ à de « petits groupes », jusqu'au réseau Internet – grand public – d'aujourd'hui. Rencontres (virtuelles) se construisant, sur des réseaux *dits* communautaires, où chacun depuis son écran peut créer un personnage réel ou fictif par des caractéristiques énoncées à l'avance sur sa personne. Par les réseaux de communication, l'ère devient à la « *cyberculture* », celui des impossibles et des archétypes devenant stéréotypes dans le phénomène social irriguant les consciences et par un seul canal. Dès lors, il s'agit d'un nomadisme structurel, graduel et existentiel – un nouvel ordre de la *mobilité.*

En moins de dix ans, par le réseau Internet, les hommes se

« rapprochent » via cet « outil » de liberté. Réseau rapide – sans frontières – où son contrôle s'exerce dans un espace virtuel, où la probité des informations ne relève d'une stricte et totale honnêteté, dès lors qu'il s'agit de se « vendre » – pour le meilleur et aussi le pire. Par les réseaux sociaux, les règles de rencontres restent dans une logique commune, où seul la « charte » de bonne conduite – ou contrat – permet de s'identifier et de poser une identité « nouvelle ». Par ces réseaux, la perception de la rencontre se regarde dans le temps et la distance séparant les personnes. Car l'impossible rencontre de l'autre au réel se voit possible dans le virtuel, où le temps consacré à se connaître – avec tous les codes basiques (initiaux) s'y référant – ne se fait plus ; seule demeure l'image reçue dans ce face-à-face virtuel, où un « choix » se décide dans les stratégies normatives de l'époque. Cependant, pour une majorité, la rencontre virtuelle ne peut se voir comme affaiblissant la rencontre réelle, mais une étape interactive de notre époque, une autre façon de rencontrer l'autre, par les inattendues de cette interactivité, et de la notion du temporel qu'il induit.

Depuis une large diffusion de sa manifestation, beaucoup considèrent Internet comme un outil privilégié de la connaissance, des échanges développant la créativité, la communauté, le groupe et les réseaux au développement utile humain. Ceux et celles « l'adoptant » disent et pensent à raison, que le réseau changea (en bien) le cours de la vie et de l'échange dans les relations humaines ; car chacun devenant un « globe-trotter » joignable à toute heure, de chez lui ou ailleurs. Situation qualifiée d'addictives par le besoin qu'elle crée, celui de rester toujours plus longtemps à la recherche de « cette » information – cette rencontre, comme exaltante. La rencontre se produit virtuellement dans un *catalogue* ou *échantillon* de personnes, pouvant se choisir selon des critères : personnelles, sociétales et fantasmagoriques du « courant » de l'époque. La rencontre réelle, physique se fait plus tard, après la consultation et la sélection dans cette arborescence de fichiers – avec, ses espoirs et ses déceptions dans ses consultations –, comme dans le choix d'un produit de consommation. Pourtant, la multiplication des réseaux d'échanges et de rencontres ces dernières années créa un nouveau territoire (invisible) de la tendresse, où chacun rejoint une tribu sentimentale, afin d'établir des liens et des relations – souvent impossibles et difficiles dans la vie réelle –, au regard de ces sites dits sociaux et de rencontres. Où, le but, pour beaucoup doit mener à la finalisation de la rencontre virtuelle par une « vraie » vie – partagée –, jusqu'au mariage pour un grand nombre. Mais chacun ne maîtrise pas toujours – à tout âge – les codes de ces nouveaux espaces émergeant, et le guide se font dans un dosage du plaisir de la rencontre dans le monde réel et de l'incertitude de la virtualité, qui pour beaucoup devient le garant d'un nouvel amour sans « grand » danger.

Les réseaux virtuels permettent une interchangeabilité immédiate de la personne à l'écran, car le contact n'exister que par le choix de regarder ou de *zapper* jusqu'à la prochaine, frustration réelle pour certains et plaisir d'un pouvoir, celui de modifier les échelles de stabilité de la rencontre – fait aussi de l'époque. Pour d'autres, Internet crée-t-il la réalité, l'irréalité, la vérité, le mensonge, le droit, le beau ? Comment définir cet espace de rencontre à caractère « virtuel » ? Nombre d'hommes et de femmes disent préférer ce type de rencontre, car elle sécurise cet espace – thème de notre époque sécuritaire – par les déceptions de visu, trop franches et ouvertes. Pour une majorité, les rencontres via le réseau permettent de faire un choix dans ce catalogue virtuel et ensuite de prendre « le temps » de faire plus ample connaissance par cette barrière – non voulu, au départ des conceptions. Cependant, la progression des réseaux et systèmes d'information, permit des grandes avancées dans le traitement des seconds, mais diminua la part d'autonomie – par une hétéronomie à la « machine », diminuant le monachisme réel par une rencontre virtuelle. Car, « on » va chercher « un profil » correspondant à son goût, désir ou fantasme, – du moment ou de la mode en cours – en y assignant en quelques lignes des références « probantes », et sa photo – comme seuls outils de séduction ; Pour une « validation » en quelques « clics », permettant une rencontre réelle (physique), sur un territoire définit (domicile, restaurant…), pour un jour, un soir ou plus si réelle *affinité*. Car le but, parvenir à une rencontre pouvant ouvrir sur une « vraie histoire » d'amour. Souvent, la barrière des distances ne permet cette rencontre – pays éloignés. Pour d'autres, il reste épistolaire dans leur quête plus profonde, qu'une simple rencontre – aventure d'un jour ou d'un soir.

Par ce mode d'échanges et de rencontres, nombre de transmissions naturelles de jadis, semblent annihiler les parts subjectives de l'amour, au profit d'une objectivité individuelle, sur un non-réaménagement des expériences passées, au prétexte de vivre dans un monde « avancé » –, technologique. Pourtant, l'homme reste une magnifique machine de technologie, dont beaucoup d'outils et de techniques proviennent de lui. Cette recherche, peut aussi se caractériser par l'obnubilation des problèmes de communication du quotidien, limitant une vision « simple » du futur, de l'expression du bonheur, dans le dessein de la rencontre.

Aujourd'hui, par le réseau, nombre de divorcés(es) ou séparés(es) – en urbain – utilisent ce canal, comme mode de rencontre, par manque de temps (temps professionnel et temps aux enfants), mais aussi pour retrouver une certaine confiance en soi, dans l'approche de l'autre, en témoignent les fiches et profils sur les « grands sites » de rencontres. Chacun se sentant aussi préserver par le fait de pouvoir « stopper », à tout instant la *rencontre* en cours, à la différence du réel, où parfois la situation peut prendre une autre tournure ou forme.

Depuis quelques années, sous une influence de modèle anglo-saxon, de nouveaux modes de rencontres comme le « *speed dating* », où la rencontre rapide, se déroule à la montre, en deux ou trois minutes pour se présenter et se vendre, afin d'obtenir une véritable première chance. Le rapport à la séduction se prévalant après, l'objectif restant de multiplier le nombre de contact pour atteindre ce rendez-vous. Ce type de rencontre, tend à « casser » les codes de jadis en s'appuyant sur le temps réel, subjectif et de sa sécurisation dans un espace communautaire des cœurs. Sécuriser un espoir de rencontre affaiblit en partie le mystère, le charme et le délicat équilibre que procure cette aventure – là se trouvent en grande partie les souffrances de notre époque. Certains admettent cette sécurité, d'autres un moyen de faire un choix comme dans un catalogue, avec une large palette sur mesure du « produit ». L'enthousiasme de la rencontre comporte toute l'exaltation de vie – agissant comme un neuromédiateur chimique, car il s'agit bien d'une chimie (d'une drogue) naturelle, maintenant une certaine vie. Après son développement urbain, il commence à toucher le rural et son adoption semble apporter une réponse pour beaucoup, mais permet à d'autres de garder ce goût naturel et l'excitation provoquée au détour de la rencontre.

Aujourd'hui, nous nous trouvons *dans* l'ère de la « com », avec ses subversions présentes et futures, portées par les réseaux d'informations – la machine –, avec un libre arbitre appartenant à chacun, mais mettant en opposition, nombre de codes du réel, dans la rencontre. Opposition, devenant une norme avec son lot de malentendu, il ne peut se voir comme un succédané de la véritable rencontre humaine aboutie – un salmigondis – de toutes les peurs syncrétisées par le toucher, l'écoute, l'odeur et aussi la parole de l'autre. La rencontre en dehors des cercles familiaux, sociaux, économiques et culturels, son établissement au plan personnel correspond aux désirs, mais aussi ses opportunités.

V – BEAUTÉ

« *Tous les maris sont laids* »
Montesquieu, *Mes pensées*.

n.f. Caractère de ce qui est beau, conforme à un idéal esthétique ; qualité d'une personne belle.

Aussi loin que remontent les écrits, les récits, les pensées, la beauté de l'homme et de la femme fait partie de l'étrange histoire humaine. Au cours des siècles, diverses sociétés l'érigèrent comme un *outil*, un argument quasi élitiste de la société, par le caractère intellectuel et moral développé, afin d'atteindre l'admiration, par le très beau (très belle) et le (la) remarquable.

Au cours du XXe siècle, elle devint un outil faisant peur socialement et économiquement jusqu'à le porter au rang de luxe, confondant les hommes et les objets – pourtant abstraite, subjective ou objective, elle finit par occuper tout ou presque des sujets et objets nous entourant, consciemment ou non. Fait de notre époque, par le mythe Cendrillon (de la princesse) la belle et la bête ne s'épousent plus sauf lorsque intervint l'argent !

Au cours de l'histoire, cette notion se développa au carrefour du romantisme et de l'amour –, et symbolique de l'art. Malgré les étrangetés et les bizarreries la composant (beauté éternelle, unique, absolu, hors norme). Elle correspond à la perception, l'attente, la nouveauté de chacun dans son époque et surtout de son environnement immédiat. Au cours des siècles, elle traduisit différents courants de pensée entre le romantisme jusqu'au symbolisme se développant dans tous les interstices de la société d'aujourd'hui.

Depuis les philosophes grecs (Socrate, Platon, Aristote), par l'amour naquit une notion de beauté par de « beaux sentiments » – par les pensées exprimées – notion développant son idéal, comme la naissance d'un Dieu – éternel – menant à une extase permanente, aussi par la fonction érotique faisant en grande partie sa finalité. Elle fait référence à la morale du beau et du laid, sur des valeurs externes – physique – sur la structure du corps humain – forgeant une admiration, exaltant un sentiment d'émerveillement à la personne désirée. Au cours de l'histoire humaine, la beauté aurait défini par « l'ordre », les groupes et appartenance, et les affects en découlant.

Des stéréotypes sociaux devant rallier le plus grand nombre à sa doxa, où tout refus et acceptation conduisent à ne regarder que la *laideur* comme une fausse vertu et culpabilisante. Longtemps, cette notion resta et se posa, sur la femme, sur le seul aspect extérieur, alors qu'il s'agit aussi de plaire au-delà de ce seul aspect, afin de pénétrer l'autre, et d'y recueillir l'expression de son amour et de le partager.

Dans sa définition au cours de l'histoire, sa notion de pouvoir inspira pour un grand nombre une méfiance pour le *trop* beau ou la *trop* belle – aussi une grande adoration – avec l'angoisse de *la* perdre et ne pouvoir la sublimer, au regard du bonheur pouvant se produire, afin de s'émouvoir. Cependant, au cours de l'histoire fondant aussi sa mythologie, la beauté d'Hélène de Troie dans *L'Iliade* d'Homère –, resta la cause d'un conflit entre les Troiens et les Grecs.

Car la notion de beauté, crée une ambiguïté au sein de nombre de couples, par la jalousie qu'elle suscite, du désir de trahison pouvant en résulter, par cet étrange pouvoir qu'il exerce – masculin et féminin – sur chacun, pour un dessein d'esthétisme. Dans son approche historique et mythologique à ses archétypes, Apollon, Dieu de la Beauté – reste une référence, aussi pour les arts et la lumière au masculin, et Aphrodite, Déesse de la beauté et de l'amour –, mère d'Éros et épouse infidèle du forgeron Héphaïsto, devint Vénus chez les romains.

Dans les paradoxes développés autour de ce sujet, beaucoup souhaitent au même titre que l'amour – un désir universel – non pour le seul paraître, mais pour l'être, malgré l'attrait sexuel demeurant sous-jacent –, une vérité de vie. Car la beauté physique compose ses premières sensations, ce, à tous les hommes et femmes – à toutes les cultures, car elle reste subjective par les besoins du moment, du moment, du caractère, de la personnalité en face et aussi des canons de l'époque. Cette notion appartient à l'abstraction pouvant en résulter, car elle ne suffit par, son seul aspect extérieur à définir l'amour et la pleine relation du couple. Pour nombre de personnes, elle se regarde comme un don divin, qu'il faille ou non s'enorgueillir, or même l'homme ou la femme – laid(e) cherche à plaire, à recevoir aussi le témoignage de l'amour – véritable ou en faux-semblant. Pourtant l'indulgence et l'élégance de chacun semblent permettre son expression dans leur amour.

Y a-t-il un goût ou une aversion pour les personnes laides dans la société par rapport aux standards imposés du canon de la beauté ? Car, la notion du beau ne se regarde pour beaucoup comme non esthétique, mais bien comme une notion morale, devant s'inscrire aux autres règles morales, et pourtant, il reste subjectif dans sa définition et approche – selon la culture et ses références aux choses et actions. La seule recherche d'une harmonie esthétique peut se voir comme une conséquence d'une éthique spirituelle et non aux seules « ordres » matérielles – une vérité de l'élévation spirituelle se partageant chaque jour dans le regard et l'attention portée à l'autre –, autant qu'une simple contemplation des formes, des symétries, des lignes corporelles et aussi du volume. La beauté corporelle ne doit se voir, comme une simple adoration de soi et des choses, une vindicte de ses passions, ramenant seulement à l'image, une morale des apparences et des seuls corps, par moult subterfuges, mêlant beauté et laideur – vérité et mensonge. Dans l'entretien de sa beauté (jadis), la femme utilise le miroir, comme outil de réflexion sur son apparence, afin de se préparer, alors que l'homme en fait, depuis longtemps un instrument d'introspection – pour son harmonie – et devant développer l'idée de sa perfection –, pour la psychanalyse et les sciences humaines, idée débouchant sur le narcissisme.

Chacun d'entre nous, se voit attiré d'abord, par le visage, puis un détail de la plastique – *« car, si vous avez la beauté, vous y voyez l'intelligence* » –, pourtant, nombre d'esprits brillants, ne figurent pas toujours dans les canons de la beauté. Cela nous conduit intrinsèquement à accorder une plus grande confiance à la beauté d'un homme ou d'une femme, par son éclat et ladite expression de son visage. Pourtant, la beauté ne se limite à ces seuls points, mais à l'allure, la dignité, la sérénité, le respect exprimé par l'humilité, dans une maîtrise de soi.

Pourtant, souvent attribué à Dieu, dans l'approche du féminin, dans un idéal du masculin, plaçant l'homme au-dessus de tout le reste – « *il est beau comme un dieu* », adage s'entendant souvent dans le regard porté à un homme. Le contraire, beaucoup moins souvent dans le langage masculin. Elle se place comme une transcendance à atteindre, et parfois impossible pour beaucoup, car ce seul critère ne peut suffire à faire le couple et l'amour en découlant ; sauf à l'employer dans un excès de narcissisme d'une image ou icône.

Car, notre époque se trouve soumit à la doxa, de plus en plus important de la *beauté*, partout et pour tous, où les corps doivent répondre aux mêmes formes – d'où un développement de la chirurgie esthétique, même dans des cultures n'ayant pas ce type de définition du beau par les seules retouches du corps physique. Annihilant cette question du temps dans la logique naturelle de vie et du développement humain. Car, son « culte » édifia les bases d'une idéologie du *plus* beau et de la *plus* belle, mais non plus, l'image de la belle et la bête. De nos jours, cette notion – subjective – fait l'homme et la femme, par la simple apparence, résumant une névrose de l'époque, porter un masque de beauté permanent pour exister. Pendant ce temps, le vivre – le plaisir de vivre, ne fait plus partie du lexique, pour le seul désir de se voir beau ; d'autant pensent qu'il s'agit aussi d'un développement narcissique, touchant (presque) toutes les générations et classes sociales.

Le témoignage de l'amour se voit aussi, comme récompense à la beauté – un cosmétique naturel – souvent plus puissant, que tout autre adjuvant chimique. Une expression nécessaire à la bonté, car l'homme dans son dessein déteste la laideur –, un sentiment de haine. Pourtant, l'un vient à désenlaidir l'autre par sa beauté propre, où s'approprier une partie de cette dite beauté extérieure – aussi par l'amour s'en « dégageant » – amour, souvent incompris, dans le regard des autres, surtout, lorsqu'il dure – à l'inverse de la simple beauté, ne durant qu'un temps éphémère.

> *« La beauté de l'apparence est seulement un charme de l'instant, l'apparence du corps n'est pas toujours le reflet de l'âme »*
> George Sand, *Le Beau Laurence*.

VI – LANGAGE

n. m. *(de langue)* Faculté propre à l'homme d'exprimer et de communiquer sa pensée au moyen d'un système de signes vocaux ou graphiques. – Système structuré de signes non verbaux remplissant une fonction de communication. – Mode d'expression propre à un sentiment, à une attitude.

En abordant ce thème, je choisis de rester dans une approche générale, tant il comporte de ramifications entre la linguistique – le langage – et de ses multiples classifications, usages et oppositions, pouvant faire l'objet d'un traité, fort long. Que nombre de spécialistes continuent de traiter, depuis l'élaboration et du modèle abstrait de la langue, par le linguiste suisse Ferdinand de Saussure et ses disciples.

Le langage reste le point permettant l'échange entre les hommes, dans toutes les langues. Dans l'analogie du langage courant, les mots ne correspondent pas toujours les choses qu'ils représentent, encore moins les sens couverts, car l'utilisation des verbes reste différente à chaque niveau d'échange. Cependant, il détermine les actions de paix et de guerre ; car dans l'ensemble les hommes tentent de maintenir une cohérence logique dans l'utilisation du langage parlé et écrit.

Bien que notre époque fasse souvent amalgame dans son utilisation elle reste prépondérante à toute communication et exprime la dynamique des sentiments de chacun en tentant de trouver de nouvelles fréquences dans cette structure mentale. D'autant diront que la beauté disparaît avec le temps et que seul le vocabulaire associé au toucher, permet de conserver les attraits de cette beauté. Cependant, dans l'analogie du langage courant entre les personnes, les mots ne représentent pas toujours les sens couverts car l'utilisation des verbes s'emploie différemment à chaque niveau d'échange.

À toutes les époques, le langage subit de grands changements par l'enrichissement du vocable, des apports stylistiques, des institutions politiques et religieuses, et de la littérature, comme une question essentielle dans les méthodologies d'échanges et de compréhension.

Au sein du couple, il repose aussi sur différentes contradictions, fondamentales à sa relation – par le milieu, le discours, l'optimisme des mots –, un respect mutuel. Il permet aussi de déterminer en son sein, différents niveaux d'analyse, de compréhension, d'écoute, d'action, de décision créant un pouvoir partagé et ou subi par l'un. Cependant, le langage repose avant tout, non sur l'inné, mais sur l'éducation, dès l'enfance et à chaque groupe social correspond un type de langage –, donc de communication. Car il engage au dialogue (confronter ses points de vue, converser, trouver un terrain d'entente), échange privilégié et codifié visant à maintenir un niveau d'efficience dans le temps.

Dans une époque troublée sur bien des points, le langage donne l'expression des sentiments et des émotions, et nivelle une certaine incertitude dans son pouvoir de persuasion, d'accommodation, voire de domination par le plaisir ou non, de l'approximation de l'un pour et envers l'autre. Au sein du couple, le langage comporte aussi un pouvoir d'envoûtement, de séduction, d'enchantement, qui aujourd'hui se perd pour beaucoup – les jeunes particulièrement. Tous les couples ayant un bon, voire un excellent langage de départ, s'offrent des perspectives de communications – donc d'échanges plus importants sur tous les sujets et dans l'expression de leur amour. L'homme et la femme s'accordent dès leur première rencontre sur la nature et la qualité du langage, que chacun mettra en œuvre afin de plaire, de séduire, de se montrer attentif et intéressé. Cependant, cette mise en œuvre doit suivre à dessein, la ou les valeurs, dont on témoigne par ses actions futures et qui se manifesteront par la parole et la qualité de celle-ci. Les premiers mots prononcés demeure d'une grande importance, au travers de celles-ci, ils montreront la vaillance de son cœur envers la personne en face, bien que le plus difficile reste le maintient de ce niveau verbal.

L'avancé du couple se mesure non seulement aux spécificités de chacun, mais au dialogue –, intelligibilité commune des esprits et conditions *sine qua non* de toute compréhension ; et faisant de plus en plus défaut à « l'intérieur » des couples. Ce dialogue reste un exercice délicat, car réflexif de nos pensées, valeurs et actions ; mais transcendant dans la découverte continuelle de l'autre, et non le fait de soliloquer de l'un et accusant l'autre de non-écoute.

La dialectique se voit comme un *discours*, à la fois continue et contradictoire pour l'un et l'autre, suivant l'enjeu du sujet. Elle répond aussi au modèle en cours dans la société à différentes périodes. Cependant, les hommes recherchent dans une permanence du temps, le dialogue, afin de se comprendre par la parole et l'écrit, en introduisant le moins de contradictions visant à éliminer le dialogue. La valorisation du langage rejoint aussi le phénomène de la perception, sur les valeurs verbales et non verbales (gestuelle, regard, le ton, l'élocution) s'avérant des ressorts important dans les attentes et le jugement. Il permet de continuer à convaincre, à rallier des idées s'inscrivant dans le projet de vie du couple.

Il se regarde dans le cadre social – identitaire – du contexte de chacun, produit aussi par la rencontre (culture « identique » ou mixte), outre la beauté, le charme, l'aspect matériel et financier. L'affect du couple passe par cette condition – outil d'échange et de compréhension –, plus qu'utile à la durée de vie du couple ; car souvent, on entend cette question du dialogue, par sa qualité, son enrichissement ou appauvrissement, comme construisant ou détruisant la cellule et la famille. S'étiolant au fil du temps, lorsqu'il n'y a plus d'apport le développant – ou par la domination linguistique de l'un sur l'autre, comme factuel du niveau social et culturel – exprimant ou non son déficit. Les attitudes langagières s'observent dans les différents milieux sociaux (aristocratie, bourgeoisie, classe moyenne et défavorisée) et y marque son appartenance à une ou différentes communautés, à différents moments de vie. Elle exprime un sentiment de domination – dans le milieu exprimant les échanges – par la maîtrise du verbe et de tous les outils le faisant, limitant ou favorisant les codes du couple. Bien que contesté, les travaux de Basil Bernstein[4], démontrèrent aussi l'importance et aussi la variété du langage libre socialement.

De même que la musique s'avère importante à la vie par son énergie, le langage fournit aussi cette énergie. Par ce dernier, nous voyons, regardons aussi l'évolution et les enjeux cognitifs s'induisant au couple ; qui, pour les spécialistes se décryptent par les effets réels produits par chacun –, donc d'une logique de vie et service. Qui non alimenté, s'appauvrit et anéanti tous les efforts de départ. Bien que toute science passe par le langage, la relation du couple passe tout au long de « sa vie », par l'intelligence des mots et la sensibilité de l'esprit, même dans les moments dit d'adversité – de conflits mêlés par le regard et l'expression du corps interagissant de manière continue. Souvent, l'indigence des mots entraîne aussi une faiblesse du langage, un avilissement se confirmant par et dans l'expression. On peut y voir une source de bêtise, dans le quotidien (langage de l'amour), par ce qui se dit et s'écrit au sein du couple. Le mot ne porte que du symbole et un peu d'émotion, alors que la phrase permet la construction, la réflexion et la compréhension d'une idée devant permettre d'aller au-delà de ce premier.

Le langage permet et contribue depuis toujours, au développement de la relation humaine – un *lubrifiant naturel* de la nature des échanges sains entre les hommes et les femmes. Ceci ne renvoyant pas dans une parfaite égalité de l'un ou de l'autre, mais comme la complémentarité de notre souffle de vie. Celui du couple prend essence de l'apport culturel, individuel et historique de chacun – et devient parfois vernaculaire –, car il permet une nouvelle codification en son sein, de la famille ou la tribu. Cependant, il crée, fortifie et/ou défait le lien (famille, couple, enfants, amis, etc.), par la nature du langage se voit et se verra à différents niveaux de perception et d'interaction. Il reste un moteur de l'identification de soi, de l'autre et oriente nos actes –, dire et faire dans la classe ou catégorie sociale. Sa structure possède cette double fonction de création et de destruction tout au long de notre vie. Le langage de l'amour mis en avant au départ, crée aussi une nouvelle identité, un mécanisme aussi lié, à l'héritage reçue des parents et de l'environnement nous entourant, et dessinant notre ligne de vie.

Au cours de l'histoire humaine, le langage de l'amour comporte une place importante que nous distinguons dans l'amour, de la passion, du sensualisme, utiles dans l'expression et la charge émotionnelle de chaque couple, par le toucher, le regard, la parole (riche ou pauvre), l'écrit, et aussi dans la communion de ces codes secrets – outil de séduction et de communication – conscientisé et s'utilisant, depuis toujours à tous les peuples. Pourtant, il ne peut se regarder dans un seul modèle (fantasmé) dans la société en cours ; mais dans l'univers social et culturel, le structurant, par une compréhension de son trait éducatif, bien que certains le voient, comme une aporie dans certains débats, où le solipsisme de soi et ses sentiments constituent une toute vérité. La question aujourd'hui, se pose pour beaucoup, par un besoin de redécouvrir, de réapprendre la « communication » ; pourtant nos sociétés *modernes* possèdent une large part de son historique et dans tous les termes – devenant plutôt antagonistes dans la vie et les échanges à l'autre – expression première de l'espace et du temps.

Sur un plan esthétique, la durabilité et la beauté du couple s'observent aussi par le langage employé –, la qualité du dialogue tout au long de leur vie, dans l'ensemble des sujets abordés. Le langage de l'amour crée le départ de l'histoire du couple, mais change au fil du temps, mais peut se maintenir, suivant l'importance accordée dans sa compréhension, au vécu dans la durabilité. Il ne repose sur la seule ordination et l'assemblage des mots, mais aussi par l'expression corporelle – complément utile de ces derniers. Mais, dans le noyau de la culture originelle, des liens internes et externes permettant son déploiement dans la pensée de l'autre et du sens accepté – enrichissant les perspectives d'expressivité des esprits, et surtout des corps ; facilitant aussi la coopération, une jouissance intime du couple.

Dès lors qu'il cesse ou ne s'exprime plus dans les échanges, il ne représente plus le moteur préfigurant la bonne marche de la communication et de la compréhension des problèmes. Différence entre le langage parlant – avènement du sens premier dans la mise en forme et analyse du sujet ou de l'action ; et le parlé, bagage (brute) de l'acquis et du culturel –, s'exprimant fortement dans le cas d'une « mixité » des langues, dans le style de chacun.

Le langage du couple se regarde ou non dans sa position sociale – avec ses signes ou non, « extérieurs » de richesse – ne correspondant pas toujours à cette dernière, mais par la précision de son expression ou non amoureuse ou véhiculaire. Le langage de l'amour, donne la « dimension » sociale de l'époque, auquel appartient et contribue chacun, dans sa quête, à la fois, dans un langage simple – commun au plus grand nombre – par des styles différenciés à chaque groupe –, et élaboré, sophistiqué par sa codification, pour ceux et celles maîtrisant dans ses formes et structures. Hautes, pour le prestige et basse pour le familier. Malgré les différences, ils peuvent interférer dans l'usage, l'enrichissant, comme à chaque époque.

Malgré les comparaisons universelles accordées, il diffère aussi d'une région, d'une ethnie, d'un groupe social à l'autre ; mais s'en trouve aussi enrichit par son métissage. Métissage s'observant aujourd'hui entre le bilinguisme de l'anglais, et des langues « régionales », permettent aussi de meilleurs échanges, d'enrichissement et de compréhension – une facilité à la communication –, se regardant aussi dans la migration de la vie rurale à l'urbain, empruntant les codes – jusqu'à l'assimilation du langage de la cité. Ce que les études sociales, et linguistiques nommèrent la « sociolinguistique urbaine », modifiant aussi les comportements et langage du couple, par cette géographie sociale – comme un nouveau territoire. Cependant, la ville (mégalopole) modifie au fil du temps, le rapport à la langue – disparition des anciennes pour des nouvelles.

Mishima pensait que : « *Tout acte et ses paroles tendent à modifier l'esprit, car nous continuons de penser et de croire que les paroles et actes restent de simples manifestations, de notre philosophie person-*

nelle et de notre conscience », car en fait, nous nous nourrissons des manifestations extérieures, telles les actes et les paroles pour les codifier. Dans son langage quotidien, le couple se nourrit et se transforme de l'un et de l'autre, mais peut aussi le détruire, dès lors que les expressions divergentes ne permettent plus la réciprocité. Il se regarde aussi dans les attentes des femmes, dès la rencontre, sa mise en place et son développement au fil du temps, maintenant ou non un niveau d'attention, exprimant l'amour. Exigence souvent difficile à maintenir, car elle oblige à une remise en question du parler – à l'autre – fusible, régulant aussi la sécurité ou la favorisant *a contrario,* dans les perceptions de l'autre (vulgaire, délicat, sensible) dans le contenu et le discours.

Le langage repose et met en place un système de communication que le couple codifiera au fil de l'avancée de leur relation. Langage pouvant se raréfier, se complexifier, se développer. Il permet aussi de mesurer les niveaux relationnels (autorités et obéissance) au sein de la cellule familiale, s'exprimant différemment sur les niveaux d'expression et de codifications – source de conflits et violences. Pour le couple, la difficile question reste de trouver à partir de quoi, quand et pourquoi le dialogue et le langage se modifient et s'interrompt, et quels modes et stratégies de communication, il faille resynchroniser.

Malgré le discours grandissant sur la communication à tous et pour tous, le couple partage aussi sa richesse de langage et de dialogue dans ses moments de silence, moments aussi d'expressions, par les regards, le toucher et le ressenti de la présence immédiate. Aujourd'hui, il faut du verbe en permanence et circonstance – ne pas parler (communiquer) en continu de tout – se regarde comme un malaise, une armoire renfermant moult souffrances, des parts obscures, que l'autre doit absolument connaître et partager. Or, chacun a, aussi « ce besoin » des moments de *silence* intérieur, de réflexions – de se repenser –, une régénérescence utile et naturelle, ne s'imposant par des besoins mécaniques externes. Le langage dans la vie du couple peut comporter, en partie les stigmates et les souffrances de la société, par l'expression de l'époque et des correspondances sociales.

Au nom (certainement) d'une tout science, nous oublions que l'homme et la femme – l'humain – demeurent un être développant un langage à la fois, verbal, corporel, silencieux, sous moult formes et dans toutes les cultures. Se confondant (parfois) dans nos désirs et sa réelle expression – expression – souvent un invariant de la communication du couple, par les angoisses, peurs, silence trompant, vérités et mensonges à avouer. Parlé, partagé et écouté, il permet une construction, « élevant » chacun et harmonisant plus fortement les liens du couple, par le besoin de répéter certains mots, et aussi le désir d'en apprendre de nouveaux par différents apports.

Dans toutes les conventions sociales et morales, le langage tient-il encore une place importante dans la réalité de chacun et du couple, par son expression réelle et aussi virtuelle ? Car, chacun cherche sa liberté d'agir, de comprendre, de faire, de vivre et de partager – comme une épreuve de vérité, dans le corollaire des mots.

VII – NARCISSISME

n.m. Admiration de soi ; attention exclusive portée à soi-même. Psycha. Investissement du sujet sur lui-même.

Aborder ce sujet renvoi à se replonger dans « *Les Métamorphoses* » du poète Ovide (43 av. J.-C. – 17 apr. J.-C.) à l'étude du jeune Narcisse tombant amoureux de son image et ne pouvant plus s'en passer, séduit par son reflet et en mourra les yeux plongés dans l'eau. Terme reprit dans le travail et les études de Freud sur l'image de soi, depuis 1914 « *Pour introduire le narcissisme* », le considérât comme à double titre, primaire, car renvoyait à la fusion de la mère et de l'enfant, et secondaire par le refus d'une séparation du moi au monde.

Il répond et reflète notre société dans son époque et ses mœurs, (individuel, consumériste, hédoniste) pour l'individu dans un développement personnel plus grand – détachement du collectif, conduisant aussi au sein du couple à des troubles du narcissisme. Au sein du couple, elle renvoie et porte sur le regard de la vie des autres couples (mariés ou non) – mélange d'espoirs et d'inquiétudes. Pour nombre de psychanalystes, il en devient le miroir – catalyseur ou destructeur, si chacun sait comprendre, approcher ses mécanismes, pour une meilleure survie.

Une majorité de couples résistent à cet effet par un regard interne et externe, par l'égocentrisme, inspiration du moi et le narcissisme portant aux nues. Cependant, dans nombre de couples l'ego surdimensionné de l'un peut aider à l'équilibre interne externe, par la candeur de l'autre. Il influence aussi le couple dans sa vie, beaucoup ne tiennent plus dans la durée ces dernières années, nous pouvons observer que la relation du couple –, donc interhumaine devient une contrainte pour beaucoup dans la création et le maintien du lien affectif et libidinal, par la simple toute-puissance de l'individualisme parcourant toutes les artères de la société. Cela se note par un refus de nombre de codes régissant le couple et par le refus du plus grand nombre de contraintes au nom du droit à la personne – à l'individu seul.

Son niveau actuel se regarde aussi dans le miroir de l'image des idoles constamment magnifiée dans le quotidien, notamment dans le couple ; procéder de la sorte, renvoie à une pâle copie de « l'original » et presque sans contenu, mais juste sur l'apparat comme élément de sublimation. Il se traduit aussi par tolérances, frustrations et contradictions, effets s'avérant pervers dans un temps plus ou moins long ; mais aussi entre la personne physique, mystique et profane, pour peu que l'un accepte d'écouter l'autre sur ce trait de psychanalyse interne au couple.

Dans son ouvrage publié en 1979, « *La culture du narcissisme* », l'historien, Christopher Lasch redéfinit, analysa et critiqua tous les processus culturels, sociaux et politiques du narcissisme, au sein des sociétés occidentales et américaines. Il l'expliqua et le considéra comme une des nombreuses façons de faire face à toutes les « tensions » continues, et grandissantes de la vie, comme une autopréservation dans la contrainte et la morale sociale.

La culture actuelle du seul individu, par un solipsisme grandissant, où seul le sentiment personnel de soi et de sa personne occupe l'espace (réduit) de vie. Le langage usité et mie en avant, y contribue fortement dans cette part sociétale, où la qualité des relations humaines en souffre grandement – particulièrement homme/femme. Car, il repose aussi sur l'antagonisme de chacun, dans les différents groupes, et dans les luttes les opposant – entre l'homme et la femme.

Il semble qu'une grande part de la dramatique humaine, dans l'amour réside dans cette recherche d'ipséité, dans une recherche d'amour, autre que soi. Car, tant qu'une rencontre ne se produit pour un amour intense et sincère à l'autre, le reste de la vie tourne essentiellement autour de soi – de son image – et comment partager cet amour-propre – facteur d'une certaine destruction. Pourtant, la psychanalyse le voit, comme faisant partie de l'amour et de la fusion à l'autre.

VIII – LIBERTÉ

« L'individu a des devoirs envers la communauté dans laquelle seul le libre et plein développement de sa personnalité est possible[5]. »

n.f. (lat. *libertas*). État d'une personne qui n'est pas soumise à la servitude. État d'un être qui n'est pas retenu prisonnier.

Cette notion idéologique fait partie de l'histoire commune et continue des hommes, mêlant idéal de vie et justice. Cependant, elle varie d'une culture et d'une société à l'autre (Occident, Orient, Asie, Afrique, Amérique…). Elle se voit comme une grande idée d'émancipation, mais s'opposant, dès que la relation à la suprématie, à l'autre prend le dessus au supplétif discours moralisateur, à la famille, le matériel, l'intellectuelle et le spirituel.

Sur un plan philosophique, la liberté se regarde aussi dans nombre de couples et aussi dans l'histoire humaine, dans le choix de faire du bien à l'autre, son entourage et aux autres ; ou à faire le mal avec des conséquences influant en premier lieu sur la liberté de partager, d'agir, de construire, de développer cette entreprise humaine. Elle semble se confondre entre la sécurité au sens premier et la sécurité de la liberté, un enjeu de société ne se définissant dans aucun contrat, mais aux seules règles régissant les limites, à chaque interstice de chacun dans le groupe. Sécurité et liberté pour tous, dans la promiscuité sociale globalisée, fragilise aussi la place du plus grand nombre et bouleverse, par là même l'existence et l'équilibre du couple, par les limites parfois inattendues.

Chaque être humain comporte sa part de rêve, de liberté, mais aussi une part obscure se mêlant et se confondant parfois dans ces rêves de liberté et de son partage. En référence *Du contrat social* de Jean-Jacques Rousseau « *L'homme est né libre, et pourtant il est dans les fers* », il fallait maintenir un distinguo entre sa part « naturelle », issue de l'individu et de la *liberté civile*, résultant d'une volonté commune. Pourtant, au sein du couple, elle se discute, se pense aussi dans l'environnement et l'espace immédiat (social, économique et religieuse), mais aussi dans la différence de chacun à cette définition.

De plus en plus nous parlons de liberté, dans ce « monde moderne », sans presque jamais prendre peu ou pas en considération les divers degrés de liberté, reflétant dans le temps, notre espace de progression ou de régression. Nous oublions que la liberté se trouve souvent liée à la question du choix (de faire ou de ne pas faire). Car, le choix de faire repose aussi sur la compréhension du conjoint, des objectifs, et de la direction que chacun prendra pour faire évoluer son histoire commune. Dans le cas du couple, cette liberté se veut un moteur à chaque niveau de décision analysé et comprise dans l'esprit d'une dynamique commune.

Elle doit servir chaque jour à améliorer et à fortifier le projet de cette entreprise de vie. Se voit comme un processus d'habiletés ouvertes entre les intelligences différentes de chacun, où le contenu se définit au fil de l'histoire dans la relation ; mais sur l'expérience de vie, ne se limitant pas seulement à des concepts, mais dans son partage (amour, travail, enfants, famille, actions, etc.). Cependant, l'éducation, la culture, « apporte », aussi une lecture intelligente sur laquelle s'appuiera le couple, non comme seule éthique, mais comme moyen de préserver toutes les parts fécondes dans sa relation graduelle (dynamique et progressive), afin d'éviter une trop grande uniformisation et monotonie dans la vie quotidienne.

Cependant, le développement et la compréhension de l'amour dans « cet espace » s'avèrent complexes, car nous nous référons aussi au social, au culturel, à la psycholinguistique, à la compréhension de soi dans l'environnement immédiat. Ainsi, que toutes les transformations et métamorphoses survenant au cours de notre vie de couple, avec des valeurs fluctuantes de la seule époque.

Pour beaucoup, le couple, ne s'exerce dans une totale liberté, puisqu'il reste soumit ou inféodé au système social et des doctrines religieuses. Aussi, une partie des contradictions rencontrées, repose sur les opinions divergentes, sur nombre de points – où seul l'échange, l'écoute, la discussion, permettent de sortir de ces impasses – une volonté, non guidée par le seul jugement d'*a priori* du parfait et de l'imparfait. Pourtant, elle se partage aussi dans l'esprit de chacun, de ses opinions, ses attentes, ses expériences et non du seul caractère imposé de l'un sur l'autre, et se regarde dans les interstices de la vie sociale, morale et religieuse. La liberté se regarde aussi dans un principe réciproque contractuel, tant dans ses contenus signés, que sur la parole donnée – engageant l'un et l'autre ; et l'un envers l'autre.

Elle se regarde aussi dans la société, la culture, et la politique permettant où chaque personne et aux couples, une garantie des libertés individuelles et collectives – du groupe. En son absence, les fraternités ne peuvent s'exprimer que dans son affirmation et de l'engagement de chacun en tant que citoyen ; sur le principe théorique et social de : Liberté - Égalité - Fraternité. Mais, aussi essentielle dans l'approche de la justice sociale, touchant aussi au couple et non par ses seules fonctions de vie « individuelles » et de consommation, mais de sa relation et partage aux autres, par ses droits et devoirs compris. La ou les libertés du couple, se regardent aussi dans les sociétés d'aujourd'hui, dans la juste et « stricte » garantie de droits libres et égaux pour tous. Une reconnaissance véritable du droit humain, au regard des impossibles, dans nombre de sociétés, cultures et systèmes politiques. Une éthique sociale au projet de vie humain – une valeur importante de l'époque, devant réguler par sa construction, chaque couple et groupe –, une coopération utile entre tous, car le couple ne peut vivre sans ce dernier. Car, il n'ira de sa seule cohésion sociale, mais comme un combat continu, ne s'arrêtant aux seules suffisances et certitudes du moment et de l'époque ; mais à celles devant se transmettre aux générations suivantes –, en expliquant les choix retenus et/ou imposés.

En France, l'article du Code civil, au Livre premier – *Des personnes (pas toujours connu)* – Titre premier. – *Des droits civils :*

• **Art.** 9 (L. n° 70-643, 17 juill. 1970, art. 22). – Chacun a droit au respect de sa vie privée. Les juges peuvent, sans préjudice de la réparation du dommage subi, prescrire toutes les mesures, telles que séquestre, saisi et autres, propres à empêcher ou faire cesser une atteinte à l'intimité de la vie privée ; ces mesures peuvent, s'il y a urgence, être ordonnées en référé.

Cet article aborde dans la jurisprudence, les conditions de la protection : la vie sentimentale, la santé, informatique et libertés, notion d'atteinte à la vie privée, enfants mineurs, domicile et résidence, le patrimoine, pratiques religieuses ou appartenance philosophique... Dans son index, il n'y a de titre le consacrant.

Il permet à chacun de trouver et faire sa voie par ses initiatives, tant sur le plan professionnel, social et familial. De nos jours, et depuis ces quarante dernières années, elle se voit et se mesure comme un moyen de s'imposer individuellement, d'atteindre un idéal jadis impossible socialement par nombre de barrières. Alors, qu'elle requiert un travail de confiance en soi, d'initiative et d'entraide. Elle s'exprime aussi dans la capacité de chacun à devenir, à se métamorphoser sur un plan personnel avec les espoirs placés, fondés sur la réciprocité des espoirs conjoints dans l'esprit et le cœur, sans perversion aucune. Par le oui et le non, le premier demeurant certainement, le mot le plus commun dans le langage – la sémantique – humaine, peu importe la langue et la géographie, et permet nombre d'échanges entre les hommes. À l'inverse du oui symbolisant le bien, le tout accord, l'entente sans aucun désaccord, le non symbolise et se conforte au fil des siècles dans sa démarche aristotélicienne, comme la négation, le mal à et en toutes les réponses. Dans la relation du couple, l'équilibre de l'un et de l'autre, repose aussi sur cette altérité et sur l'ipséité acceptée, faisant aussi la liberté. Comme souvent, l'excès de l'un sur l'autre, crée aussi des risques, conduisant à des situations de crises et de conflits, portant à de lourdes conséquences sur les libertés d'expression et de partage de chacun.

Dans *Traité sur la tolérance* en 1763, Voltaire cita : « *La liberté consiste à ne dépendre que des lois.* » Pourtant, l'arsenal du législateur s'avérait moins important qu'aujourd'hui et les besoins de chacun, différents en deux siècles. Aujourd'hui, elle se regarde dans l'ensemble des normes et contraintes permettant de comprendre et de mesurer les chemins parcourus et à parcourir – des prix à payer pour la connaître, la maintenir et la défendre par ses propres moyens, plus particulièrement au sein du couple. Pourtant, l'indépendance des personnes – du couple, ne se regarde pas seulement dans l'espace géographique quotidien, mais à la relation humaine – sociale –, et aussi au rapport à l'immatériel grandissant dans la gestion des choses, des contenus, des identités et les besoins communs, comme antagoniste au poids du destin. Mais, une acceptation de soi et de l'autre – un consentement mutuel sans cesse en autoanalyse et répétition. Un sens à la vie, de désir, de faire, dans la plus grande spontanéité – souvent difficile dans le couple ; par tant de calcul devant trancher dans l'impossibilité des choix. Et pourtant, l'amour en son sein doit développer ce qu'il devient et fait, et non ses seuls désirs le repoussant plus loin, de ce désir de liberté.

Elle ne peut résider que dans le choix d'un libre arbitre du seul couple, dans ses décisions courantes de vie, mais aussi celui de se faire du bien ou du mal, au cours de leur existence commune – une réalité des choix humains, induisant la notion de sacrifice mutuel. Car, la liberté de « choisir » son partenaire, époux ou épouse – faire le bon choix – reste une approche qualifiante, de la réussite ou de l'échec, par les mécanismes de l'arbitraire, car la liberté influe aussi, sur la faillibilité du jugement porté à et sur l'autre. Sur un plan esthétique, la liberté permet-elle une accession totale ou partielle au bonheur et au pouvoir par sa seule définition ou s'appuie-t-elle sur d'autres points définis par le couple en commun ou par l'un ? Sur le plan du bonheur, il peut se regarder dans l'accommodation des espoirs de l'un à l'autre, dans l'acceptation des responsabilités induisant aussi le respect à la vie, la responsabilité sexuelle et de la générosité matérielle. Hélas, souvent cette notion ne se discute que sur certains points suivant la culture et l'éducation ; car il induit toujours un rapport de force – conscient ou non.

Elle se regarde aussi dans la volonté ou non d'accomplir, de réaliser par la raison commune, et non par la seule négation du ne pas faire imposer à l'un ou à l'autre. Dès lors l'amour en devient incompatible et en modifie sa perception par la négation de l'existence de l'autre ou du projet à valider. Par sa volonté, nombre de couples trouvent la voie pour guider leur passion amoureuse de vie, à l'égard des autres projets, afin de la garder intacte le plus longtemps.

Elle répond aussi à un idéal devant développer et instaurer un équilibre dans les choix mélangeant bonheur individuel et collectif ; où toute répression se voit perverse comme une entrave à sa bonne marche et santé. La liberté et la philosophie donnent-elles naissance au même système de civilisation ? Kant cita : « *Et à vrai dire, la liberté la plus inoffensive de tout ce qui peut porter ce nom, à savoir celle de faire un usage public de sa raison dans tous les domaines…* ».

CHAPITRE II – LE MARIAGE

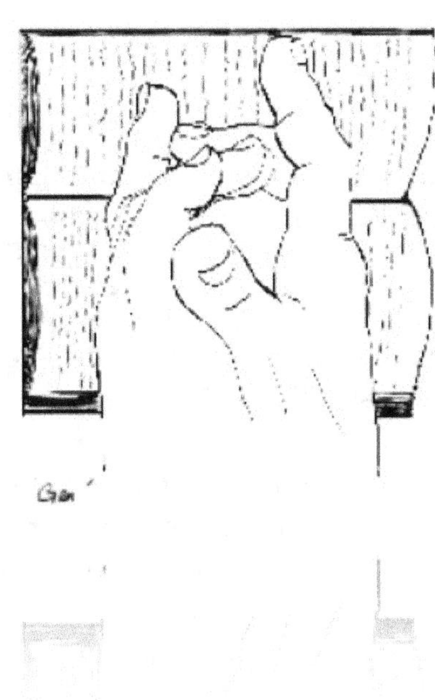

CHAPITRE II – LE MARIAGE

*« Le mariage ne peut être conclu qu'avec le libre et plein consentement
des futurs époux[6]. »*

n.m. *(de marier)*. Acte solennel par lequel un homme et une femme établissent entre eux une union dont les conditions, les effets et la dissolution sont régis par les dispositions juridiques en vigueur dans leur pays *(en France, par le Code civil)*, par les lois religieuses ou par la coutume ; union ainsi établie. Cérémonie, réception organisée à l'occasion de la célébration de cette union. – Situation de deux personnes mariées. – Un des sept sacrements de l'Église catholique. – Combinaison, réunion de plusieurs choses, organismes, etc.

Aborder le mariage, me conduit à un autre regard photographique de cet événement, rentrant dans le cycle de vie des hommes –, où la femme tient une place prépondérante à cette opération qui pendant longtemps – aujourd'hui encore, définit une large part de son identité. Le mariage se voit, comme le destin conjugal heureux et tourmenté, par-delà les cultures. Se « mesurant », par l'ensemble des normes et des limites culturelles, allant de la jeune fille à l'épouse – puis la mère –, idem pour l'homme. Sauf, que les difficultés, les conventions sociales et les stratégies familiales se regardèrent différemment pour l'homme et la femme. Cependant, au travers de la loi, ce dernier fixa les limites, les droits, les devoirs et les risques se présentant.

Au départ de ce thème, je partis de nombreuses expériences professionnelles – surtout de la photographie au cours des années –, mais aussi de témoignages et d'études de cas, afin de comprendre, par quels processus deux êtres, ne se connaissant pas quelques semaines, mois ou années auparavant, viennent à l'union du mariage. Dans le seul but d'unir leur destin au regard des hommes *(la société et la morale)* et la religion (Dieu) ? Ce thème dessine dans son traitement et approche, un grand laboratoire d'étude de l'humanité *(sociale, politique, esthétique, philosophique)*, ne se limitant pas à ce seul jour de fête –, par le faste de l'événement. Mais, sur la question du *couronnement* du couple, par cet acte ou le contraire (colophon), au travers de nombre de formules consacrées :

- La promesse se donner au mariage.
- Faire un mariage (d'amour, de raison, d'intérêt ou d'argent).
- Vouloir un mariage (princier, heureux).
- Proposer le mariage, penser au mariage, etc.

Autant de points incombant dans les droits et devoirs, à chacun des époux, tout au long de leur vie, leur rappelant les règles, pour une bonne marche de cette « entreprise », auxquelles s'ajoute cette question : « à quoi sert-il dans la vie ? ». Pendant longtemps et jusqu'à l'avènement du divorce pour tous et toutes, le mariage se vécut pour beaucoup comme un moyen – un outil –, sécurisant la vie à deux. Cependant, « son » cadre réglementé, apprend aux hommes et aux femmes de jouir de « leur propriété », dans une société réglée ; un nécessaire, comme pour conserver bon nombre d'avantages des libertés et des privilèges du genre humain. Une ode du vivre ensemble, mais qui sans amour, prend un autre sens, une autre direction, non plus de la sécurité, mais d'une destruction, une désagrégation des personnes par les codes sociaux – les apparences par le paraître, la position sociale, les acquis matériels, mirent à mal, une majorité de couples (aujourd'hui encore). Le mariage répondit et se vit pendant très longtemps comme un impératif moral à la vie familiale, en premier lieu, de la représentation d'un modèle social et économique. Longtemps, il resta un conte de fées, bien que son modèle à l'Occidental en devienne pour nombre de pays et de culture un modèle dans son « expression romantique ».

Le mariage comporte au cours de son histoire, ses personnages, qui lui donnèrent du style, du lyrisme, de la mythologie, des métaphores sans cesse repris dans des scénarios divers et variés. Tout ceci mêlant archaïsmes, archétypes, dans des évocations parfois en décalage de l'anthropologie du mariage. Car l'acte du mariage symbolise dans son image, un équilibre entre l'ordre et le désordre, simuler et stimuler une magie sympathique au drame de la vie et de la mort – comme un système de référence. Son approche renvoi en premier lieu, à sa demande, son faire-part, dans le processus amoureux, réclamant, pour le demandeur, ayant d'efforts et de courage, que lors du consentement du mariage. Car, il suppose de longues réflexions sur soi et la personne à convaincre et à surprendre, car l'acte s'avère audacieux pour beaucoup, car il signifie le souhait de s'engager la vie durant –, souvenir revenant dans les bons et mauvais moments du mariage. Ceci restant dans une approche du modèle de l'amour courtois en Occident, car dans le cas des mariages « arrangés », le *couple* ne passe par ce processus (volontaire), mais ils apprendront à se connaître et à s'aimer à l'instant du mariage, pour le bonheur des familles.

Le temps des fiançailles, vient comme un temps déterminant les engagements et les sentiments respectifs, et souvent embarrassants, par la pression s'exerçant dans la préparation à cette union. Jadis, ce « temps » permettait aux couples d'observer des règles, et codes de conduites, *codifiant* leur amour et *protégeant* la femme de son *honneur* avant le mariage, en se préparant sur le flirt, et à l'engagement mutuel de devenir de bons époux. Aujourd'hui, nombre de mariages se déroulent sans ce temps des fiançailles, car un grand nombre de couples ne se soumettent à l'entremise des règles de la morale et de la famille – sauf, pour ceux et celles le pratiquant –, comme symbole immuable au mariage, à chaque génération – un rite cultuel. Sur ce point, et par ses différents rituels entre le coutumier et le religieux, les fiançailles lui confèrent une étape initiatique, une épreuve permettant l'entrée dans le monde des « adultes » – une régulation dans la vie sociale, parmi les grands moments la rythmant.

Dans sa forme la plus avancée aujourd'hui en Occident, le mariage prit aussi naissance dans la conception romaine de la citoyenneté, afin de transmettre le culte familial –, dans le développement de l'humanisme chrétien et us des rationalistes grecs (*Platon, Aristote*). Il se développa au cours du Moyen Âge, pour s'appliquer comme une norme édictée par les lois, lui conférant un socle commun, graduel, au cours de l'histoire à un idéal de même type. Pendant longtemps, l'Église romaine affirmait que le mariage s'enracinait dans une vérité absolue au salut des hommes et femmes, et ceux la refusant se voyaient excommuniés de cette institution et devinrent indissolubles. Au XIIIe siècle, l'Église romaine instaura le sacrement et imposa la publication des bans afin d'éviter les mariages secrets. Bien que nombre de mariages « s'arrangeassent » au Moyen Âge et après, il arrivait que certaines femmes, eussent le choix de leur futur époux.

Pendant longtemps, dans les us, les familles négociaient le futur mariage de leurs fils et filles, d'autant plus de l'importance du rang social. Jadis par le mariage, on devenait homme et femme – même adolescent(e), car il annulait l'enfance et toutes ses entraves pour enfin gouverner son ménage, sa famille et aussi « soi ». Un des us ayant subi le plus grand nombre de changements, depuis les années soixante, et ayant conduit les hommes et les femmes à une refonte de la vie de couple, de la symbolique du mariage par amour ; mais aussi de l'union libre, du divorce, de l'individualisme, de l'engagement ; par-delà les frontières.

Jadis en Europe, il eut une coutume prénuptiale pour l'homme et la femme se préparant au mariage, par des rapports intimes – sexuelles – avant ce jour, qui se nommait nuit d'essai. Qui aujourd'hui, n'a presque plus cours, sauf, dans les groupes sociaux et religieux pratiquant les règles de la virginité absolue, avant le mariage. Cette pratique permettait de définir et de constater ou non, le dessein de l'entente sexuelle des deux ; dans le cas d'une déception, permettait de rompre la promesse d'engagement, ce qui fit couler beaucoup d'encre et créa nombre de drames ultérieurs. À cela, au cours de cette nuit d'essai, lorsque la femme, où la jeune fille tombait enceinte, les *règles* du mariage en imposaient « l'entière consommation ».

En France, il devint un acte civil en 1791 –, laïc et révocable par l'introduction du divorce, par la loi de 1792, qui se vit supprimé en 1816 et rétabli en 1884, par la loi Naquet. Jean Portalis, rédacteur du Code civil, donna cette définition : « *Société de l'homme et de la femme qui s'unissent pour perpétuer leur espèce, pour s'aider, par des secours mutuels, à porter le poids de la vie, et pour partager leur commune destinée.* » Cependant, depuis le Code Napoléon en 1804 et ce jusqu'en 1965, le mariage se régit sous la toute-puissance de l'époux et plaça la femme à cette seule autorité. Jusqu'à la loi de 1970, changeant cette approche du chef de famille, par l'introduction du partage, depuis l'article 213 stipule : « *Les époux assurent ensemble la direction morale et matérielle de la famille. Ils pourvoient à l'éducation des enfants et préparent leur avenir.* » Notion de chef de famille apparaissant toujours dans le discours quotidien et aussi administratif.

En exemple, selon des mythes locaux aborigènes en **Australie,** *Aigle Faucon et Corneille* instituèrent le mariage, en indiquant jusqu'à quel degré de parenté, il devenait possible. Dès lors, les lois permirent de faire le distinguo entre les sœurs, frères et les épouses ; mais aussi au fil du temps de régler le problème de l'inceste, resté longtemps dans l'usage, dans les familles et à l'intergénérationnel. Chez les Dravidiens, le système du mariage se transmettait de génération en génération – se répétait entre les mêmes groupes.

Pourtant au cours de son « histoire », il y eut l'exigence des deux familles par plusieurs démarches avant que les époux ne cohabitent. Par exemple, la dot, au cours du XIX siècle (*époque victorienne*), le mariage bourgeois, pour une majorité de femmes se conditionna à la dot et à l'héritage qu'elle représentait, car la loi se trouvait dans un régime strictement patriarcal. Régime qui exigeait son paiement intégral et qui permettait de conduire la femme à la demeure de son futur époux. L'ensemble de ces *démarches* se faisaient par les parents de l'homme, notamment la demande en mariage – par un porte-parole pour chaque famille – selon les coutumes et cultures, ce processus se faisait par un connaisseur. Personnage qui portait au plus haut une sagesse, pouvant convaincre par son langage et sa rhétorique au regard des objectifs finaux du demandeur – du bien-fondé de la démarche. De nos jours, ce type de démarche avant le mariage devient facultatif, sans un règlement strict. Souvent, la femme se trouve enceinte, ou le couple a déjà un enfant, voire deux ; dès lors les parents peuvent prendre part, en tout ou partie pour « résoudre » ce type de situation au regard de leur expérience.

Aujourd'hui, selon les cultures, beaucoup affirment que le respect pour le mariage s'affaiblit, compte tenu des changements sociaux : l'accroissement des avortements ; la désacralisation du rite ; les libertés sexuelles ; le divorce récurant chez les jeunes couples au regard des générations précédentes ; la tradition de la dot s'estompant peu à peu. Cependant, une idée lancinante parcourt les hommes et les femmes, que le mariage n'appelle pas à la fidélité, et les engagements de l'un et de l'autre se voient comme réversibles, comme nombre d'idées et d'engagements, liés à la vie et aux courants de pensées, au cœur de la société.

De nombreux aphorismes le montrèrent, comme une institution utile à des degrés différents de la vie – voire pernicieuse, selon Nietzsche. Pourtant, les approches et définitions des sciences sociales et de la psychanalyse, la montre comme un paradigme, permettant cette « association », par la contribution d'une identité « individuelle », au sein des groupes sociaux, une prédominance aux autres formes d'unions, par la polarisation du modèle masculin féminin, et depuis la construction de ses formes en Occident –, un modèle féodal. Pourtant, un point resta et demeure important dans cette union, celui du choix de l'époux et épouse par la famille, s'inscrivant dans les coutumes – incluant l'endogamie et l'inceste du lien – avant de devenir le mariage d'amour, tel qu'il se vit aujourd'hui pour une majorité. « Obligation » définissant les castes, et régissant la vie des tribus nomades, malgré le problème des enfants handicapés, ne pouvant se marier à leur tour.

Au cours de son histoire, la liberté du choix ne se fit que rarement, pour des raisons : coutumières, sociales (classes, endogamies), financières, de territoire. De nos jours en Occident, les familles interviennent moins que par le passé, particulièrement en milieu urbain, où la liberté s'avère importante. Néanmoins, ce fait reste perceptible dans la culture, la politique, les modes de vie, comme une tendance où l'avis de la famille semble beaucoup « moins » compter que jadis. Une évolution notable et perceptible tant en Occident, en Afrique, en Asie et dans nombre de cultures, la coutume du choix conserve un poids important, notamment dans les villages, mais disparaissant peu à peu, au vu de l'exode vers l'urbain et de son extension. Une liberté d'expression et de choix, par le oui et le non, délicat à l'annonce du mariage et particulièrement au cours de la cérémonie. Certains verront qu'au plan psychanalytique, que la négation à la demande de l'époux ou l'épouse au cours de la cérémonie, se regarde comme un manque d'assurance, de confiance, de fécondité, sur l'importance de l'engagement. Sans mesurer dans l'immédiateté des conséquences de cette démission – anéantissement de l'autre, ses projets et attentes – aussi pour l'assistance et les familles.

Pendant longtemps, l'approche du mariage resta fixée sur ses rites et codes, et non sur l'amour entre les personnes, thème longtemps relégué, à la seule sphère privée. Pourtant, depuis l'introduction de l'amour, chacun aspire à *ce* mariage, comme une raison pacifiante et édifiant la relation du couple – une ode au lien humain, par un contrat moral –, l'amour. Par cet acte, chaque couple doit apporter l'espérance d'une vie réussie et un espoir pour les autres – un symbole de la fertilité de jadis. Malgré sa baisse ces dernières années, il conserve un attrait solennel par son rite, que ne comporte une union comme le Pacs. D'ailleurs, chaque culture continue d'apporter un imaginaire plus important dans sa fonction sociale, culturelle et religieuse.

Une des principales questions, reste la transcendance que provoqua jadis et aujourd'hui, l'union contractée du mariage par, l'ensemble des concepts, des représentations et des liens sociétaux (juridiques) reliant ou opposant les hommes et les femmes au monde, comme un tableau rêvé et espéré. Au cours d'un séminaire de médecine et de psychologie en 2004, je retins la pensée, teintée d'une note d'humour d'un orateur praticien qui mérita, et méritera encore une certaine réflexion à son sujet : *« Le mariage est une invention de l'homme, qui fonctionne en termes de territoire et la notion de couple fut introduite par les femmes. Là, on s'inscrit dans la durée, car l'homme à tendance à croire que le mariage définit le couple et qu'à partir du moment où c'est signé, tout va bien. Les femmes savent que c'est le commencement des problèmes. »*

Pour beaucoup, comme l'amour, le mariage devient une tragédie, dès lors que l'espoir et l'image de son « classicisme », ne font plus route commune dans le projet de se plaire mutuellement dans le respect des caractères. Fort souvent, on entend cet adage : « *on se marie parce qu'on s'aime* », cependant l'inverse n'a pas force de vérité pour beaucoup. À cela, s'ajoutent d'autres raisons comme : le prêt bancaire plus facile à obtenir, la déclaration d'impôt allégée, la vie professionnelle, une certaine pression sociale et familiale. Pourtant, dans nombre de cultures, le mariage se voit comme le sommet d'une société humaine, pourtant le dessein humain se voit très tourmenté.

Les enjeux moraux, sociaux et politiques du mariage évoluent au regard de chaque société, dans une adaptation contemporaine, se regardant aussi comme déterminante aux composantes historiques, économiques et socioculturelles des parents et des familles. Dans la société française, par ses lois, le mariage conserva pendant longtemps une opacité dans son approche psychologique, sa compréhension par les codes fixant et obligeant ses devoirs et obligations de l'homme envers la femme. Par les changements de régime, des lois et des révolutions, son approche devint plus simple pour un grand nombre, mais demeure encore flou parfois, dans ses contours.

En *France*, le taux de nuptialité se voit comme le rapport du nombre de mariages de l'année à la population totale moyenne de l'année. Pour une population de plus de 60 millions d'habitants, le nombre de mariages enregistrés (célébrés) sur l'ensemble du territoire (96 départements et des départements d'outre-mer) en 2005 s'élevait à 283 194, 2006 à 274 084, et en 2007 à 266 500, soit 7 584 de moins qu'en 2006. Au regard des études et rapports publiés en 2007 par l'Insee, le nombre de mariage continu à baisser depuis l'an 2000, où le chiffre des 300 000 se vit atteint. Dans le même temps, l'âge moyen augmente, sa rapide progression au cours des dix dernières années se marque pour deux ans plus tôt, les femmes se marient vers 29,3 ans et les hommes à 31,3 ans. En témoigne ce tableau :

Années	Mariages (en milliers)	dont légitimant au moins un enfant (1) (en %)	Taux de nuptialité (pour 1 000 hab.)	Hommes (en années) (Âge moyen au 1er mariage)	Femmes (en années) (Âge moyen au 1er mariage)
France métropolitaine					
1950	331,1	5,9	7,9	26,2	23,3
1960	319,9	6,1	7	25,7	23,1
1970	393,7	5,4	7,8	24,7	22,6
1980	334,4	6,9	6,2	25,1	23
1990	287,1	17,6	5,1	27,6	25,6
2000	297,9	29,1	5	30,2	28
2005	276,3	29,8	4,5	31,1	29,1
2006	267,3	...	4,4	31,3	29,3
2007 (p)	260	...	4,2	...	...
France métropolitaine et DOM					
2000	305,4	29,3	5	30,2	28,1
2005	283,2	29,9	4,5	31,1	29,1
2006	274,1	...	4,3	31,3	29,3
2007 (p)	266,5	...	4,2	...	...

P : données provisoires.
... : résultat non disponible.
(1) : depuis la réforme du Code civil entrée en vigueur en juillet 2006, la distinction entre enfant légitime et enfant naturel n'existe plus. La part des mariages légitimant au moins un enfant n'est donc plus disponible. *Source : Insee, bilan démographique.*

Le mariage dans son modèle le plus connu en Occident, s'inscrit sur le modèle de la bourgeoisie et l'aristocratie. Jadis le mariage unissait des hommes et des femmes appartenant à la même « frange » de la société – une endogamie « naturelle » – pour un maintien et un renforcement économique, par les nombreuses unions arrangées où l'amour ne s'invitait pas.

Cependant, *il* reste « la seule entreprise », en matière sociale, pouvant se réaliser à tous les âges (avant la majorité et après la retraite), où le principal contrat moral reste l'amour, puis un contrat devant les hommes. Parmi les idées circulant sur le thème du mariage, les pessimistes tentent de montrer qu'il fait crouler les hommes sous nombre de responsabilités, auxquelles les femmes contribuent –, car l'homme naquit libre. Ce type de pensée se discute (encore), au sein des communautés religieuses, afin de porter des éclairages aux personnes doutant de son intérêt ; notamment, sur la création et le renforcement de la fondation familiale –, et le maintien d'une alliance sociale. Aujourd'hui, pour beaucoup il s'agit de savoir comment le mariage protège des malheurs de la vie ou non ? Question idéologique et sociale, se regardant comme une troisième personne ou entité et « moins » comme l'union des deux, intégrant un ensemble d'art se développant au fil du temps de vie et qui oublié ou mal développé conduit vers quelques erreurs – où le responsable dans le jugement, devient le mariage. Beaucoup le considèrent aujourd'hui comme un mythe, cristallisant les rêves de la société par différentes interprétations et symboliques, au pouvoir qu'il confère, mais incontournable par sa réalité et sa prégnance. Pourtant, il sert aussi d'indicateur pour la politique, l'économique et le social, et permet de mesurer l'évolution de la fécondité par groupe social et tranche d'âges. Car, il repose en premier lieu, sur un contrat écrit, engageant et obligeant les époux sur leurs droits et devoirs, car pour le législateur, l'engagement amoureux restera la base constante de la fondation de leur engagement. À la différence d'un contrat d'entreprise, il n'établit l'obligation et le devoir « d'aimer » cette dernière – mais son travail. Néanmoins, le contrat de mariage n'établit pas de lien de subordination directe entre l'homme et la femme, mais marque des dépendances de l'un à l'autre. Pourtant, beaucoup le considèrent aujourd'hui comme *un contrat à durée indéterminée*, limitant certaines libertés par les contraintes qu'il semble imposé.

En *Europe* les statistiques de nuptialité et de divortialité s'observent aussi depuis les années quatre-vingt, en témoigne ce tableau[7] : En 2005, les taux de nuptialité les plus élevés s'observent à Chypre (7,8 ‰) et au Danemark (6,7 ‰) ; les plus faibles en Slovénie (2,9 ‰) et en Belgique (4,1 ‰). Exception faite de Malte, où le divorce n'est pas autorisé, c'est en Irlande et en Italie que les taux de divorce sont les moins élevés (0,8 ‰). À l'inverse, la Lituanie et la République Tchèque ont les taux les plus importants (respectivement 3,3 ‰ et 3,1 ‰).

pour 1 000 habitants	Taux de nuptialité		Taux de divorce	
	1980	2005 (p)	1980	2005 (p)
Allemagne	6,3	4,7	1,8	2,7
Autriche	6,2	4,8	1,8	2,4
Belgique	6,7	4,1	1,5	2,9
Chypre	7,6	7,8	0,3	2
Danemark	5,2	6,7	2,7	2,8
Espagne	5,9	4,8	///	1,1
Estonie	8,8	4,6	4,1	3
Finlande	6,1	5,6	2	2,6
France métropolitaine	**6,2**	**4,5**	**1,5**	**2,2**
Grèce	6,5	5,5	0,7	1,1
Hongrie	7,5	4,4	2,6	2,5
Irlande	6,4	5	///	0,8
Italie	5,7	4,3	0,2	0,8
Lettonie	9,8	5,5	5	2,8
Lituanie	9,2	5,8	3,2	3,3
Luxembourg	5,9	4,4	1,6	2,3
Malte	8,6	5,9	///	///
Pays-Bas	6,4	4,5	1,8	2
Pologne	8,6	5,4	1,1	1,8
Portugal	7,4	4,6	0,6	2,2
République tchèque	7,6	5,1	2,6	3,1
Royaume-Uni	7,4	5,2	2,8	2,6
Slovaquie	7,9	4,9	1,3	2,1
Slovénie	6,5	2,9	1,2	1,3
Suède	4,5	4,9	2,4	2,2
Union Européenne à 25	**6,7**	**4,8**	**e 1,5**	**2**
Bulgarie	7,9	4,3	1,5	1,9
Roumanie	8,2	6,6	1,5	1,5
Union Européenne à 27	**6,8**	**4,9**	**1,5**	**2**

p : données provisoires.
/// : absence de résultat due à la nature des choses.
e : estimations. *Source : Eurostat.*

Sur un plan esthétique, il découle de l'expression de l'amour pour l'autre et de son souhait de partager sa vie en sa compagnie dans (presque) tous les instants et d'atteindre la plénitude d'une entreprise, se développant chaque jour, par les sacrifices consentis par chacun. Car, la route y menant se construit aussi sur les facteurs humains (traits de caractère, travail, milieu social et économique). Par son alliance, il permet au couple du groupe social de s'étendre au sein de son territoire et de s'ouvrir aux autres, afin d'échanger d'autres liens, prohibant tous rapports incestueux au sein de son « clan ». Car, ses conditions réciproques et humaines y conduisant s'accordent sur l'amour, la bonne foi, la responsabilité, la confiance, la vigilance et la fidélité – des points que beaucoup qualifient de sacrifices[8].

Pour beaucoup, le mariage se regarde comme nombre de points de la vie courante, avec confusion et anxiété, car il ne permet plus au regard des expériences directes, comme une « non-garantie » de la durabilité des vies. Pour d'autres, cet acte ne représente que des conventions sociales établies par les hommes pour dominer et se faire plaisir, dans un cadre où les bontés apparentes tenteront de le remplir. Cet ordre social établi, confère aussi aux seconds la satisfaction, la dignité, la reconnaissance, l'équilibre aidant à se faire une place dans la société – au sein de la tradition et de ses vertus.

Cependant, pour une majorité, il conduit à l'euphorie, l'exaltation, la transcende, et s'en ressent comme une vérité totale – une ode à la vie –, sur laquelle un nouvel édifice se crée par l'énergie des deux ; réduisant un temps le sens des réalités. Malgré tous les signaux des plus alarmants de la société actuelle (crise familiale, divorce, concubinage), et une culture peu porteuse, près des deux tiers des jeunes se marie et la majorité des couples durent. Bien qu'il y ait plus de 50 % de divorce dans les trois premières années ! Les liens et les valeurs familiales demeurent importants, malgré tous les maux s'y rapportant, y compris pour les jeunes et les parents. Malgré les remises en cause, il y a une vision très haute (trop peut-être) des valeurs liées au couple et à la famille. Vocation au mariage et vocation au célibat restent complémentaires, car chacun dit la vérité de l'autre. Dans cette démarche, pour beaucoup, la première année s'avère utile comme un « baromètre » aux illusions et aux promesses.

Dans le monde des contes merveilleux, et sous presque toutes les latitudes et cultures, le mariage apparut comme le point culminant, marquant le début d'une nouvelle étape dans l'histoire personnelle. L'homme, le prince et la femme, la princesse, toujours beaux et charmants ; sauf dans « *La Belle et la Bête* » de Mme Le Prince de Beaumont. À toutes ces histoires, l'amour rend à l'homme et la femme sa beauté initiale à la fin, notion globale ne donnant que l'aboutissement et peu la manière – surtout la suite du maintien du mariage, car il n'apparaît presque jamais de heurts. Mais se regarde dans l'image du mariage d'amour – notion récente – par rapport à l'image des récits des siècles passés, vantant un amour absolu et irrévérencieux ; alors que les hommes négociaient, achetaient et spéculaient sur le mariage de leur(s) fille(s) et/ou épouse. Cependant, il comporte aussi cette fonction d'hétérogamie –, permettant une union entre des personnes de statuts sociaux différentes.

Il apparaît aussi un autre fait de société, dans huit cas sur dix, les couples vivent ensemble avant de se passer la bague au doigt ; et logiquement les bébés suivent, de ce fait, trois mariages sur dix en moyenne ont un ou plusieurs enfants. Au cours de l'histoire, le mariage s'inscrit presque toujours comme un rite de passage dans le temps social, avec cette logique d'intégration, le mariage codifie l'alliance et les filiations ; alors que le Pacs se limite à l'alliance. Pour d'autres, il se regarde comme un ascenseur social – notamment, pour les immigrés – de tous pays – comme une reconnaissance à l'intégration au pays, la république –, une réussite et une fierté pour les familles d'origine.

La baisse de la fécondité et son contrôle dans les pays du Maghreb et aussi en Asie se voient en baisse, car la priorité d'une majorité de femmes ne se résume plus seulement à fonder une famille nombreuse, mais réussir : leurs études, leur vie professionnelle, avoir plus d'indépendance. Ceci, provoquant un recul de la moyenne d'âge au mariage, passé dix-huit ans dans les années soixante à trente ans et plus aujourd'hui. Toutes ces données tendent aussi à modifier la vision, la conception du couple et de la famille. Un rapport de l'INED[9] des années quatre-vingt-dix montrait que les femmes analphabètes se mariaient en moyenne sept ans plus tôt, que celles ayant un cursus secondaire, de l'enseignement.

Ces changements proviennent aussi des politiques en faveur

du développement, et de l'amélioration du statut des femmes par l'éducation et l'emploi –, mené en Tunisie, Algérie et le Maroc. D'autres facteurs économiques, comme l'emploi –, montée du chômage des jeunes, la crise du logement et un contrôle de la fécondité influencent aussi sur le mariage. Contrairement aux catholiques, la contraception ne fait pas l'objet d'interdiction dans les pays islamiques. Son développement se vit aussi par la mise en place du planning familial, depuis les années soixante-dix par l'accès des méthodes de contraceptions, tant, dans les villes qu'en zones rurales. Tous ces points vont comme une réponse à une meilleure qualité de vie pour tous, à cela les défenseurs d'une tradition à la doxa des familles nombreuses tentent de « démonter » ces idées, jugées comme égoïstes et frustrantes pour les hommes, se voyant imposer les nouveaux désirs des femmes.

En *Afrique*, il s'aborde sur le fondement des fiançailles par le consentement des fiancés corroborés et soutenu respectivement par leurs familles, dans les différentes étapes le constituant. Aujourd'hui, il se considère comme le centre de toute la vie de la communauté, en trois dimensions constituantes et essentielles : vivants, morts et non encore nés. Car la dimension communautaire du mariage africain reste une clef de voûte de sa caractéristique, celle de la fécondité. La colonisation, le christianisme et d'autres coutumes imposèrent changèrent et absorbèrent peu à peu le mariage coutumier ; par leurs seules modèles valables, comme la liberté individuelle, au profit de la communauté et des codes constituant le mariage coutumier dans ses étapes.

Cependant, dans toutes les sociétés, la démographie se voit à la fois comme agoniste et antagoniste, au devenir des populations, au point que la tendance se voit à la baisse même dans les pays les plus enclins à défendre ces valeurs et la famille. Cela se traduit aussi en grande partie par la situation socio-économique d'une part et celles des jeunes ; par une vision un peu obscurcit de l'avenir *(chômage, études plus ou moins longues)* ne leur permettant pas une programmation exacte des choses, malgré les exigences encore coutumières et mondaines. De nos jours, les jeunes au regard de l'expérience de leurs parents et entourage, se tiennent à l'écart de cette institution, par rapport aux « pressions familiales » de jadis, qui ne permettait pas aux femmes de faire un parcours de vie personnel, par des études, une profession choisie avant le mariage. Car à vingt-cinq ans, elle devait avoir pris un époux, sinon le choix de rester seule – vieille fille – ou de se marier, sans (trop) négocier. Cet âge se vivait comme une date butoir, un rite de passage se célébrant toujours par les catherinettes, où des fêtes – bals – s'organisent, pour trouver un futur mari. Laissant par là même, un temps conséquent à s'y préparer.

Aujourd'hui et plus qu'hier, le mariage pose un grand nombre de questions comme :
- Sa nécessité à la société s'avère-t-elle importante aux maintiens des organisations ?
- Rend-il heureux ?
- Offre-t-il encore une sérénité à toutes les épreuves et maux de la société ?
- Quelle place prépondérante accorde-t-il à la femme ?
- Développe-t-il ou enferme-t-il l'amour ?
- Permet-il de résister à l'adultère et l'infidélité ?
- Comment la volonté et l'envie de chacun s'unissent-elles en pensée unique afin de diriger leur vie ?
- La loi a-t-elle une importance dans l'amour ?
- Répond-il légitimement à tous les égards et aux devoirs moraux ?

D'autres questions se posent encore pour nombre d'hommes et de femmes : Où se trouve l'intérêt de s'unir à cet homme ou cette femme ?

Pourtant, une des composantes de cette journée et de sa réussite repose et passe aussi sur le repas de la noce[10]. À chaque mariage, ce dernier consacre cet événement, dans la réunion, l'accompagnement, et le partage, par le choix des mariés et familles, des invités et amis, devant témoigner de leur présence ce jour par la table. Jadis, appelé agape[11] car, il évoquait les côtés festifs, plantureux et joyeux, de ces repas arrosés et fraternels entre chrétiens – au cours de l'histoire gagna sa place à toutes les occasions marquant une célébration ou une fête d'importance réunissant un groupe.

À chaque culture, il en comprend nombre de codes répondant aux us et habitudes alimentaires (philosophiques et religieuses).

Au cours de la dernière décennie, la coutume de la traditionnelle soirée, avec un long menu s'accompagnant d'une soirée dansante, ne se vit plus dans sa forme de jadis – sauf pour les familles conservant cette tradition de la table. Aujourd'hui, devant les possibilités offertes *(salons, prestataires)* pour personnaliser cette partie du mariage, nombre de couples, s'accordent sur la touche à apporter, par :

• Un thème *(champêtre à la campagne, traditionnel chez les parents ou la famille, ou exotique dans une salle ou autre lieu thématique)* ;

• Un type de réception *(déjeuner, buffet, brunch, cocktail dînatoire, soirée ou dîner dansant)* ;

• Un type de menu *(simple, composé, menu traditionnel ou régional)* ;

Où chaque couple tente d'apporter sa note, son intimité ou son côté très festif, en souvenir de ce jour. Néanmoins, dans les unions religieuses (d'Orient, d'Asie, d'Afrique), elles conservent une part de tradition de la table et ses mets – bien que la fête autour de la table doive toujours accompagner, réunir et partager.

Pour beaucoup de nos jours, le mariage se regarde comme nombre de points de la vie courante, avec confusion et anxiété, car il ne permet plus de savoir à l'avance s'ils trouveront assurance et stabilité en continu. Cependant, au travers de toutes les préoccupations de vie, l'homme et la femme demeurent en s'unissant des maillons de cette chaîne de vie –, comme un polype parmi les autres. D'ailleurs, la lune de miel en démarre ses premiers temps de vie, son exaltation au bonheur.

Cependant, sa baisse se regarde d'une part par le climat économique et social en cours – d'autre part, des convictions, des valeurs jadis enracinées et des fondations s'écroulant. Avec la mondialisation des idées, le mariage en subit aussi ses règles, dans son modèle occidental, pour se répéter à l'identique pour tous, en annihilant peu à peu les cultures de jadis, dans cet acte. Ainsi passeront, les valeurs et projets humanistes – de tolérance, de respect dans son approche –, afin qu'il ne devienne unique, comme un « uniforme », mais que chaque culture garde cette part de métissage – d'universel.

Malgré les regards, le mariage fait partie intégrante de la société, de la culture et de l'histoire humaine – corps et âme. Un fait pour chacun de comprendre sa raison et ses enjeux, avec les rêves de grandeurs, pouvant aussi servir un projet humaniste.

MARIAGE BLANC :

Terme étrange, car il pourrait signifier que les autres mariages correspondent au noir ou toute autre couleur. Mariage blanc ou binational ? Car, en France, il semble ne représenter à peine 1 % de la somme des mariages. Pourtant, depuis les dernières mesures et directives visant à renforcer son contrôle, ce dernier crée non plus une assurance de « devenir » un vrai couple, mais une précarisation « mentale », du fait du durcissement des lois, visant à établir un contrat social insertion obligatoire pour le conjoint *étranger*.

Depuis les origines du mariage, il y eut et existera encore des mariages de ce type, car il y répond avant tout, à des besoins économiques et administratifs, et aussi une préservation des coutumes.

Bien que la définition première donnée au « *mariage blanc* » ou de « complaisance », reste celui un mariage contracté, sans l'intention des deux époux de vivre ensemble. Contrairement aux idées reçues, le mariage blanc ne concerne les seuls immigrants, mais aussi, les personnes nées, et vivant sur le même territoire, pour des raisons professionnelles – rapprochement du conjoint par mutation. Bien qu'il reste en grande partie, l'apanage des immigrants, pour l'obtention des papiers, de travail, de logement ; mais se terminant pour certains, non par le divorce, mais par une vraie union de vie.

Cette question se regarde aussi, dans les combats du féminisme passés et actuels –, touchant aussi à la liberté, à l'intégration des femmes dans les différents « étages » de la société, tant en Occident, qu'ailleurs. Par la question du mariage arrangé, souvent il correspond à une sauvegarde économique entre deux familles (ou tribus), au cours de l'histoire des cours, le plus souvent, les unions s'arrangeaient, afin de constituer une, ou des alliances, pour le patrimoine, le territoire, et/ou la lignée.

D'ailleurs, la pratique de la dot, par une somme d'argent ou en biens du patrimoine, du père de la mariée à celui du marié, scellant le mariage – plutôt le pacte –, par la valeur marchande de l'épouse ; l'amour, s'il y avait, ne viendrait « qu'ensuite ». Approche, se pratiquant toujours de nos jours, et rythmant la préservation de certaines valeurs et coutumes, au sein des communautés le pratiquant, malgré les avancées sur le droit humain et l'égalité sur cette question du mariage. L'Inde en demeure un exemple actuel de ces *us*, par son organisation sociétale en castes, seuls les parents en permettent son organisation.

Et forcé, par l'obligation d'épouser et/ou de subir des pressions, pour son consentement ; car ce type d'union repose sur les contraintes, à la fois, physiques et psychologiques, à cause de l'environnement social et familial. Imposé dès la jeunesse – voir l'enfance, ne permet plus aucune liberté individuelle par la suite, sauf, à tout quitter en se déracinant de « sa » famille et du milieu, fait souvent délicat, car le poids des traditions pour beaucoup, se poursuit aussi par-delà les frontières. Justifié par le maintien des traditions, des idéologies nécessaires à la culture. Cependant, certaines unions « forcées » se supportent dans le temps, par l'apport des familles – ou gardiennes de leurs intérêts, à la stabilité, ce qui ne va pas sans provoquer des conflits, dans la vie dudit couple, souvent avec beaucoup de violences – un projet contraire, dans le plaisir de s'unir librement, un droit inaliénable aux Droits de l'homme. Comme à tous grands principes, dès lors que des intérêts « supérieurs » se dessinent, tous les autres *Droits* (nationaux et internationaux) s'outrepassent, et n'émeuvent pas toujours la majorité des opinions publiques.

Sur le plan de la morale, il subit des regards différents, par la prégnance de chacun à la question du mariage, par le droit établit par le législateur, et aussi par ce droit « naturel » humain de s'unir. Cependant, nombre de travaux de sociologues et d'ethnologues, montrent que beaucoup de couples, issus de ces unions finissent par s'aimer vraiment, fonder une « vraie » famille et durer, ce malgré la tradition de la (ou des) famille(s). Car, malgré tous les combats en cours, le mariage d'amour, ne se vit point partout, dans le monde d'aujourd'hui, tant les normes culturelles et cultuelles demeurent fortes.

* * *

En France, le législateur, par le Code civil prit des dispositions veillant à « protéger » le mariage, particulièrement sur l'acquisition de la nationalité par les titres, chapitres et sections suivantes :

Chapitre III – De l'acquisition de la nationalité française
Section I. – Des modes d'acquisition de la nationalité française

Article 21 – L'adoption simple n'exerce de plein droit aucun effet sur la nationalité de l'adopté.

Article 21-1 – Le mariage n'exerce de plein droit aucun effet sur la nationalité.

Article 21-2 – L'étranger ou apatride qui contracte mariage avec un conjoint de nationalité française peut, après un délai de quatre ans à compter du mariage, acquérir la nationalité française par déclaration à condition qu'à la date de cette déclaration la communauté de vie tant affective que matérielle n'ait pas cessé entre les époux depuis le mariage et que le conjoint français ait conservé sa nationalité.

Le délai de communauté de vie est porté à cinq ans lorsque l'étranger, au moment de la déclaration, ne pas avoir résidé de manière ininterrompue et régulière pendant au moins trois ans en France à compter du mariage, soit n'est pas en mesure d'apporter la preuve que son conjoint français a été inscrit pendant la durée de leur communauté de vie à l'étranger au registre des Français établis hors de France. En outre, le mariage célébré à l'étranger doit avoir fait l'objet d'une transcription préalable sur les registres de l'état civil français.

Le conjoint étranger doit en outre justifier d'une connaissance suffisante, selon sa condition, de la langue française.

La déclaration est faite dans les conditions prévues aux articles 26 et suivants. Par dérogation aux dispositions de l'article 26-1[12], elle est enregistrée par le ministre chargé des naturalisations.

Art. 21-3 – Sous réserve des dispositions prévues aux articles **21-4** et **26-3**, l'intéressé acquiert la nationalité française à la date à laquelle la déclaration a été souscrite.

Art. 21-4 – Le Gouvernement peut s'opposer par décret en Conseil d'État, pour indignité ou défaut d'assimilation, autre que linguistique, à l'acquisition de la nationalité française par le conjoint étranger dans un délai de deux ans à compter de la date du récépissé prévu au deuxième alinéa de l'article **26** ou, si l'enregistrement a été refusé, à compter du jour où la décision judiciaire admettant la régularité de la déclaration est passée en force de chose jugée.

La situation effective de polygamie du conjoint étranger ou la condamnation prononcée à son encontre au titre de l'infraction définie à l'article **222-9** du Code pénal, lorsque celle-ci a été commise sur un mineur de quinze ans, sont constitutives du défaut d'assimilation.

En cas d'opposition du Gouvernement, l'intéressé est réputé n'avoir jamais acquis la nationalité française.

Toutefois, la validité des actes passés entre la déclaration et le décret d'opposition ne pourra être contestée pour le motif que l'auteur n'a pu acquérir la nationalité française.

Art. 21-5 – Le mariage déclaré nul par une décision émanant d'une juridiction française ou d'une juridiction étrangère dont l'autorité est reconnue en France ne rend pas caduque la déclaration prévue à l'article **21-2** au profit du conjoint qui l'a contracté de bonne foi.

Art. 21-6 – L'annulation du mariage n'a point d'effet sur la nationalité des enfants qui en sont issus.

NUBILE :

« À partir de l'âge nubile, l'homme et la femme, sans aucune restriction quant à la race, la nationalité ou la religion, ont le droit de se marier et de fonder une famille. Ils ont des droits égaux au regard du

mariage, durant le mariage et lors de sa dissolution[13]. »

adj. (lat. *Nubilis*, de *nubere*, se marier). Se dit d'une fille en âge de se marier ; pubère ou dans les conditions requises pour le mariage.

De nos jours, ce terme ou expression semble obsolète ce même dans les revues spécialisées au féminin.

Au cours de l'histoire, nombre de pages du mariage montrent le caractère nubile de certaines unions. En exemple, le roi Philippe Auguste[14] âgé de quatorze ans, épousa Isabelle de Hainant, âgée de dix ans en avril 1180 ; bien que ce choix se vît imposé par le Comte de Flandres. Cependant, ils divorcèrent quatre ans plus tard, pour non-fécondité !

Sous d'autres latitudes – ou pays « chauds » (Afrique, Amérique du Sud, Asie) en général, les cycles des jeunes filles apparaissent dès l'âge de onze ans en moyenne, cependant l'écart tend à se réduire avec les pays « du nord », notamment par les transformations physiologiques, mais aussi les conditions éducatives et sociales ; ce qui abaissât sensiblement l'âge des premières menstruations des filles d'Occident.

Malgré son existence dans les textes de loi de chaque pays, il se voit peu abordé, sauf lorsque dans un pays tiers, survient un événement ou un fait fâcheux la caractérisant, particulièrement pour la jeune fille, parce que faisant partie de l'histoire et du droit coutumier de certains groupes. Cependant, en *France*, il apparaît que l'âge compétent se situe à quinze ans chez la femme et de dix-huit ans révolus pour l'homme, sauf dérogation auprès des tribunaux compétents ; sur le plan civil. Cependant, l'âge moyen au premier mariage continue d'augmenter pour les femmes et les hommes depuis les années soixante-dix, passant de 22,6 ans à 29,3 ans pour les femmes en 2006 et de 24,7 ans à 31,3 ans pour les hommes, pour la même période. Car, la pression sociale n'accorde pas systématiquement ce droit, car les enfants quittent de plus en plus tard le domicile (ou cocon) parental, mais aussi par l'exigence de leur choix de vie, leur réussite sociale, la liberté de vivre « avant ». Aussi du regard porté au mariage sur la vie de couple, à l'engagement.

Malgré les « évolutions » politiques et sociales du XXe siècle, de projets humanistes plus importants pour les *libertés* individuelles, sa proportion semble augmenter, pour des raisons à la fois, économiques, et ensuite sociales – aussi, par des immigrations plus importantes des hommes et des femmes. La proportion la plus forte et observable, reste celui des mariages forcés – fait inadmissible, au vu de la *Déclaration universelle des droits de l'homme,* et d'un bon sens pas toujours commun. Et s'ajoutent aux autres rapports de force existant et grandissant, que les systèmes politiques et sociaux ne peuvent tolérer, car il s'agit de la vie et de l'avenir des jeunes filles (des enfants parfois). Car, bien que les lois *(civiles et religieuses)* permettent le mariage des garçons et des filles, dans une relative jeunesse, il appartient à la responsabilité naturelle humaine des parents de protéger les enfants, plutôt que de les forcer à s'engager dans une entreprise les dépassant – particulièrement pour les filles. Dans nombre de cultures, une jeune fille peut être en âge de se marier dès l'âge de ses premières menstruations. Cependant, l'âge nubile reste variable et dépend des mœurs de chaque civilisation et également de la maturation plus ou moins tardive de certaines ethnies.

Mais devant la baisse du nombre de filles et de femmes dans le monde, par le choix du « masculin » dans nombre de pays, ce fait pose et posera le problème de la place des hommes, de leur responsabilité dans ce choix de développement. D'autant plus que cela touche aussi au combat du féminisme, de son passé et de son devenir, au regard de tous ses combats depuis le XIXe siècle et tout au long du XXe.

Au même titre que le Code civil pour l'âge légal au mariage, le Code de droit canonique de l'Église romaine de 1983, le chapitre III stipule au canon suivant :

• **Can. 1083 – § 1.** L'homme ne peut contracter validement mariage avant seize ans accomplis, et la femme de même avant quatorze ans accomplis.

• **§ 2.** La conférence des Évêques a la liberté de fixer un âge supérieur pour la célébration licite du mariage.

II – FORMALITÉS

Comme toute « création d'entreprise », des formalités attestent de sa démarche, en vue de son existence « officielle » au sein de la société ; le mariage répond à ces mêmes obligations. Le mariage civil, communément appelé mariage à la mairie – ou cérémonie civile –, officialise l'union civile et répond à un certain nombre de formalités le préparant. En France, par la loi, l'union civile constitue la première étape précédant la cérémonie religieuse – ou l'unique étape du mariage pour les couples faisant ce choix –, résultant d'une multitude de préparations au bon déroulement de cette étape dans la vie du couple. Le certificat ou le livret de famille délivré à la mairie fait foi, sinon le dignitaire religieux encourt une amende, ainsi qu'une peine de prison.

Selon les pays, cette union diffère sensiblement par les pièces à fournir aux autorités, ceux souhaitant une union à l'étranger doivent s'adresser à cette autorité pour la célébration. Pour les cas de résidence à l'étranger, il s'avère important de communiquer à l'ambassade ou au consulat les modifications de l'état civil. Cependant, les droits du pays déterminent les conditions de forme pour la célébration – dans certains –, les autorités réclament une attestation ou un acte obtenu auprès de l'ambassade ou du consulat, voir certificat de coutume incluant les dispositions du Code civil, montrant qu'il n'y a pas d'éléments *dirimants* cette union. Par exemple pour les Belges, toutes les modifications de l'état civil se règlent par le droit belge, et par conséquent appliqué même en cas de résidence dans un autre pays. Son droit s'applique de *facto* aux aspects de fond concernant le mariage aux Belges souhaitant s'unir à l'étranger ; et se verra valable qu'avec l'autorisation du droit belge, aux conditions suivantes :

• D'avoir dix-huit ans ;

• Ne pas avoir une union en cours et d'avoir divorcé.

Par ailleurs, l'union d'un/d'une Belge à un étranger n'influe pas sur sa nationalité, il/elle peut en faire la demande après l'union.

* * *

Tous les articles relatifs aux conditions, formalités, obligations et empêchements au mariage civil en France et stipulant l'ensemble des conditions nécessaires se trouvent consacrés aux chapitres et sections suivantes du Code civil :

• **Chapitre III** – *Des actes de mariage*, art. 63 à 76 (la publication, l'affichage, les actes).

• **Chapitre I** – *Des qualités et conditions requises pour pouvoir contracter mariage*, art. 144 à 164.

• **Chapitre II** – *Des formalités relatives à la célébration du mariage*, Section I art. 165 à 171-1, Section II art. 171-2 à 171-4.

• **Chapitre III** – *Des oppositions au mariage*, art. 172 à 179.

• **Chapitre IV** – *Des demandes en nullité de mariage*, art. 180 à 202.

* * *

Chapitre III – *Des actes de mariage*

Art. 63 – Avant la célébration du mariage, l'officier de l'état civil fera une publication par voie d'affiche apposée à la porte de la maison commune. Cette publication énoncera les prénoms, noms, professions, domiciles et résidences des futurs époux, ainsi que le lieu où le mariage devra être célébré.

La publication prévue a premier alinéa ou, en cas de dispense de publication accordée conformément aux dispositions de l'article 169, la célébration du mariage est subordonnée :

1° À la remise, pour chacun des futurs époux, des indications ou pièces suivantes :

Un certificat médical datant de moins de deux mois attestant, à l'exclusion de toute autre indication, que l'intéressé a été examiné en vue du mariage ;

Les pièces exigées par les articles 70 ou 71 ;

La justification de l'identité au moyen d'une pièce délivrée par une autorité publique ;

L'indication des prénoms, nom, date et lieu de naissance, profession et domicile des témoins, sauf lorsque le mariage doit être célébré par une autorité étrangère ;

2° À l'audition commune des futurs époux, sauf en cas d'impossibilité ou s'il apparaît, au vu des pièces fournies, que cette audition n'est pas nécessaire au regard des articles 146 et 180.

L'officier de l'état civil, s'il l'estime nécessaire, demande à s'entretenir séparément avec l'un ou l'autre des futurs époux.

L'audition du futur conjoint mineur se fait hors la présence de ses pères et mère ou de son représentant légal et de son futur conjoint.

L'officier de l'état civil peut déléguer à un ou plusieurs fonctionnaires titulaires du service de l'état civil de la commune la réalisation de l'audition commune ou des entretiens séparés. Lorsque l'un des futurs époux réside à l'étranger, l'officier de l'état civil peut demander à l'autorité diplomatique ou consulaire territorialement compétente de procéder à son audition.

L'autorité diplomatique ou consulaire peut déléguer à un ou plusieurs fonctionnaires titulaires chargés de l'état civil ou, le cas échéant, aux fonctionnaires dirigeant une chancellerie détachée ou aux consuls honoraires de nationalité française compétents la réalisation de l'audition commune ou des entretiens séparés. Lorsque l'un des futurs époux réside dans un pays autre que celui de la célébration, l'autorité diplomatique ou consulaire peut demander à l'officier de l'état civil territorialement compétent de procéder à son audition.

L'officier de l'état civil qui ne se conformera pas aux prescriptions des alinéas précédents sera poursuivi devant le tribunal de grande instance et puni d'une amende de 3 à 30 €.

Art. 64 – L'affichage prévu en l'article précédent restera apposé à la porte de la maison commune pendant dix jours.

Le mariage ne pourra être célébré avant le dixième jour depuis et non compris celui de la publication.

Si l'affichage est interrompu avant l'expiration de ce délai, il en sera fait mention sur l'affiche qui aura cessé d'être apposé à la porte de la maison commune.

Art. 65 – Si le mariage n'est pas célébré dans l'année, à compter de l'expiration du délai de la publication, il ne pourra être célébré qu'après une nouvelle publication faite dans la forme ci-dessus.

Art. 66 – Les actes d'opposition au mariage seront signés sur l'original et sur la copie par les opposants ou par leurs fondés de procuration spéciale et authentique ; ils seront signifiés, avec la copie de la procuration, à la personne ou au domicile des parties, et à l'officier de l'état civil, qui mettra son visa sur l'original.

Art. 67 – L'officier de l'état civil fera, sans délai, une mention sommaire des oppositions sur le registre des mariages ; il fera aussi mention, en marge desdites oppositions, des jugements ou des actes de mainlevée dont expédition lui aura été remise.

Art. 68 – En cas d'opposition, l'officier de l'état civil ne pourra célébrer le mariage avant qu'on lui en ait remis la mainlevée, sous peine de « 3 000 € d'amende » et de tous dommages-intérêts.

Art. 69 – Si la publication a été faite dans plusieurs communes, l'officier de l'état civil de chaque commune transmettra sans délai à celui d'entre eux qui doit célébrer le mariage un certificat constatant qu'il n'existe point d'opposition.

Art. 70 – La copie intégrale de l'acte de naissance remise par chacun des futurs époux à l'officier de l'état civil qui doit célébrer leur mariage ne doit pas dater de plus de trois mois si elle a été délivrée en France et de plus de six mois si elle a été délivrée dans un consulat.

Art. 71 – Celui des futurs époux qui serait dans l'impossibilité de se procurer cet acte pourra le suppléer en rapportant un acte de notoriété délivré par le juge du tribunal d'instance du lieu de naissance ou par celui de son domicile.

L'acte de notoriété contiendra la déclaration faite par trois témoins, de l'un ou de l'autre sexe, parents ou non parents, des prénoms, nom, profession et domicile du futur époux, et de ceux de ses pères et mère, s'ils sont connus ; le lieu, et, autant que possible, l'époque de sa naissance, et les causes qui empêchent d'en rapporter l'acte. Les témoins signeront l'acte de notoriété avec le juge du tribunal d'instance ; et s'il en est qui ne puissent ou ne sachent signer, il en sera fait témoin.

Art. 72 – Ni l'acte de notoriété ni le refus de le délivrer ne sont sujets à recours.

Art. 73 – L'acte authentique du consentement de père et mère ou aïeuls ou aïeules ou, à leur défaut, celui du conseil de famille, contiendra les prénoms, noms, professions et domicile des futurs époux et de tous ceux qui auront concouru à l'acte, ainsi que leur degré de parenté.

Hors le cas prévu à l'article 159[15] du Code civil, cet acte de consentement est dressé soit par un notaire, soit par l'officier de l'état civil du domicile ou de la résidence de l'ascendant et, à l'étranger, par les agents diplomatiques ou consulaires français. Lorsqu'il est dressé par un officier de l'état civil, il ne doit être légalisé, sauf conventions internationales contraires que lorsqu'il y a lieu de le produire devant les autorités étrangères.

Art. 74 – Le mariage sera célébré dans la commune où l'un des deux époux aura son domicile ou sa résidence établie par un mois au moins d'habitation continue à la date de la publication prévue par la loi.

Art. 74-1 – Avant la célébration du mariage, les futurs époux confirment l'identité des témoins déclarés en application de l'article 63 ou, le cas échéant, désignent les nouveaux témoins choisis par eux.

(Dispositions non applicables aux mariages célébrés avant le 1ᵉʳ mars 2007)

Art. 75 – Le jour désigné par les parties, après le délai de publication, l'officier de l'état civil, à la mairie, en présence d'au moins deux témoins, ou de quatre au plus, parents ou non des parties, fera lecture aux époux des articles 212, 213 (al. 1ᵉʳ et 2), 214 (al. 1ᵉʳ) et 215 (al. 1ᵉʳ) du présent code. Il sera également fait lecture de l'article 371-1.

Toutefois, en cas d'empêchement grave, le procureur de la République du lieu du mariage pourra requérir l'officier de l'état civil de se transporter au domicile ou à la résidence de l'une des parties pour célébrer le mariage. En cas de péril imminent de mort de l'un des futurs époux, l'officier de l'état civil pourra s'y transporter avant toute réquisition ou autorisation du procureur de la République, auquel il devra ensuite, dans le plus bref délai, faire part de la nécessité de cette célébration hors de la maison commune.

Mention en sera faite dans l'acte de mariage.

L'officier de l'état civil interpellera les futurs époux, et, s'ils sont mineurs, leurs ascendants présents à la célébration et autorisant le mariage, d'avoir à déclarer s'il a été fait un contrat de mariage et, dans le cas d'affirmative, la date de ce contrat, ainsi que les noms et lieu de résidence du notaire qui l'aura reçu.

Si les pièces produites par l'un des futurs époux ne concordent point entre elles quant aux prénoms ou quant à l'orthographe des noms, il interpellera celui qu'elles concernent, et, s'il est mineur, ses plus proches ascendants présents à la célébration, d'avoir à déclarer que le défaut de concordance résulte d'une omission ou d'une erreur.

Il recevra de chaque partie, l'une après l'autre, la déclaration qu'elles peuvent se prendre pour mari et femme ; au nom de la loi, qu'elles sont unies par le mariage et il en dressera acte sur-le-champ.

Art. 76 – L'acte de mariage énoncera :

1° Les prénoms, noms, professions, âges, dates et lieux de naissance, domiciles et résidences des époux ;

2° Les prénoms, noms, professions et domiciles des pères et mères ;

3° Le consentement des pères et mères, aïeuls ou aïeules, et celui du conseil de famille, dans le cas où ils sont requis ;

4° Les prénoms et nom du précédent conjoint de chacun des époux ;

5° *Abrogé ;*

6° La déclaration des contractants de se prendre pour époux, et le prononcé de leur union par l'officier de l'état civil ;

7° Les prénoms, noms, professions, domiciles des témoins et leur qualité de majeurs ;

8° La déclaration, faite sur l'interpellation prescrite par l'article précédent, qu'il a été où qu'il n'a pas été fait de contrat de mariage et, autant que possible, la date du contrat, s'il existe, ainsi que les noms et lieu de résidence du notaire qui l'aura reçu ; le tout à peine, contre l'officier de l'état civil, de l'amende fixée par l'article 50[16].

Dans le cas où la déclaration aurait été omise ou serait erronée, la rectification de l'acte, en ce qui touche l'omission ou l'erreur, pourra être demandée par le procureur de la République, sans préjudice du droit des parties intéressées, conformément à l'article 99[17].

9° S'il y a lieu, la déclaration qu'il a été fait un acte de désignation de la loi applicable conformément à la convention sur la loi applicable aux régimes matrimoniaux, faite à La Haye le 14 mars 1978, ainsi que la date et le lieu de signature de cet acte et, le cas échéant, le nom et la qualité de la personne qui l'a établi.

En marge de l'acte de naissance de chaque époux, il sera fait mention de la célébration du mariage et du nom du conjoint.

* * *

Chapitre I – *Des qualités et conditions requises pour pouvoir contracter mariage*

Art. 143 – Le mariage est contracté par deux personnes de sexe différent ou de même sexe.

Art. 144 – Le mariage ne peut être contracté avant dix-huit ans révolus.

Art. 145 – Néanmoins, il est loisible au procureur de la République du lieu de célébration du mariage d'accorder des dispenses d'âge pour des motifs graves.

Art. 146 – Il n'y a pas de mariage lorsqu'il n'y a point de consentement.

Art. 146-1 – Le mariage d'un Français, même contracté à l'étranger, requiert sa présence.

Art. 147 – On ne peut contracter un second mariage avant la dissolution du premier.

Art. 148 – Les mineurs ne peuvent contracter mariage sans le consentement de leurs pères et mère ; en cas de dissentiment entre le père et la mère, ce partage emporte consentement.

Art. 149 – Si l'un des deux est mort ou s'il est dans l'impossibilité de manifester sa volonté, le consentement de l'autre suffit.

Il n'est pas nécessaire de produire l'acte de décès du père ou de la mère de l'un des futurs époux lorsque le conjoint ou les pères et mère du défunt attestent ce décès sous serment.

Si la résidence actuelle du père ou de la mère est inconnue, et s'il n'a pas donné de ses nouvelles depuis un an, il pourra être procédé à la célébration du mariage si l'enfant et celui de ses pères et mère qui donnera son consentement en fait la déclaration sous serment.

Du tout, il sera fait mention sur l'acte de mariage.

Le faux serment prêté dans les cas prévus au présent article et aux articles suivants du présent chapitre sera puni des peines édictées par l'article 363 du Code pénal (art. 434-13 du Code pénal).

Art. 150 – Si le père et la mère sont morts, ou s'ils sont dans l'impossibilité de manifester leur volonté, les aïeuls et aïeules les remplacent ; s'il y a dissentiment entre l'aïeul et l'aïeule de la même ligne, ou s'il y a dissentiment entre les deux lignes, ce partage emporte consentement.

Si la résidence actuelle des pères et mère est inconnue et s'ils n'ont pas donné de leurs nouvelles depuis un an, il pourra être procédé à la célébration du mariage si les aïeuls et aïeules ainsi que l'enfant lui-même en font la déclaration sous serment. Il en est de même si, un ou plusieurs aïeuls ou aïeules donnant leur consentement au mariage, la résidence actuelle des autres aïeuls ou aïeules est inconnue et s'ils n'ont pas donné de leurs nouvelles depuis un an.

Art. 151 – La production de l'expédition, réduite au dispositif, du jugement qui aurait déclaré l'absence ou aurait ordonné l'enquête sur l'absence des pères et mère, aïeuls ou aïeules de l'un des futurs époux équivaudra à la production de leurs actes de décès dans les cas prévus aux articles 149, 150, 158 et 159 du présent code.

Art. 152 – *Abrogé.*

Art. 153 – Sera assimilé à l'ascendant dans l'impossibilité de manifester sa volonté, l'ascendant subissant la peine de la relégation *(peine supprimée)* ou maintenu aux colonies en conformité de l'article 6 de la loi du 30 mai 1854 sur l'exécution de la peine des travaux forcés. Toutefois, les futurs époux auront toujours le droit de solliciter et de produire à l'officier de l'état civil le consentement donné par cet ascendant.

Art. 154 – Le dissentiment entre le père et la mère, entre l'aïeul et l'aïeule de la même ligne, ou entre aïeuls des deux lignes peut être constaté par un notaire, requis par le futur époux et instrumentant sans le concours d'un deuxième notaire ni de témoins, qui notifiera l'union projetée à celui ou à ceux des pères, mère ou aïeuls dont le consentement n'est pas encore obtenu.

L'acte de notification énonce les prénoms, noms, professions, domiciles et résidences des futurs époux, de leurs pères et mères, ou, le cas échéant, de leurs aïeuls, ainsi que le lieu où sera célébré le mariage.

Il contient aussi déclaration que cette notification est faite en vue d'obtenir le consentement non encore accordé et que, à défaut, il sera passé outre à la célébration du mariage.

Art. 155 – Le dissentiment des ascendants peut également être constaté soit par une lettre dont la signature est légalisée et qui est adressée à l'officier de l'état civil qui doit célébrer le mariage, soit par un acte dressé dans la forme prévue par l'article 73, alinéa 2.
Les actes énumérés au présent article et à l'article précédent sont visés pour timbre et enregistrés gratis.

Art. 156 – Les officiers de l'état civil qui auraient procédé à la célébration des mariages contractés par des fils ou filles n'ayant pas atteint l'âge de dix-huit ans accomplis sans que le consentement des pères et mères, celui des aïeuls ou aïeules et celui du conseil de famille, dans le cas où il est requis, soit énoncé dans l'acte de mariage, seront, à la diligence des parties intéressées ou du procureur de la République près le tribunal de grande instance de l'arrondissement où le mariage aura été célébré, condamnés à l'amende portée en l'article 192 du Code civil.

Art. 157 – L'officier de l'état civil qui n'aura pas exigé la justification de la notification prescrite par l'article 154 sera condamné à l'amende prévue en l'article précédent.

Art. 158 – *Abrogé à compter du 1ᵉʳ juillet 2006, Ord. nᵒ 2005-759, 4 juillet 2005, art. 18 et 21.*

Art. 159 – S'il n'y a ni père, ni mère, ni aïeuls, ni aïeules, ou s'ils se trouvent tous dans l'impossibilité de manifester leur volonté, les mineurs de dix-huit ans ne peuvent contracter mariage sans le consentement du conseil de famille.

Art. 160 – Si la résidence actuelle de ceux des ascendants du mineur de dix-huit ans dont le décès n'est pas établi est inconnue et si ces ascendants n'ont pas donné de leurs nouvelles depuis un an, le mineur en fera la déclaration sous serment devant le juge des tutelles de sa résidence, assisté de son greffier, dans son cabinet, et le juge des tutelles en donnera acte.

Le juge des tutelles notifiera ce serment au conseil de famille, qui statuera sur la demande d'autorisation en mariage. Toutefois, le mineur pourra prêter directement serment en présence des membres du conseil de famille.

Art. 161 – En ligne directe, le mariage est prohibé entre tous les ascendants et descendants et les alliés dans la même ligne.

Art. 162 – En ligne collatérale, le mariage est prohibé, entre le frère et la sœur.

Art. 163 – Le mariage est encore prohibé entre l'oncle et la nièce, la tante et le neveu.

Art. 164 – Néanmoins, il est loisible au président de la République de lever, pour des causes graves, les prohibitions portées :

1º par l'article 161 aux mariages entre alliés en ligne directe lorsque la personne qui a créé l'alliance est décédée ;

2º Abrogé ;

3º par l'article 163 aux mariages entre l'oncle et la nièce, la tante et le neveu.

* * *

Chapitre II – *Des formalités relatives à la célébration du mariage.*

Art. 165 – Le mariage sera célébré publiquement devant l'officier de l'état civil de la commune où l'un des époux aura son domicile ou sa résidence à la date de la publication prévue par l'article 63, et, en cas de dispense de publication, à la date de la dispense prévue à l'article 169 ci-après.

Art. 166 – La publication ordonnée à l'article 63 sera faite à la mairie du lieu du mariage et à celle du lieu où chacun des futurs époux a son domicile ou, à défaut de domicile, sa résidence.

Art. 167 et 168 – *Abrogés.*

Art. 169 – Le procureur de la République dans l'arrondissement duquel sera célébré le mariage peut dispenser, pour des causes graves, de la publication et de tout délai ou de l'affichage de la publication seulement.

Il peut également, dans des cas exceptionnels, dispenser les futurs époux, ou l'un d'eux seulement, de la remise du certificat médical exigé par l'article 63.

Le certificat médical n'est exigible d'aucun des futurs époux au cas de péril imminent de mort de l'un d'eux, prévu au deuxième alinéa de l'article 75 du présent code.

Art. 170 et 170-1 – *Abrogés.*

Art. 171 – Le président de la République peut, pour des motifs graves, autoriser la célébration du mariage si l'un des futurs époux est décédé après l'accomplissement de formalités officielles marquant sans équivoque son consentement.

Dans ce cas, les effets du mariage remontent à la date du jour précédant celui du décès de l'époux.
Toutefois, ce mariage n'entraîne aucun droit de succession *ab intestat* au profit de l'époux survivant et aucun régime matrimonial n'est réputé avoir existé entre les époux.

Chapitre II *bis* – *Du mariage des Français à* **Art. 148** – Les mineurs ne peuvent contracter mariage sans le consentement de leurs pères et mère ; en cas de dissentiment entre le père et la mère, ce partage emporte consentement.

Art. 149 – Si l'un des deux est mort ou s'il est dans l'impossibilité de manifester sa volonté, le consentement de l'autre suffit.

Il n'est pas nécessaire de produire l'acte de décès du père ou de la mère de l'un des futurs époux lorsque le conjoint ou les pères et mère du défunt attestent ce décès sous serment.

Si la résidence actuelle du père ou de la mère est inconnue, et s'il n'a pas donné de ses nouvelles depuis un an, il pourra être procédé à la célébration du mariage si l'enfant et celui de ses pères et mère qui donnera son consentement en fait la déclaration sous serment.

Du tout, il sera fait mention sur l'acte de mariage.

Le faux serment prêté dans les cas prévus au présent article et aux articles suivants du présent chapitre sera puni des peines édictées par l'article 363 du Code pénal (art. 434-13 du Code pénal).

Art. 150 – Si le père et la mère sont morts, ou s'ils sont dans l'impossibilité de manifester leur volonté, les aïeuls et aïeules les remplacent ; s'il y a dissentiment entre l'aïeul et l'aïeule de la même ligne, ou s'il y a dissentiment entre les deux lignes, ce partage emporte consentement.

Si la résidence actuelle des pères et mère est inconnue et s'ils n'ont pas donné de leurs nouvelles depuis un an, il pourra être procédé à la célébration du mariage si les aïeuls et aïeules ainsi que l'enfant lui-même en font la déclaration sous serment. Il en est de même si, un ou plusieurs aïeuls ou aïeules donnant leur consentement au mariage, la résidence actuelle des autres aïeuls ou aïeules est inconnue et s'ils n'ont pas donné de leurs nouvelles depuis un an.

Art. 151 – La production de l'expédition, réduite au dispositif, du jugement qui aurait déclaré l'absence ou aurait ordonné l'enquête sur l'absence des pères et mère, aïeuls ou aïeules de l'un des futurs époux équivaudra à la production de leurs actes de décès dans les cas prévus aux articles 149, 150, 158 et 159 du présent code.

Art. 152 – *Abrogé.*

Art. 153 – Sera assimilé à l'ascendant dans l'impossibilité de manifester sa volonté, l'ascendant subissant la peine de la relégation *(peine supprimée)* ou maintenu aux colonies en conformité de l'article 6 de la loi du 30 mai 1854 sur l'exécution de la peine des travaux forcés. Toutefois, les futurs époux auront toujours le droit de solliciter et de produire à l'officier de l'état civil le consentement donné par cet ascendant.

Art. 154 – Le dissentiment entre le père et la mère, entre l'aïeul et l'aïeule de la même ligne, ou entre aïeuls des deux lignes peut être constaté par un notaire, requis par le futur époux et instrumentant sans le concours d'un deuxième notaire ni de témoins, qui notifiera l'union projetée à celui ou à ceux des pères, mère ou aïeuls dont le consentement n'est pas encore obtenu.

L'acte de notification énonce les prénoms, noms, professions, domiciles et résidences des futurs époux, de leurs pères et mères, ou, le cas échéant, de leurs aïeuls, ainsi que le lieu où sera célébré le mariage.

Il contient aussi déclaration que cette notification est faite en vue d'obtenir le consentement non encore accordé et que, à défaut, il sera passé outre à la célébration du mariage.

Art. 155 – Le dissentiment des ascendants peut également être constaté soit par une lettre dont la signature est légalisée et qui est adressée à l'officier de l'état civil qui doit célébrer le mariage, soit par un acte dressé dans la forme prévue par l'article 73, alinéa 2.
Les actes énumérés au présent article et à l'article précédent sont visés pour timbre et enregistrés gratis.

Art. 156 – Les officiers de l'état civil qui auraient procédé à la célébration des mariages contractés par des fils ou filles n'ayant pas atteint l'âge de dix-huit ans accomplis sans que le consentement des pères et mères, celui des aïeuls ou aïeules et celui du conseil de famille, dans le cas où il est requis, soit énoncé dans l'acte de mariage, seront, à la diligence des parties intéressées ou du procureur de la République près le tribunal de grande instance de l'arrondissement où le mariage aura été célébré, condamnés à l'amende portée en l'article 192 du Code civil.

Art. 157 – L'officier de l'état civil qui n'aura pas exigé la justification de la notification prescrite par l'article 154 sera condamné à l'amende prévue en l'article précédent.

Art. 158 – *Abrogé à compter du 1ᵉʳ juillet 2006, Ord. n° 2005-759, 4 juillet 2005, art. 18 et 21.*

Art. 159 – S'il n'y a ni père, ni mère, ni aïeuls, ni aïeules, ou s'ils se trouvent tous dans l'impossibilité de manifester leur volonté, les mineurs de dix-huit ans ne peuvent contracter mariage sans le consentement du conseil de famille.

Art. 160 – Si la résidence actuelle de ceux des ascendants du mineur de dix-huit ans dont le décès n'est pas établi est inconnue et si ces ascendants n'ont pas donné de leurs nouvelles depuis un an, le mineur en fera la déclaration sous serment devant le juge des tutelles de sa résidence, assisté de son greffier, dans son cabinet, et le juge des tutelles en donnera acte.

Le juge des tutelles notifiera ce serment au conseil de famille, qui statuera sur la demande d'autorisation en mariage. Toutefois, le mineur pourra prêter directement serment en présence des membres du conseil de famille.

Art. 161 – En ligne directe, le mariage est prohibé entre tous les ascendants et descendants et les alliés dans la même ligne.

Art. 162 – En ligne collatérale, le mariage est prohibé, entre le frère et la sœur.

Art. 163 – Le mariage est encore prohibé entre l'oncle et la nièce, la tante et le neveu.

Art. 164 – Néanmoins, il est loisible au président de la République de lever, pour des causes graves, les prohibitions portées :

1º par l'article 161 aux mariages entre alliés en ligne directe lorsque la personne qui a créé l'alliance est décédée ;

2º Abrogé ;

3º par l'article 163 aux mariages entre l'oncle et la nièce, la tante et le neveu.

* * *

Chapitre II – *Des formalités relatives à la célébration du mariage.*

Art. 165 – Le mariage sera célébré publiquement devant l'officier de l'état civil de la commune où l'un des époux aura son domicile ou sa résidence à la date de la publication prévue par l'article 63, et, en cas de dispense de publication, à la date de la dispense prévue à l'article 169 ci-après.

Art. 166 – La publication ordonnée à l'article 63 sera faite à la mairie du lieu du mariage et à celle du lieu où chacun des futurs époux a son domicile ou, à défaut de domicile, sa résidence.

Art. 167 et 168 – *Abrogés.*

Art. 169 – Le procureur de la République dans l'arrondissement duquel sera célébré le mariage peut dispenser, pour des causes graves, de la publication et de tout délai ou de l'affichage de la publication seulement.

Il peut également, dans des cas exceptionnels, dispenser les futurs époux, ou l'un d'eux seulement, de la remise du certificat médical exigé par l'article 63.

Le certificat médical n'est exigible d'aucun des futurs époux au cas de péril imminent de mort de l'un d'eux, prévu au deuxième alinéa de l'article 75 du présent code.

Art. 170 et 170-1 – *Abrogés.*

Art. 171 – Le président de la République peut, pour des motifs graves, autoriser la célébration du mariage si l'un des futurs époux est décédé après l'accomplissement de formalités officielles marquant sans équivoque son consentement.

Dans ce cas, les effets du mariage remontent à la date du jour précédant celui du décès de l'époux.
Toutefois, ce mariage n'entraîne aucun droit de succession *ab intestat* au profit de l'époux survivant et aucun régime matrimonial n'est réputé avoir existé entre les époux.

Chapitre II *bis – Du mariage des Français à l'étranger*
Section I – *Dispositions générales*

Art. 171-1 – Le mariage contracté en pays étranger entre Français, ou entre un Français et un étranger, est valable s'il a été célébré dans les formes usitées dans le pays de célébration et pourvu que le ou les Français n'aient point contrevenu aux dispositions contenues au chapitre Ier du présent titre.

Il en est de même du mariage célébré par les autorités diplomatiques ou consulaires françaises, conformément aux lois françaises.

Toutefois, ces autorités ne peuvent procéder à la célébration du mariage entre un Français et un étranger que dans les pays qui sont désignés par décret.

Section II – *Des formalités préalables au mariage célébré à l'étranger par une autorité étrangère*

Art. 171-2 – Lorsqu'il est célébré par une autorité étrangère, le mariage d'un Français doit être précédé de la délivrance d'un certificat de capacité à mariage établi après l'accomplissement, auprès de l'autorité diplomatique ou consulaire compétente au regard du lieu de célébration du mariage, des prescriptions prévues à l'article 63.

Sous réserve des dispenses prévues à l'article 169, la publication prévue à l'article 63 est également faite auprès de l'officier de l'état civil ou de l'autorité diplomatique ou consulaire du lieu où le futur époux français a son domicile ou sa résidence.

Art. 171-3 – A la demande de l'autorité diplomatique ou consulaire compétente au regard du lieu de célébration du mariage, l'audition des futurs époux prévue à l'article 63 est réalisée par l'officier de l'état civil du lieu du domicile ou de résidence en France du ou des futurs conjoints, ou par l'autorité diplomatique ou consulaire territorialement compétente en cas de domicile ou de résidence à l'étranger.

Art. 171-4 – Lorsque des indices sérieux laissent présumer que le mariage envisagé encourt la nullité au titre des articles 144, 146, 146-1, 147, 161, 162, 163, 180 ou 191, l'autorité diplomatique ou consulaire saisit sans délai le procureur de la République compétent et en informe les intéressés.

Le procureur de la République peut, dans le délai de deux mois à compter de la saisine, faire connaître par une décision motivée, à l'autorité diplomatique ou consulaire du lieu où la célébration du mariage est envisagée et aux intéressés, qu'il s'oppose à cette célébration.

La mainlevée de l'opposition peut être demandée, à tout moment, devant le tribunal de grande instance conformément aux dispositions des articles 177 et 178 par les futurs époux, même mineurs.

* * *

Chapitre III – *Des oppositions au mariage*

Art. 172 – Le droit de former opposition à la célébration du mariage appartient à la personne engagée par mariage avec l'une des deux parties contractantes.

Art. 173 – Le père, la mère, et, à défaut de père et de mère, les aïeuls et aïeules peuvent former opposition au mariage de leurs enfants et descendants, même majeurs.

Après mainlevée judiciaire d'une opposition au mariage formée par un ascendant, aucune nouvelle opposition, formée par un ascendant, n'est recevable ni ne peut retarder la célébration.

Art. 174 – À défaut d'aucun ascendant, le frère ou la sœur, l'oncle ou la tante, le cousin ou la cousine germains, majeurs, ne peuvent former aucune opposition que dans les deux cas suivants :

1º Lorsque le consentement du conseil de famille, requis par l'article 159, n'a pas été obtenu ;

2º Lorsque l'opposition est fondée sur l'état de démence du futur époux ; cette opposition, dont le tribunal pourra prononcer mainlevée pure et simple, ne sera jamais reçue qu'à la charge, par l'opposant, de provoquer la tutelle des majeurs, et d'y faire statuer dans le délai qui sera fixé par le jugement.

Art. 175 – Dans les deux cas prévus par le précédent article, le tuteur ou curateur ne pourra, pendant la durée de la tutelle ou curatelle, former opposition qu'autant qu'il y aura été autorisé par un conseil de famille, qu'il pourra convoquer.

Art. 175-1 – Le ministère public peut former opposition pour les cas où il pourrait demander la nullité du mariage.

Art. 175-2 – Lorsqu'il existe des indices sérieux laissant présumer, le cas échéant au vu de l'audition prévue par l'article 63, que le mariage envisagé est susceptible d'être annulé au titre de l'article 146 ou de l'article 180, l'officier de l'état civil peut saisir sans délai le procureur de la République. Il en informe les intéressés.

Le procureur de la République est tenu, dans les quinze jours de sa saisine, soit de laisser procéder au mariage, soit de faire opposition à celui-ci, soit de décider qu'il sera sursis à sa célébration, dans l'attente des résultats de l'enquête à laquelle il fait procéder. Il fait connaître sa décision motivée à l'officier de l'état civil, aux intéressés.

La durée du sursis décidé par le procureur de la République ne peut excéder un mois renouvelable une fois par décision spécialement motivée.

À l'expiration du sursis, le procureur de la République fait connaître par une décision motivée à l'officier de l'état civil s'il laisse procéder au mariage ou s'il s'oppose à sa célébration.

L'un ou l'autre des futurs époux, même mineur, peut contester la décision de sursis ou son renouvellement devant le président du tribunal de grande instance, qui statue dans les dix jours. La décision du président du tribunal de grande instance peut être déférée à la cour d'appel qui statue dans le même délai.

Art. 176 – Tout acte d'opposition énonce la qualité qui donne à l'opposant le droit de la former. Il contient également les motifs de l'opposition, reproduit le texte de loi sur lequel est fondée l'opposition et contient élection de domicile dans le lieu où le mariage doit être célébré. Toutefois, lorsque l'opposition est faite en application de l'article 171-4, le ministère public fait élection de domicile au siège de son tribunal.

Les prescriptions mentionnées au premier alinéa sont prévues à peine de nullité et de l'interdiction de l'officier ministériel qui a signé l'acte contenant l'opposition.

Après une année révolue, l'acte d'opposition cesse de produire effet. Il peut être renouvelé, sauf dans le cas visé par le deuxième alinéa de l'article 173.

Toutefois, lorsque l'opposition est faite par le ministère public, elle ne cesse de produire effet que sur décision judiciaire.

Art. 177 – Le tribunal de grande instance prononcera dans les dix jours sur la demande en mainlevée formée par les futurs époux, même mineurs.

Art. 178 – S'il y a appel, il y sera statué dans les dix jours et, si le jugement dont est appel a donné mainlevée de l'opposition, la cour devra statuer même d'office.

Art. 179 – Si l'opposition est rejetée, les opposants, autres néanmoins que les ascendants, pourront être condamnés à des dommages-intérêts.

Les jugements et arrêts par défaut rejetant les oppositions à mariage ne sont pas susceptibles d'opposition.

* * *

Chapitre IV – *Des demandes en nullité de mariage.*

Art. 180 – Le mariage qui a été contracté sans le consentement libre des deux époux, ou de l'un d'eux, ne peut être attaqué que par les époux, ou par celui des deux dont le consentement n'a pas été libre, ou par le ministère public. L'exercice d'une contrainte sur les époux ou l'un d'eux, y compris par crainte révérencielle envers un ascendant, constitue un cas de nullité du mariage.

S'il y a eu erreur dans la personne, ou sur des qualités essentielles de la personne, l'autre époux peut demander la nullité du mariage.

Art. 181 – Dans le cas de l'article précédent, la demande en nullité n'est plus recevable à l'issue d'un délai de cinq ans à compter du mariage.

Art. 182 – Le mariage contracté sans le consentement des pères et mère, des ascendants, ou du conseil de famille, dans les cas où ce consentement était nécessaire, ne peut être attaqué que par ceux dont le consentement était requis, ou par celui des deux époux qui avait besoin de ce consentement.

Art. 183 – L'action en nullité ne peut plus être intentée ni par les époux, ni par les parents dont le consentement était requis, toutes les fois que le mariage a été approuvé expressément ou tacitement par ceux dont le consentement était nécessaire, ou lorsqu'il s'est écoulé cinq années sans réclamation de leur part, depuis qu'ils ont eu connaissance du mariage. Elle ne peut être intentée non plus par l'époux, lorsqu'il s'est écoulé cinq années sans réclamation de sa part, depuis qu'il a atteint l'âge compétent pour consentir par lui-même au mariage.

Art. 184 – Tout mariage contracté en contravention aux dispositions contenues aux articles 144, 146, 146-1, 147, 161, 162 et 163 peut être attaqué, dans un délai de trente ans à compter de sa célébration, soit par les époux eux-mêmes, soit par tous ceux qui y ont intérêt, soit par le ministère public.

Art. 185 – Néanmoins, le mariage contracté par des époux qui n'avaient point encore l'âge requis, ou dont l'un des deux n'avait point atteint cet âge, ne peut plus être attaqué :

1° lorsqu'il s'est écoulé six mois depuis que cet époux ou les époux ont atteint l'âge compétent ;

2° lorsque la femme, qui n'avait point cet âge, a conçu avant l'échéance de six mois.

Art. 186 – Le père, la mère, les ascendants et la famille qui ont consenti au mariage contracté dans le cas de l'article précédent, ne sont point recevables à en demander la nullité.

Art. 187 – Dans tous les cas où, conformément à l'article 184, l'action en nullité peut être intentée par tous ceux qui y ont un intérêt, elle peut l'être par les parents collatéraux, ou par les enfants nés d'un autre mariage, du vivant des deux époux, mais seulement lorsqu'ils y ont un intérêt né et actuel.

Art. 188 – L'époux au préjudice duquel a été contracté un second mariage peut en demander la nullité, du vivant même de l'époux qui était engagé avec lui.

Art. 189 – Si les nouveaux époux opposent la nullité du premier mariage, la validité ou la nullité de ce mariage doit être jugée préalablement.

Art. 190 – Le procureur de la République, dans tous les cas auxquels s'applique l'article **184** et sous les modifications portées en l'article 185, peut et doit demander la nullité du mariage, du vivant des deux époux, et les faire condamner à se séparer.

Art. 190-1 – *Abrogé.*

Art. 191 – Tout mariage qui n'a point été contracté publiquement, et qui n'a point été célébré devant l'officier public compétent, peut être attaqué dans un délai de trente ans à compter de sa célébration, par les époux eux-mêmes, par les pères et mère, par les ascendants et par tous ceux qui y ont un intérêt né et actuel, ainsi que par le ministère public.

Art. 192 – Si le mariage n'a point été précédé de la publication requise ou s'il n'a pas été obtenu des dispenses permises par la loi, ou si les intervalles prescrits entre les publications et la célébration n'ont point été observés, le procureur de la République fera prononcer contre l'officier public une amende qui ne pourra excéder 4,50 euros et contre les parties contractantes, ou ceux sous la puissance desquels elles ont agi, une amende proportionnée à leur fortune.

Art. 193 – Les peines prononcées par l'article précédent seront encourues par les personnes qui y sont désignées, pour toute contravention aux règles prescrites par l'article 165, lors même que ces contraventions ne seraient pas jugées suffisantes pour faire prononcer la nullité du mariage.

Art. 194 – Nul ne peut réclamer le titre d'époux et les effets civils du mariage, s'il ne représente un acte de célébration inscrit sur le registre de l'état civil ; sauf les cas prévus par l'article 46, au titre *Des actes de l'état civil.*

Art. 195 – La possession d'état ne pourra dispenser les prétendus époux qui l'invoqueront respectivement, de représenter l'acte de célébration du mariage devant l'officier de l'état civil.

Art. 196 – Lorsqu'il y a possession d'état, et que l'acte de célébration du mariage devant l'officier de l'état civil est représenté, les époux sont respectivement non recevables à demander la nullité de cet acte.

Art. 197 – Si néanmoins, dans le cas des articles **194** et **195**, il existe des enfants issus de deux individus qui ont vécu publiquement comme mari et femme, et qui soient tous deux décédés, la légitimité des enfants ne peut être contestée sous le seul prétexte du défaut de représentation de l'acte de célébration, toutes les fois que cette légitimité est prouvée par une possession d'état qui n'est point contredite par l'acte de naissance.

Art. 198 – Lorsque la preuve d'une célébration légale du mariage se trouve acquise par le résultat d'une procédure criminelle, l'inscription du jugement sur les registres de l'état civil assure au mariage, à compter du jour de sa célébration, tous les effets civils, tant à l'égard des époux qu'à l'égard des enfants issus de ce mariage.

Art. 199 – Si les époux ou l'un d'eux sont décédés sans avoir découvert la fraude, l'action criminelle peut être intentée par tous ceux qui ont intérêt de faire déclarer le mariage valable, et par le procureur de la République.

Art. 200 – Si l'officier public est décédé lors de la découverte de la fraude, l'action sera dirigée au civil contre ses héritiers, par le procureur de la République, en présence des parties intéressées, et sur leur dénonciation.

Art. 201 – Le mariage qui a été déclaré nul produit, néanmoins, ses effets à l'égard des époux, lorsqu'il a été contracté de bonne foi.

Si la bonne foi n'existe que de la part de l'un des époux, le mariage ne produit ses effets qu'en faveur de cet époux.

Art. 202 – Il produit aussi ses effets à l'égard des enfants, quand bien même aucun des époux n'aurait été de bonne foi.

Le juge statue sur les modalités de l'exercice de l'autorité parentale comme en matière de divorce.

Comme à toute entreprise, un contrat s'établit entre les parties afin de « baliser » et d'encadrer les limites de cette coopération. En France, les articles définissant les dispositions au Contrat de mariage dans le Code civil, se trouvent au Titre, chapitres et sections suivants :

Titre V. – *Du contrat de mariage des régimes matrimoniaux* (L. n° 65-570, 13 juill. 1965) :

III – TEXTES DE LOIS

n.f. (lat. *Lex, legis*). Prescription établie par l'autorité souveraine de l'État, applicable à tous, et définissant les droits et les devoirs de chacun. La loi, ensemble des règles juridiques, des prescriptions légales.

Les lois restent l'un des aspects importants de la vie sociale, politique et économique ; par le qualitatif, l'engagement et l'acceptation des hommes et des femmes aux règles de vie ; et le quantitatif, par le nombre de lois encadrant la vie et les activités. La loi se regarde aussi par les côtés objectifs et subjectifs du droit ; objectifs parce que chacun peut agir dans la constitution des règles et subjectifs par l'ensemble des règles et des lois encadrant la vie des groupes au sein de la communauté. Le droit dans son ensemble (textes, articles, lois) se dessina autour du droit humain, depuis les premières tables de lois. L'ensemble des textes restent dans la sensibilité des problèmes de la société et des hommes, en se plongeant dans les articles relatifs aux droits et obligations du couple, de la famille, des enfants, etc. Chacun trouvera juste ou injuste tel ou tel article (dans les conflits) et pourtant le législateur les mit en œuvre par rapport à l'époque, afin d'y maintenir : tolérance, équilibre, liberté, responsabilité pour la vie de chacun.

À Paris, sur la façade du Droit Humain International se trouve gravé : *« Dans l'humanité la femme à les mêmes devoirs que l'homme. Elle doit avoir les mêmes droits dans la famille et dans la société. »* À son époque, Henri Bergson le signalait comme la plus belle idée du siècle. La loi sert à la société – aux futurs défenseurs du pays –, comme moyen d'éducation et un remède contre la violence. Car les idées et les passions des hommes s'opposent et se rencontrent. Il ne justifie pas l'amour, elle en devient le témoin ; pourtant souvent l'on entend « *on se marie parce que l'on s'aime* » et « *on divorce parce qu'on ne s'aime plus* ». D'ailleurs l'article 2 du Code civil stipule ceci : « *La loi ne dispose que pour l'avenir ; elle n'a point d'effet rétroactif.* »

Elle peut se regarder comme un phénomène quasi naturel, mais plutôt comme un édifice social, une réponse aux problèmes des hommes – repensant la tragédie. Au regard de la religion, la loi apparaît comme un moyen de protéger et de sauver son âme. Elle vise à maintenir une sérénité en limitant toute situation conflictuelle au sein du couple. Elle symbolise le thème de l'universel, par les règles fixant les droits, devoirs et obligations des hommes et des femmes – ainsi que la représentation du monde moderne pour chacun. Elle définit l'éthique, donc une certaine *satisfaction* morale, donnant par là même du sens au bonheur des hommes, dans le temps et l'espace. Car la raison première de la rencontre – juste la volonté de vivre ensemble sans désir d'affrontement – mais contribue volontairement ou non à celle-ci de l'un afin de montrer sa toute-puissance sur l'autre.

Depuis la naissance des groupes, puis des sociétés, les hommes optèrent en « commun » pour le maintien de la cohésion sociale par les lois au travers des religions : induisant les significations de vie du couple, par des actions de bien. La loi repose sur une notion de vérité du *vrai* et du *faux* se référant aux aspirations Aristotéliciennes et Platoniciennes. Car, la loi a aussi une signification économique et sociale.

Certainement, sans la Révolution française, il n'y aurait de Code civil – donc pas de définition du couple au sens civil, dans ses fondements des droits et devoirs ; codifiant les us et coutumes au fil du temps. Depuis cette révolution, le droit descendit de la société bourgeoise à toute la société – se regarde aujourd'hui comme une utopie universelle au regard de tous les conflits sociaux, jusqu'au couple au cours du XXe siècle notamment par la manière dont elle s'applique. Charge aux spécialistes des droits universels d'en débattre.

Cependant, la loi et la philosophie restent parmi les phénomènes des plus étudiés depuis l'antiquité, car la seconde prit naissance bien après la première. Car la loi donne le lieu *(le pays, la région)*, le milieu *(social, culturel)* et le modèle lui donnant le caractère. La loi fixe les limites et les conditions de vie pour tous. Cependant, la philosophie peut aussi s'opposer à la loi par la conscientisation de l'être dans son projet de vie. Elle se regarde dans son langage juridique –, complexe pour le *vulgum pecus.* Où, toute affaire et dilemme, doivent s'exprimer dans « son intérêt », au regard du problème individuel rencontré dans l'exercice de vie de chacun. Alors que le citoyen attend toujours une décision allant dans « son intérêt » – une décision devant le protéger. À chaque conflit et détresse au sein du couple, les décisions rendues se voient presque toujours injustes pour l'un ou l'autre. Pour beaucoup, il comporte par le Code civil une image conservatrice sur le régime matrimonial, malgré les avancées des dernières décennies, où les décisions se rendent toujours par un juge, au regard de la règle écrite par le législateur.

La loi se compare aussi dans les traditions occidentales et orientales, dans les systèmes des lois civiles et religieuses dans le domaine du couple, par la convergence du droit (mariage, divorce, baisse des naissances). La comparaison peut créer des contradictions des idées entre l'homme et la loi. Car, les systèmes se développèrent différemment depuis la renaissance. Jadis, le droit romain se limitait à la description des choses, le droit de la personne comme sujet de l'action, n'apparaîtra qu'à partir du XVIe siècle –, inspirèrent plus tard le droit canonique et le droit civil – codifiés, appliqués et interprétés par les juges. La loi permet d'avoir différents regards pour comprendre le couple dans la vie civile (le temps social) et dans la vie religieuse (le temps spirituel). Elle signifie l'adhésion à la société –, en défendant : l'humanité, le sens de la famille, le territoire et les libertés. La loi dans sa position sociologique porte les stigmates, les souffrances de la société en permettant aux hommes de comprendre leur histoire au travers de l'universalisme. La loi se vit et traduit l'événement dans son sens – affirme ou infirme les symboliques de nos vies. En reposant sur la lutte des classes, elle reflète le droit dans son ensemble.

Le Code civil français réunit les lois relatives à l'organisation des rapports privés entre les personnes, pour tous les citoyens français ; accordant une large place au contrat. Napoléon Bonaparte le promulgua le 21 mars 1804 *(30 ventôse[20] an* XII). Il reçut de nombreuses modifications depuis sa création, mais pas de refonte intégrale. Les articles modifiés portèrent sur la famille ; depuis sa création le mari ou chef de la famille avait le pouvoir absolu sur toute sa famille –, jusqu'à l'enfermement des enfants. Ce qui limitât les pouvoirs de la femme, jugée incapable dans le mariage. Et les enfants nés hors mariage n'avaient pas de droit. En 1970, le législateur remplaça « *la puissance paternelle* » par « *l'autorité parentale* » et permit en 1972, aux enfants nés hors mariage d'atteindre la même égalité des droits que les enfants nés du mariage. Jusqu'à l'introduction en 1999 du titre au Pacs (Pacte Civil de Solidarité).

Cependant, il consacre aussi une large part sur :

• Le droit des personnes *(nom, statut de la personne, personnalité juridique, les incapacités).*

• Le droit de la famille *(filiation, mariage, pacs, divorce).*

• Le droit patrimonial de la famille *(régimes matrimoniaux, libéralités, successions).*

• Le droit des biens *(types de biens, meubles ou immeubles, la propriété, la possession).*

• Le droit des obligations et des contrats.

Ces systèmes se trouvent issus en grande partie du mouvement de codification du XIXe siècle, durant lesquels, les plus importants codes prirent leur essence (le Code Napoléonien et le Code civil allemand[21]). Néanmoins, les droits : Écossais et Sud-africains ne présentent pas de codifications à ce titre.

Les différents systèmes juridiques en place dans le monde :

• Le Droit civil, la « Common law » *(Anglo-saxon)* ou Droit coutumier et le Droit musulman.

Cependant, l'Europe dispose de quatre Systèmes juridiques :

• Le Droit *anglo-saxon*, pour tous les pays de la couronne d'Angleterre, repose sur le droit coutumier, non à la seule technique et l'éthique, mais à la compréhension des conflits, ainsi que les droits et attentes des parties, dans leurs oppositions, afin de garder les décisions *équilibrant* chacun.

• Le Droit *franco latin*, usité dans le Benelux, Espagne, l'Italie, les départements d'outre-mer et les anciennes colonies françaises.

• Le Droit civil *germanique*, s'applique en Allemagne, en Suisse, en Autriche, en Croatie, en Turquie, au Portugal et dans certains pays d'Extrême-Orient.

• Le Droit civil *scandinave*, en vigueur en Finlande, en Suède, en Islande, en Norvège et au Danemark. Les spécialistes le considèrent comme peu « codifié ».

Quelques dates de l'apparition du mariage civil en Europe et ailleurs :

• Au **Royaume-Uni,** l'union civile apparue officiellement en 1563, mais sa complète reconnaissance au sein de l'ensemble du Royaume (Angleterre, Pays de Galle, Irlande et Écosse) mit nombre d'années. Cependant, les unions civiles et religieuses coexistèrent, bien que le premier rentrât peu dans l'usage, jusqu'au XVIIIe siècle. Puis, cette union civile disparue à l'arrivée du *Mariage-Act* de 1753. Seuls les mariages célébrés par l'église d'Angleterre, les Quakers ou les juifs avaient la reconnaissance, ce jusqu'en 1836. Le nouveau *Mariage-Act* de 1836 vit le retour du mariage civil, ce qui permit aux autres confessions *(les non-conformistes et les catholiques)* d'enregistrer officiellement leurs unions. En Angleterre et au Pays de Galles, les mariages civils ne se déroulent pas dans les lieux de rendez-vous religieux. *A contrario,* l'Écosse et l'Irlande du Nord, permettent la tenue des mariages dans n'importe quel lieu, avec la possibilité à certaines autorités religieuses, d'enregistrer elles-mêmes cette union civile.

• En **Allemagne**, le Chancelier Bismarck introduit le mariage civil *(Zivilehe)* en 1875. Par cette loi, le mariage devint valide et légal, après « enregistrement » auprès d'un officier de l'administration. Cependant, cette loi rendit non obligatoire le mariage religieux, pour rester un acte relevant de la sphère privée.

• Au *Pays-Bas,* le mariage civil n'entrera en vigueur qu'en 1850, après une « inspiration » du code français en 1837.

• En *Autriche*, il devint un acte civil en 1783.

• En *Espagne,* les époux peuvent s'unir religieusement, avant de passer devant le maire. Cependant, à la fin de la cérémonie religieuse, les époux signent l'acte de mariage, que l'Église adresse ensuite aux autorités civiles.

• En *France*, jusqu'à la Révolution française il n'existait qu'un seul type de mariage, le religieux. Par la loi du 20 septembre 1792, instaurant par là même l'état civil français, le mariage civil entra en application. D'ailleurs Napoléon Ier épousa Joséphine de Beauharnais en mariage civil, le 9 mars 1796 à Paris. Ainsi l'état civil « échappa » à l'Église et l'union civile releva de sa seule loi. Actuellement, le mariage religieux, n'a pas un caractère obligatoire, mais se réalise après l'union civile.

• En *Suisse,* sur la seule présentation du certificat de mariage délivré par l'état civil, que se célèbre une union religieuse. Cette obligation entra en vigueur en 1874, afin de consacrer la laïcité du mariage *(Kulturkampf).* Depuis, le Conseil fédéral la maintint et proposa une formule rejoignant le modèle français : « *Il est interdit de célébrer un mariage religieux avant la célébration civile* », dans le cadre de la procédure de révision du droit du mariage.

• Au *Canada*, le mariage civil apparut en 1973. Dans sa constitution, le gouvernement fédéral a toute autorité sur les questions relatives aux mariages et aux divorces. Nonobstant, le gouvernement, les provinces peuvent voter des lois permettant l'organisation et la tenue des mariages. Bien que les unions civiles et religieuses aient cours, ils peuvent néanmoins se célébrer tant, par des membres du clergé, des juges de paix, voire des greffiers.

• En *Afrique,* le Code civil se vit introduit par la France, au cours de son empire colonial *(Afrique noire, Afrique du Nord).*

• En *Israël*, le mariage civil n'a pas cours, seuls les mariages religieux *(devant un rabbin pour les Juifs, un Imam pour les mu-*

sulmans, etc.), restent reconnus sur le territoire israélien. Mais, l'État reconnaît les unions passées à l'étranger, ce qui permet à nombre d'Israéliens ne voulant pas, ou ne pouvant s'unir devant une institution religieuse, de le faire (*l'île de Chypre en reste l'exemple*) pour avoir la reconnaissance de mariés, de retour en Israël. Cette situation concerne notamment de nombreuses personnes, que le rabbinat ne reconnaît pas et qui revendiquent leur judéité.

• Au **Liban**, le mariage civil se vit introduit par le mandat français en 1936. Cependant, le mariage civil se limite et voit reconnu par l'État aux citoyens non-musulmans, ayant contracté une union civile hors du pays. Seul, le mariage religieux se voit possible pour les musulmans. Car, les autorités religieuses garantes de la morale, de la vie politique et financière (*par le coût des mariages*), s'opposent encore au mariage civil, bien qu'il y ait une demande pour un Code du statut personnel dans l'évolution des mentalités. Car, les lois actuelles, relatives à ce Code (*mariage, divorce, filiation, etc.*) demeurent religieuses et la mise en place d'un Code civil permettra la famille mixte – authentique et profonde ; en lieu et place des juges religieux au seul caractère masculin.

• Au **Japon**, le Code civil se vit introduit en 1868, après des siècles de féodalisme, par l'empereur Meiji Tenno –, aussi appelé l'ère Meiji (ère du gouvernement éclairé). Il fit rédigea le premier Code civil en 1890, puis en 1898, le nouveau prit le nom de Code Meiji, reposant et prônant la famille, comme principale structure de l'État, avant les seuls individus, au regard du régime impérial. Par exemple, ce code permit aux chefs de famille, les mariages arrangés, l'obéissance des membres et des femmes à ces derniers. Suite à la Seconde Guerre mondiale, ce code se vit révisé, notamment dans les textes touchant à la famille.

Au cours de la cérémonie civile à la mairie, seule la lecture des articles 212, 213 (alinéas 1 et 2), 214 (alinéa 1) et 215 (alinéa 1) du Code civil se fait aux futurs époux en présence des parents, des témoins (au nombre minimum de deux ou quatre maximums).

* * *

Tous les articles et alinéas du Code civil, concernant le mariage vont du :
• **Chapitre V –** *Des obligations qui naissent du mariage,* articles 203 à 211 ;
• **Chapitre VI –** *Des devoirs et des droits respectifs des époux*, articles 212 à 226 ;
• **Chapitre VII –** *De la dissolution du mariage,* article 227 ;

• **Chapitre VIII –** *Des seconds mariages,* article abrogé au 1er janvier 2005.

Extrait des principaux textes du code du Droit civil en France signifiant les devoirs et obligations d'un couple marié.

Chapitre V – *Des obligations qui naissent du mariage*

Art. 203 – Les époux contractent ensemble, par le seul fait du mariage, l'obligation de nourrir et élever leurs enfants.

Art. 204 – L'enfant n'a pas d'action contre ses pères et mère pour un établissement par mariage ou autrement.

Art. 205 – Les enfants doivent des aliments à leurs pères et mère ou autres ascendants qui sont dans le besoin.

Art. 206 – Les gendres et belles-filles doivent également, et dans les mêmes circonstances, des aliments à leurs beaux-pères et belle-mère, mais cette obligation cesse lorsque celui des époux qui produisait l'affinité et les enfants issus de son union avec l'autre époux sont décédés.

Art. 207 – Les obligations résultant de ces dispositions sont réciproques.

Néanmoins, quand le créancier aura lui-même manqué gravement à ses obligations envers le débiteur, le juge pourra décharger celui-ci de toute partie de la dette alimentaire.

Art. 207-1 – *Abrogé.*

Art. 208 – Les aliments ne sont accordés que dans la proportion du besoin de celui qui les réclame, et de la fortune de celui qui les doit.

Le juge peut, même d'office, et selon les circonstances de l'espèce, assortir la pension alimentaire d'une clause de variation permise par les lois en vigueur.

Art. 209 – Lorsque celui qui fournit ou celui qui reçoit des aliments est remplacé dans un état tel, que l'un ne puisse plus en donner, ou que l'autre n'en ait plus besoin en tout ou partie, la décharge ou réduction peut en être demandée.

Art. 210 – Si la personne qui doit fournir des aliments justifie qu'elle ne peut payer la pension alimentaire, le juge aux affaires familiales pourra, en connaissance de cause, ordonner qu'elle recevra dans sa demeure, qu'elle nourrira et entretiendra celui auquel elle devra des aliments.

Art. 211 – Le juge aux affaires familiales prononcera également si le père ou la mère qui offrira de recevoir, nourrir et entretenir dans sa demeure, l'enfant à qui il devra des aliments, devra dans ce cas être dispensé de payer la pension alimentaire.

* * *

Chapitre VI – *Des devoirs et des droits respectifs des époux*

Art. 212 – Les époux se doivent mutuellement « respect, » fidélité, secours, assistance.

Art. 213 – Les époux assurent ensemble la direction morale et matérielle de la famille. Ils pourvoient à l'éducation des enfants et préparent leur avenir.

Art. 214 – Si les conventions matrimoniales ne règlent pas la contribution des époux aux charges du mariage, ils y contribuent à proportion de leurs facultés respectives.

Si l'un des époux ne remplit pas ses obligations, il peut y être contraint par l'autre dans les formes prévues au Code de procédure civile.

Art. 215 – Les époux s'obligent mutuellement à une communauté de vie.

La résidence de la famille est au lieu qu'ils choisissent d'un commun accord.

Les époux ne peuvent l'un sans l'autre disposer des droits par lesquels est assuré le logement de la famille, ni des meubles meublants dont il est garni. Celui des époux qui n'a pas donné son consentement à l'acte peut en demander l'annulation : l'action en nullité lui est ouverte dans l'année à partir du jour où il a eu connaissance de l'acte, sans pouvoir jamais être intentée plus d'un an après que le régime matrimonial s'est dissous.

Art. 216 – Chaque époux a la pleine capacité de droit ; mais ses droits et pouvoirs peuvent être limités par l'effet du régime matrimonial et des dispositions du présent chapitre.

Art. 217 – Un époux peut être autorisé par justice à passer seul acte pour lequel le concours ou le consentement de son conjoint serait nécessaire, si celui-ci est hors d'état de manifester sa volonté ou si son refus n'est pas justifié par l'intérêt de la famille.

L'acte passé dans les conditions fixées par l'autorisation de justice est opposable à l'époux dont le concours ou le consentement a fait défaut, sans qu'il en résulte à sa charge aucune obligation personnelle.

Art. 218 – Un époux peut donner mandat à l'autre de le représenter dans l'exercice des pouvoirs que le régime matrimonial lui attribue. Il peut, dans tous les cas, révoquer librement ce mandat.

Art. 219 – Si l'un des époux se trouve hors d'état de manifester sa volonté, l'autre peut se faire habiliter par justice à le représenter, d'une manière générale, ou pour certains actes particuliers, dans l'exercice des pouvoirs résultant du régime matrimonial, les conditions et l'étendue de cette représentation étant fixées par le juge.

À défaut de pouvoir légal, de mandat ou d'habilitation par justice, les actes faits par un époux en représentation de l'autre ont effet, à l'égard de celui-ci, suivant les règles de la gestion d'affaires.

Art. 220 – Chacun des époux a pouvoir pour passer seul les contrats qui ont pour objet l'entretien du ménage ou l'éducation des enfants : toute dette ainsi contractée par l'un oblige l'autre solidairement.

La solidarité n'a pas lieu néanmoins pour des dépenses manifestement excessives, eu égard au train de vie du ménage, à l'utilité ou à l'inutilité de l'opération, à la bonne ou à la mauvaise foi du tiers contractant.

Elle n'a pas lieu non plus, s'ils n'ont été conclus du consentement des deux époux, pour les achats à tempérament ni pour les emprunts à moins que ces derniers ne portent sur des sommes modestes nécessaires au besoin de la vie courante.

Art. 220-1 – Si l'un des époux manque gravement à ses devoirs, et met ainsi en péril les intérêts de la famille, le juge aux affaires familiales peut prescrire toutes les mesures urgentes que requièrent ces intérêts.

Il peut notamment interdire à cet époux de faire, sans le consentement de l'autre, des actes de disposition sur ses propres biens ou sur ceux de la communauté, meubles ou immeubles. Il peut aussi interdire le déplacement des meubles, sauf à spécifier ceux dont il attribue l'usage personnel à l'un ou l'autre des conjoints.

Lorsque les violences exercées par l'un des époux mettent en danger son conjoint, un ou plusieurs enfants, le juge peut statuer sur la résidence séparée des époux en précisant lequel des deux continuera à résider dans le logement conjugal. Sauf circonstances particulières, la jouissance de ce logement est attribuée au conjoint qui n'est pas l'auteur des violences. Le juge se prononce, s'il y a lieu, sur les modalités d'exercice de l'autorité parentale et sur la contribution aux charges du mariage. Les mesures prises sont caduques si, à l'expiration d'un délai de quatre mois à compter de leur prononcé, aucune requête en divorce ou en séparation de corps n'a été déposée.

La durée des autres mesures prises en application du présent article doit être déterminée par le juge et ne saurait, prolongation éventuellement comprise, dépasser trois ans.

Art. 220-2 – Si l'ordonnance porte interdiction de faire des actes de disposition sur des biens dont l'aliénation est sujette à publicité, elle doit être publiée à la diligence de l'époux requérant. Cette publication cesse de produire effet à l'expiration de la période déterminée par l'ordonnance, sauf à la partie intéressée à obtenir dans l'intervalle une ordonnance modificative, qui sera publiée de la même manière.

Si l'ordonnance porte interdiction de disposer des meubles corporels, ou de les déplacer, elle est signifiée par le requérant à son conjoint, et a pour effet de rendre celui-ci gardien responsable des meubles dans les mêmes conditions qu'un saisi. Signifiée à un tiers, elle le constitue de mauvaise foi.

Art. 220-3 – Sont annulables, à la demande du conjoint requérant, tous les actes accomplis en violation de l'ordonnance, s'ils ont été passés avec un tiers de mauvaise foi, ou même s'agissant d'un bien dont l'aliénation est sujette à publicité, s'ils sont simplement postérieurs à la publication prévue par l'article précédent.

L'action en nullité est ouverte à l'époux requérant pendant deux années à partir du jour où il a eu connaissance de l'acte, sans pouvoir jamais être intentée, si cet acte est sujet à publicité, plus de deux ans après sa publication.

Art. 221 – Chacun des époux peut se faire ouvrir sans le consentement de l'autre, tout compte de dépôt et tout compte de titres en son nom personnel.

À l'égard du dépositaire, le déposant est toujours réputé, même après la dissolution du mariage, avoir la libre disposition des fonds et des titres en dépôt.

Art. 222 – Si l'un des époux se présente seul pour faire un acte d'administration, de jouissance ou de disposition sur un bien meuble qu'il détient individuellement, il est réputé, à l'égard des tiers de bonne foi, avoir le pouvoir de faire seul cet acte.

Cette disposition n'est pas applicable aux meubles meublants visés à l'article 215, alinéa 3, non plus qu'aux meubles corporels dont la nature fait présumer la propriété de l'autre conjoint conformément à l'article 1404.

Art. 223 – Chaque époux peut librement exercer une profession, percevoir ses gains et salaires et en disposer après s'être acquitté des charges du mariage.

Art. 224 – *Abrogé.*

Art. 225 – Chacun des époux administre, oblige et aliène seul ses biens personnels.

Art. 226 – Les dispositions du présent chapitre, en tous les points où elles ne réservent pas l'application des conventions matrimoniales, sont applicables, par le seul effet du mariage, quel que soit le régime matrimonial des époux.

* * *

Chapitre VII – *De la dissolution du mariage*

Art. 227 – Le mariage se dissout :

  1° Par la mort de l'un des époux ;

  2° Par le divorce légalement prononcé ;

  3° Abrogé par la loi du 31 mai 1854.

* * *

Chapitre VIII – *Des seconds mariages*

Art. 228 – *Abrogé.*

Le droit donne et définit le cadre de vie des hommes et des femmes dans la société, afin qu'ils puissent la remplir à bon escient, au fil des générations dans un projet humaniste. Car le droit reste graduel pour chacun, par l'appropriation des droits et obligations, notamment dans la relation homme femme et ces différences se marquent, selon les cultures –, donc prévaut ou non pour tous. À chaque culture, il traduit et partage les expériences et les concepts politiques.

Les lois et le droit restent au service de la société dans son extension continue, comme un cadre pour tous les actes de vie, pour le couple, ils servent à maintenir une certaine « idéologie » et permettre leur productivité sociale – institutionnalisé ; sans en devenir des juristes dans leur cause au quotidien.

IV – NOM

« *Ô Roméo, Roméo ! Pourquoi es-tu Roméo ! Renie ton père et refuse*
ton nom,
Ou si tu ne veux pas, fais-moi simplement vœu d'amour.
Et je cesserai d'être une Capulet. »
William Shakespeare.
Roméo et Juliette, Acte II, Scène II

Mot qui désigne une personne, un animal ou une chose. Il y a le nom commun, le nom propre, le petit nom et au nom de.

La question de l'identité reste une des questions clés, une des préoccupations des peuples depuis longtemps et ce, par-delà les latitudes. Car, l'identité constitue une donnée psychologique, philosophique et sociologique dont le principal aspect reste le nom. Par ce fait, devient-il la propriété de l'un ou des deux ? Conduit-il à une vie réduite pour la femme ou l'émancipe-t-elle ?

Jadis, le nom de l'homme se transmettait à la femme et aux enfants. En 2004, le législateur français par la loi, permet le choix du nom aux enfants – celui du père, de la mère ou les deux. Révolutionnant et développant de nouvelles voies sur les fonctions parentales (amour), identitaires (importance des transmissions) et des reconnaissances sociales. Dans l'histoire humaine, le nom de toute chose accorde intérêt et classification. Au cours de la cérémonie civile, la transmission se fait du document écrit à l'orale ; à l'instar de cette phrase : « *je vous déclare unis par les liens du mariage* ». Il répond aux conventions, accords et usages, permettant aux hommes de se rencontrer, de s'identifier, ainsi que leur territoire ; identité permettant aussi de se reconnaître dans la hiérarchie sociétale par la présentation de Monsieur et Madame.

Il s'avère souvent difficile de définir l'appartenance sociologique et à plus forte raison ethnique ou religieuse, avant de les connaître, mais dès le premier contact, le nom devient un élément déterminant pour la suite des rapports. Des siècles durant, les hommes ne « possédaient » pas de patronyme, ce jusqu'au dernier mouvement esclavagiste au XIXe siècle, mais seulement un nom usuel. Cependant, l'aristocratie de Cours constitua une identité à forte valeur ajoutée au fil de l'histoire, par le nom, le prénom au travers des alliances et mariages. Ceci établissant les castes et en régit les systèmes sociaux qui, pendant longtemps se regardait comme snobisme du groupe social, par le seul patronyme.

Depuis les dernières lois relatives au patronyme, le renoncement de l'attribution, se regarde de *facto*, comme un renoncement à accepter ce rôle, que la femme – la mère, aborde et maintien par ce lien naturel – supposé plus fort. Beaucoup y voient un affaiblissement du masculin, au profit des femmes – confortant leur position de sexe dit faible.

La situation du nom, par son port varie d'un pays à l'autre :

· En **France**, aucun article du Code civil ne voue l'épouse, à l'obligation de prendre le nom de son époux, car elle garde la possibilité de porter les deux noms ; elle peut aussi conserver son nom de jeune fille. Cependant, concernant l'article 310 du Code de civil au Titre VII. De la filiation, stipule : « *Tous les enfants dont la filiation est légalement établie ont les mêmes devoirs dans leurs rapports avec leur père et mère. Ils entrent dans la famille de chacun d'eux.* » Aux Antilles, au cours de l'esclavage et jusqu'à son abolition, le seul nom porté restait un diminutif dans les registres des états civils du XVIIIe et XIXe siècles, les naissances des enfants s'enregistrèrent par un prénom et fils ou fille de X, résidant sur l'habitation ou le lieu-dit X. Sur ce registre le nom du père n'y figure presque jamais, car la paternité n'avait cours pour les esclaves. À son abolition, les noms portés par beaucoup se donnèrent par les maîtres, puis par le mariage.

· En **Europe,** en principe, et au regard de la législation française ou locale, l'épouse ne change pas de nom patronymique. Cependant, dans les pays latins, la coutume veut qu'elle use du nom de son conjoint. En Italie, la femme perd le droit d'utiliser le nom de son ex-conjoint, mais peut demander à conserver l'usage du nom, si, elle justifie d'un intérêt particulier, pour elle-même ou pour ses enfants. Dans les pays du Nord, les époux choisissent ensemble avant le mariage le nom qu'ils porteront en tant qu'époux. Avec la possibilité pour chacun de conserver son nom. En Allemagne, au moment du mariage, le mari peut prendre le nom de l'épouse. En général, lors de la dissolution de l'union, les époux reprennent leur nom respectif.

• Au *Maghreb* et en *Afrique,* pour une majorité, la femme porte le nom de son époux au moment du mariage. Néanmoins, dans certains pays et selon les us, elle peut conserver son nom de naissance. Alors que les enfants portent le nom du père ; pouvant se précéder ou suivi du patronyme des grands-parents paternels ou autres. L'expression « changé » de nom n'a pas le même impact qu'en Occident puisque la composition d'un nom de famille ou prénom peut se précéder ou suivie d'autres noms ou prénoms. Ceci aussi en fonction de la législation locale en cours.

• En *Amérique du Nord,* la femme prend le nom de son époux ou conserve son nom de jeune fille, suivi du nom de l'époux, suivant les États. Les enfants portent le nom du père mais peuvent porter les deux noms accolés. La femme divorcée garde le nom de son ex-mari, sauf opposition de ce dernier ou que son changement se stipule dans le jugement de divorce. Les législations ou coutumes peuvent varier suivant les États. Cependant, il reste aisé de changer de nom ou de prénom.

• En *Amérique du Sud,* dans les us, l'épouse conserve son nom de jeune fille suivi du nom de l'époux., et les enfants légitimes portent le nom du père et de la mère.

Depuis la genèse, le nom porté influa sur la famille et tous ses membres, le nom donné aux enfants témoignait d'une affection particulière – à titre d'exemple, jusqu'au XIXe siècle un nom comme Benjamin désignait le fils préféré et d'autant diront que ces derniers s'y virent célèbres.

De manière générale, l'homme se présente aux autres, plutôt à leurs regards, par son allure extérieure, ses traits de caractère et des traits de son visage. Dans un même pays, malgré les mutations du prêt-à-porter, beaucoup de citoyens se ressemblent par leur façon de parler, de s'habiller, de vivre, de consommer. Cependant, *l'entrée* dans le nom, suppose une connaissance a minima de son histoire, permettant ou non de porter ou de supporter ce patronyme. Il met en évidence un chapitre nouveau dans la vie de la femme, aussi par le titre de Madame, lui conférant un passage presque intemporel – écho d'une nouvelle vie se remplissant de nouvelles entrées de réalités. Donnant un nouvel éclairage du passage de Mademoiselle à Madame –, reconnaissance sociale, respectabilité.

En **Chine**, le nom se présente avant l'individu, témoignant de l'importance de la représentation familiale. Jadis un exercice « simple » consistait à consulter l'annuaire et d'y répertorier les patronymes, ceci montrant l'importance portée au nom, de sa représentation, son histoire (social, économique) ; d'ailleurs une grande famille porte un nom avec de multiples résonances, auxquels beaucoup se référaient et aujourd'hui encore, par la majorité qu'il représente et impose. Alors que dans la tradition juive, le changement de nom se veut une bénédiction, une preuve de la vie, du mouvement et de l'invention continue de soi. Car porter son nom signifie cette capacité à se porter soi-même, se porte comme un présent, en latin *praesens* – l'avant de soi.

Pourtant, nous apprenons aux enfants à nommer chaque chose matérielle, artificielles, virtuelles, afin d'avoir une liste de signes graduant sa connaissance, liée au monde objectif et aussi renforcer son « identité » dans les processus de classification. Par exemple, un nom commun à un même objet peut comporter deux sens l'un grec et l'autre latin. Dans le cas du couple, le nom possède un aspect particulier – une valeur accordée à cette identité pouvant faire qu'un ! Un outil leur accordant cette identité de couple, sitôt que le jugement des uns faillit, il se voit mal porté et sujet à toutes les diatribes. Pourtant il relie le couple dans leur propriété sensible et non comme une simple imitation de l'un à l'autre. Jadis, par le nom, s'acquerrait un idéal – celui de le porter haut, le nom juridique et social, une nouvelle identité d'appartenance. Dans l'usage, les hommes et les femmes se voyaient nommé souvent anonymement « untel, fils ou fille de ». Et pendant longtemps, il se regardait comme snobisme du groupe social, par le seul patronyme.

Dans les études sociales, une question se pose : comment échapper ou porter son Nom ?. Le patronyme ne constitue pas qu'une pellicule *sonore* recouvrant une personne pour l'enfermer dans une identité définitive – à l'inverse, le nom fait en l'homme un ensemble de forces qui le poussent à s'inventer, signifier, désignifier, à s'identifier et se désidentifier. Car porter un nom signifie aussi se porter vers son nom, le jour où la femme devient ce nom par ce oui, l'écart entre son, une nouvelle identité se crée allant dans ce rite de passage vers l'autre, au demeurant l'époux.

À la naissance, nos parents nous transmettent un nom, commun au couple ou à l'un des deux parents, il a pour « vocation » de nous rappeler sans cesse que nous avons à naître et renaître infiniment – et l'homme se doit de le rappeler à son épouse, mais aussi à ses enfants garçons et filles, afin de leur apprendre la transmission dès la naissance. Actuellement, il semble que nos sociétés ne se montrent plus capables de reprendre les rênes de ce terrain laissé vacant ; d'où une certaine crise identitaire. Cependant, certaines confessions religieuses (Juive et Musulmane notamment) enseigner le nom, la naissance, le temps et l'espace.

Depuis l'instauration de l'union civile, le rite de passage du nom de jeune fille à celui de femme visible, se fait lors l'occasion de la cérémonie civile, – à la signature des registres et du livret de famille, il s'inscrivit dans le Code civil dans le droit des personnes (le nom, le statut de la personne, la personnalité juridique et les incapacités). Car à chaque événement, un nom se prête, ceci afin de marquer les différentes étapes de la naissance et de la renaissance. Et la femme renaît-elle, dès lors qu'elle porte le nom de celui qu'elle choisit pour époux et pour le reste de la vie à partager ? Il fait la naissance et la renaissance, mais peut porter jusqu'à la mort mentale, voire physique.

Cependant, la « rareté » du nom parfois, semble déterminante dans le choix de l'époux pour certaines femmes, cela dépend aussi du milieu social et culturel. Cependant, il crée une identité – la psycho généalogie, il devient plus difficile pour quelqu'un né sous X d'établir cette généalogie, néanmoins ses racines existent bel et bien. Souvent et pour beaucoup la question se pose : « Le pouvoir du nom s'associe-t-il à l'aura du couple ? Et la femme doit-elle apparaître comme le prête-nom de l'homme ? »

Ici et là, notamment pour les femmes récemment divorcées, à la sortie de certains prétoires, unes des premières phrases lancées, comme pour exister de nouveau : « *maintenant je vais revivre, car je ne porte plus ce (ou son) nom.* » – « *Je retrouve enfin mon nom de jeune fille, je vais renaître* » – « *sans son nom, je dois continuer à exister.* » Alors qu'une promesse faite le jour du mariage, devant témoins, de haut et très loin dans le temps ; ce nom qui correspondait enfin à celui de ce Prince charmant tant espéré ! D'ailleurs dans les contes, la princesse après avoir épousé son prince, se voit nommée toujours par son nom originel.
Par conséquent, nous voilà dans l'efficience même, de naître et renaître.

V – ANNIVERSAIRES

Adj. (lat. *anniversarius*, qui revient tous les ans). Qui rappelle un événement arrivé à pareil jour une ou plusieurs années auparavant.

Dans notre conception des calendriers, les dates s'inscrivent dans le système du temps, lui-même sur les principaux phénomènes astronomiques. Les anniversaires de mariage marquent la date de cet événement au même titre que la date de la rencontre, des fiançailles, de la naissance. Son apparition en Occident, se voit récente dans les us du mariage depuis la deuxième moitié du XXe siècle.

Cependant, ils peuvent aussi se voir comme une tragédie, celui du temps qui passe, et de sa marque sur les corps et les esprits, seule, la prégnance de ces sens permet une perception évoluant de l'histoire du couple. Néanmoins, il se regarde dans la concentration des occasions « fixées » et réglementées par la société, afin de rester aux seules expressions devant marquer l'événement. À chaque culture, cette notion se perçoit différemment, jadis beaucoup de couples se rendaient aux premiers anniversaires chez le photographe, afin de marquer la date – kaléidoscope de « l'âme » du couple.

Les anniversaires marquent pour chacun le temps avec ses joies, ses espoirs, ses déceptions par un regard éclairant toutes les actions passées depuis le précédent – comme une collecte d'informations, devant servir à réanalyser cette perception du temps au sein du couple. Elles marquent aussi le nombre de rides prises à chaque anniversaire, confirmant ou non l'intérêt de la libido, au regard de l'âge et plus particulièrement pour les hommes, dans cette peur du bien vieillir.

Depuis la mise en place de ce calendrier, il permet à nombre de couples de renforcer leurs engagements à la date officielle débutant cette entreprise, et lui confère souvent par ses valeurs symboles, une échelle du temps, pouvant servir de point de mire aux enfants, à la famille et aux autres. Car, les couples possédant un long vécu par le mariage, se trouvent de plus en plus cités comme valeurs références, et chacun cherche les raisons et les recettes pouvant leur permettre d'atteindre ces décennies de vie communes. Pourtant, il y va de l'expérience de vie, se construisant et se bâtissant chaque jour comme n'importe quel œuvre ou projet, avec toutes les parts de plaisirs, de bonheur, de peines, de soucis, d'inquiétudes qu'il comporte.

Les dates et les noms symboliques des Anniversaires de mariage en France ; appelé plus communément Noces de porcelaine, d'argent, d'or, etc.

- 1 an : Coton. – 2 ans : Cuir. – 3 ans : Froment. – 4 ans : Cire. – 5 ans : Bois.

- 6 ans : Chypre[22]. – 7 ans : Laine. – 8 ans : Coquelicot. – 9 ans : Faïence.

- 10 ans : Étain. – 11 ans : Corail. – 12 ans : Soie. – 13 ans : Muguet.

- 14 ans : Plomb. – 15 ans : Cristal. – 16 ans : Saphir. – 17 ans : Rose.

- 18 ans : Turquoise. – 19 ans : Cretonne. – 20 ans : Porcelaine. – 21 ans : Opale.

- 22 ans : Bronze. – 23 ans : Béryl. – 24 ans : Satin. – 25 ans : Argent.

- 26 ans : Jade. – 27 ans : Acajou. – 28 ans : Nickel. – 29 ans : Velours.

- 30 ans : Perle. – 31 ans : Basane. – 32 ans : Cuivre. – 33 ans : Porphyre.

- 34 ans : Ambre. – 35 ans : Rubis. – 36 ans : Mousseline. – 37 ans : Papier.

- 38 ans : Mercure. – 40 ans : Émeraude. – 41 ans : Fer. – 42 ans : Nacre.

- 43 ans : Flanelle. – 44 ans : Topaze. – 45 ans : Vermeil. – 46 ans : Lavande.

- 47 ans : Cachemire. – 50 ans : Or. – 55 ans : Orchidée. – 60 ans : Diamant.

- 65 ans : Palissandre. – 70 ans : Platine. – 75 ans : Albâtre. – 80 ans : Chêne.

Olivier NECKER

Les anniversaires de mariage servent à baliser le parcours de vie du couple et comme marqueur de l'unité temps, dans toutes ses composantes.

VI – TENUE DE LA MARIÉE

Jadis et jusqu'au début du XIXe siècle la mariée portait une robe rouge, car cette couleur représentait la passion et l'appartenance à l'aristocratie, Une couleur utilisée encore en Asie, notamment dans le mariage bouddhiste. Jadis, en France, la noblesse se mariait en rouge – symbole aussi de passions, alors que les Espagnoles la portèrent, noire. Au fil des années, le blanc – la robe blanche, apportant une notion de virginité –, s'adopta comme une norme internationale, pour presque toutes les femmes du monde.

Dans le sens chrétien, un élément à la tenue de la mariée tient une place importante : le voile, il se voit comme un symbole de pureté et de virginité, mais aussi comme la suite des cheveux – un grand pouvoir sexuel –, pour les jeunes filles. Au cours des années soixante – années de révolutions sociales et sexuelles – les jeunes femmes utilisèrent les capelines – chapeau à grands bords souples – afin de casser le code virginal du voile.

Pour beaucoup de femmes, le mariage dans sa forme (le jour-j) se regarde comme « un jeu », car elles se marient en blanc, voilées, tout en voulant vivre un mariage traditionnel passé. La symbolique du jour-j, au mariage passe par la robe, symbole de rêve, marquant le passage de jeune fille, à celui de femme, à l'image des princesses – un symbole d'amour –, comme le caractère sacré du mariage. Il ne s'agit pas d'une simple toilette, mais un esthétisme transformant ce rite de passage, car, cette robe ne peut se porter au quotidien.

Devant la recherche individuelle de se démarquer, la mode et les stylistes (depuis cinq décennies) suggèrent et apportent des touches, visant à transformer, chaque modèle du catalogue en modèle unique, afin de répondre aux souhaits de la mariée, mais aussi de la mère –, voir la belle-mère. La robe apparaît pour beaucoup, comme un élément renforçant le fragile serment du

"

mariage, afin de le placer sous une bonne étoile. Car, à chaque culture, il intègre des symboliques de formes et de tons, afin que la femme apparaisse, dans un habit de princesse. Dans le *judaïsme*, Bien, que la mariée revête une robe blanche, et que cela ne semble une obligation, et adoptée internationalement, ce choix trouve son origine dans une loi rabbinique, interdisant que les mariés paraissent trop richement parés, afin de ne pas porter atteinte aux mariés n'ayant pas les moyens d'acheter ou de confectionner de beaux vêtements pour leur mariage. La robe blanche devient en quelque sorte un « uniforme » effaçant le temps du mariage les différences sociales et devant permettre à toutes les mariées de se sentir véritablement les reines de la fête. Ce point se trouve au chapitre *religions et mariage* au titre judaïsme et mariage.

Le cheminement de cet achat, passe par un processus mental, souvent long, *(entre six mois et plus d'une année parfois)*, car cette robe restera – même enfermée par la suite, dans son carton, ou dans un placard – le principal témoin de cette journée et de la délicate aventure du mariage. Au cours des Salons consacré au mariage, la place des tenues tient une place prépondérante, en proposant nombre de défilés, afin que le plus grand nombre, s'identifie à cette robe, et reflète, par là même la personnalité du couple. Cet achat ne se voit (presque) jamais impulsif, mais s'accompagne de moult réflexions sur le ton à donner à cette journée, à la cérémonie et aussi du thème porté, pour accompagner cette fête. D'ailleurs, nombre de « conseillères » de vente, tentent d'y répondre, au travers des angoisses de choix (taille, couleur, style), par plus d'écoute, dans les « codes » recherchés (robes blanches ou couleurs), champêtre, couronnée, simple tailleur, bohème, blancheur, exotique, en rajoutant aussi les accessoires de bon ton nécessaires (bijoux, voiles, gants, chaussures, lingerie de séduction), au cours du salon. Mais aussi dans les boutiques spécialisées, où l'ambiance se fait plus intime. Remplaçant les codes de jadis, où la robe se confectionnait, par la couturière de « maman », en reprenant quelques dessins et photos de mode. En France, depuis les années cinquante, des réseaux de magasins, permirent de porter un regard personnalisé et stylistique, sur la robe de mariée, mais aussi pour l'homme, les pages, les témoins, les demoiselles et les garçons d'honneur.

Les robes se choisissent en fonction des besoins et de la marque exprimée par la mariée, si le mariage s'avère bourgeois, champêtre, aristocrate, la robe arborera les codes de la « classe sociale ». Cependant, elle se décline sous différentes formes et modèles de robes : cocktail ; longue ; de cérémonie ; de soirée ; bustier ; chinoise ; longue, dos nu ; de soirée sexy ; de princesse ; etc., il reste un choix très « personnel », conditionné de longues réflexions.

Cependant, il reste possible de louer sa robe, bien que dans la symbolique, posséder sa robe marque cet événement, le fait de porter un vêtement ayant l'empreinte d'une autre, induit aussi différents regards et interprétations, voire superstitieuse pour beaucoup. Celles qui le font, répondent à plusieurs critères : raisons économiques, le fait de le porter qu'une fois, mais aussi, ne garder que les photos, vidéos et autres souvenirs marquant cette journée.

Au même titre que l'alliance – anneau nuptial – la robe de mariée, contribue au mythe de la princesse d'un jour – cultuel et accompagne le rituel – ce passage de la jeune fille, à celui de femme – d'épouse de. Une nouvelle identité, que l'assistance et aussi le public acceptent, et applaudissent à son passage ; d'ailleurs, souvent l'on entend (des filles) : « *La mariée est belle, dans cette robe de princesse* ».

VII – PRÉPARATION DU JOUR-J

En dehors des démarches administratives, la préparation de ce jour-j, passe aussi par sa planification – autour d'une année – pour une majorité et plusieurs années pour d'autres, pour un succès et une réussite optimale –, car il ne doit se rater. Afin de prendre le temps, et de réunir toutes les conditions nécessaires (*financières et matérielles*), au bon déroulement de cette journée – par une planification, parfois « rigide » devant les besoins. Cependant, nombre de couples, par « manque de temps », et afin de limiter les effets « négatifs » de ce stress, préfèrent en confier l'organisation à des *professionnels*, qui sauront les guider et les conseiller, dans leurs choix et attentes. Les « codes » de sa préparation diffèrent aussi, d'un groupe social à l'autre, dans l'importance accordée aux rituels et aux enjeux patrimoniaux –, une émulation comportant nombre d'enjeux pour le couple et le groupe. Ces codes devant apporter et ajouter au « statut » –, voire à la richesse du couple, par un spectacle grandiose, que chacun doit se souvenir, pendant longtemps.

Au cours de cette année de préparation, le schéma « traditionnel » se regarde comme suit :

• Annonce et célébration des fiançailles.

• Rencontre des parents (*des deux familles*) et le choix d'une date.

• Établissement du budget du couple et des familles, ainsi que le type de mariage.

• Préparation des formalités administratives (*civiles et religieuses*).

• Publication des bans.

• Prévision d'un contrat de mariage (*avocat, notaire*).

• Choix de (des) cérémonie(s) (*intime, formalisée ou non*).

• Choix : des alliances, de la robe (*essayages*), du smoking et tenues du cortège.

• Choix des lieux pour la cérémonie et la réception *(intérieur en hiver, extérieur en été)*.

• Listes (et choix) des invités.

• Établissement de la liste des cadeaux.

• Premiers rendez-vous avec l'officiant *(prêtre, rabbin, pasteur, imam, pope…)*, pour les rencontres préparant à la cérémonie religieuse.

• Choix et nombre de témoins.

• Prévisions de cadeaux pour les membres du cortège.

• Choix de la prestation de restauration *(traiteur, restaurant, hôtel)*, réservation et confirmation *(déjeuner, buffet, cocktail, dîner…)*.

• Envoi des faire-part et des invitations *(avec les plans d'accès)*.

• Du temps pour les répétitions des cérémonies.

• Un temps de retraite pour mieux vivre cette journée.

• Préparation de la lune de miel (réservation du voyage, *destination, passeports, visas*).

• Choix des reportages : photo et vidéo.

• Choix de la décoration *(cérémonie, soirée, véhicules, fleurs)*.

• Prévision de soins esthétiques *(régime, spa, coiffure, manucure, maquillage)*.

• Hébergement des familles et invités.

• Choix de l'animation *(musiciens, Dj)*.

• Soirée ou journée pour « l'enterrement des vies », *selon les us*.

• Carte de remerciements aux parents, témoins et amis.

À tous ces points de préparation, s'ajoute aussi le rôle « particulier » de certains au sein du cortège, comme :

• Les **demoiselles d'honneur.** Ces rôles concernent les amies des couples ou les sœurs, par le soutien qu'elles portent aux préparatifs *(essayage des robes, rencontres de la mariée, les invitations, les répétitions, textes de cérémonie)*. Elles encadrent les mariés tout au long de cette journée et veillent au bon déroulement de l'organisation.

• Un **garçon d'honneur** ou **témoin.** Par tradition, le marié confie ce rôle à son (sa) meilleur(e) ami(e), son père, à son frère aîné ou une sœur. Il ou elle s'assure du paiement de l'officiant, veille sur les alliances, organise « l'enterrement de vie de garçon », lit un texte en honneur des mariés et leur porte un toast des vœux de bonheur. Et s'assure (souvent) de la récupération et de la sécurité des cadeaux et enveloppes portées aux mariés. Au cours du repas, sa place se situe à la droite de la mariée.

• Les *placiers*. Souvent choisis par le marié, ils restent à l'entière disposition de ce dernier, distribuent le programme et accompagnent les invités aux places désignées. En plus du bon déroulement de la cérémonie, s'assurent aussi de la réception (*vin d'honneur, repas, soirée*), et raccompagnent certains invités.

• Le *page*[23]. Aujourd'hui, cette fonction se confie à un « petit » cousin ou neveu – ou le fils des mariés, âgé entre trois et sept ans. Sa mission consiste à porter le coussin supportant les alliances (anneaux), jusqu'à l'officiant. Souvent, il accompagne la bouquetière.

• La *bouquetière*. Comme pour le page, le choix se porte dans l'entourage. Sa mission : munie de son bouquet ou d'un panier rempli de pétales de fleurs, elle précède la mariée pour la cérémonie. En cas d'absence ou de non-nomination du page, elle peut aussi le remplacer et remettre les alliances. Cependant, dans les grandes cérémonies – grands mariages –, le nombre de pages et de bouquetières, peut s'élever à quatre voire six, selon les codes en vigueur.

Cependant, chaque mariage induit un coût financier, pour sa préparation et sa réalisation supportée par les époux en totalité (rarement) ou en partie avec l'aide des familles, souhaitant aussi que ce jour reste beau, festif et voire fastueux pour « ses enfants ». Ces chiffres restent une *moyenne* des dépenses courantes, et varient en fonction du budget, des besoins, des aspirations de chaque couple pour cette occasion et aussi de « la famille sociale ». Ces coûts varient aussi en fonction de la période retenue ; un mariage revient plus cher lors des « beaux jours », ou saison des mariages, qu'en hiver !

Depuis l'an 2000, le coût moyen d'un mariage s'établit autour de 16 000 € :

- Seul, **30** % des couples assument seuls l'ensemble des dépenses.
- Seul, **40** % des couples reçoivent l'aide des parents.
- Invités : une moyenne de **150** personnes.
- **Faire-part** : **400** € (de **300** à **1 000** €), (cartes, invitation, programmes, serviettes, papier personnel...).
- Frais du *Notaire* : **300** à **400** €.
- Les sommes versées pour l'office religieux varient en fonction de chaque religion ; de la pratique du couple et de la famille. Ce total inclut les coûts : de la cérémonie, de ou des officiants, de l'emplacement, du contrat de mariage.
- *Tenues des mariés :* environ 3 000 € :
  - *Robe* de 150 à 10 000 €, voir plus, en moyenne 1 500 € ; s'ajoutent aussi : la parure de tête, le voile, la lingerie, les chaussures, les bijoux et accessoires.
  - *Smoking* de 350 à 2 500 €, en moyenne 800 € ; également les chaussures et accessoires.
- *Coiffure et Maquillage :* 200 € (de 150 à 400 €).
- *Location de Salle :* 1 500 € (400 € en basse saison, *selon la région*) – (plus de 4 000 € pour une villa ou un château).
- *Traiteur :* (*vin d'honneur, repas, gâteau des mariés, personnel, location de vaisselle...*) : 50 € x 150 convives = 7 500 € (6 000 à 25 000 €) –, une moyenne de 10 000 €.
- *Décoration :* (*cérémonie, réception, fleurs, bouquet de la mariée, boutonnières, demoiselles d'honneur, ballons, cotillons...*) 500 € (de 250 à 2 500 €).
- Location de Limousine pour les mariés : 1 000 €, (*transport des parents, demoiselles d'honneur et invités*).
- *Reportage :*
  - **Photos** : 800 € (de 400 à 2 000 €) (*fiançailles, mariage civil et religieux, album des mariés et des parents*).
  - **Vidéo** : 800 € (de 500 à 3 000 €), *enregistrement, montage et nombre de copies.*
- *Animation :* (*DJ, groupe, jeux, magicien...*) 800 €.
- Déplacement/hébergement : 200 à 500 €.

Voyage nuptial : 1 000 à 2 500 €.

VIII – DIVORCE

n.m. (lat. *Divartium*, séparation). Dissolution du mariage civil prononcé par jugement. Opposition, divergence profonde. On distingue en droit français le divorce par consentement mutuel (divorce sur demande conjointe ou sur demande acceptée), le divorce par rupture de la vie commune ou pour aliénation des facultés mentales et le divorce pour faute. – Divorcer : v.i. Rompre un mariage par divorce.

Comme à toute entreprise, il apparaît comme le moment de séparation – à l'amiable ou de façon plus « disputée » dans la procédure. Dans de nombreux pays, cette question reste un droit réservé aux seuls hommes, ce qui ne va pas sans provoquer des heurts. Le divorce, au sens entendu de nos jours, ne correspond plus dans son dessein (ou caractère) originel, des cours et des aristocraties, où il consistait en un divertissement.

Jadis, dans le mariage, la femme endossait le modèle de l'épouse irréprochable, fidèle et dévouée à son époux ; en franchissant cette ligne vers le divorce, pour beaucoup elle transgressa les limites posées par les vertus cardinales du mariage. En demandant le divorce, elle devint active et non soumise dans son statut, au regard du décalage paternaliste de l'époux par une pensée phallocrate. En France, ce terme se voit « récent », dans le langage et l'histoire, il vécut deux grandes périodes, car il existait déjà en 1792, puis se vit supprimé, pour une définition et introduction au Code civil de 1804. En 1816, il se trouva supprimé, mais la séparation de corps resta possible, cependant la loi Naquet, de 1884, le rétablit. Puis, par le *consentement mutuel* en 1975 – près de deux siècles de combats pour « tenter » d'effacer la toute-puissance paternelle.

Sur le plan philosophique, il reste un « acte grave », pour les grandes religions, pour l'Église romaine, il ne s'inscrit pas dans le sacrement du mariage, et se voit comme une source de conflits, pour les enfants, dans leurs engagements futurs, à l'Église et dans leur développement personnel. Sur le plan civil, il apparaît comme un contrat social rompu, auquel, la procédure et le jugement définissent « un coupable » à la signature du mariage, il n'en reste pas moins membre du groupe, mais les lois, l'obligeant à certaines contraintes, pendant un temps plus ou moins long.

Cependant, pour toute étude statistique, juridique, politique, etc., le *taux* de divorce reste le rapport du nombre de divorces de l'année à la population totale moyenne de l'année. Les mesures actuellement employées dans les procédures de divorce s'avèrent plus ou moins longues entre la demande, la déclaration, le verdict, la séparation des biens et de la garde des enfants.

En France, à la fin des années soixante, le taux de divorce pour 100 000 habitants se portait à 320, depuis, le nombre se voit toujours en hausse et le nombre de mariage en diminution. Car la société se transforma, sur la conjugalité, par la révolution sexuelle d'une part, mais aussi de l'affaiblissement du régime patriarcal de jadis, de l'accession des femmes dans le monde du travail – aussi, à nombre de postes, et aussi de l'avortement. Mais des facteurs, comme « l'usure » du temps passant, l'adultère de l'un ou de l'autre, les violences conjugales, la peur de vieillir, la mésentente ou la perte de désir sexuel, constituent aussi, l'ensemble de ses motifs.

Cependant, chacun, par sa demande, fournira les preuves la motivant, bien que le législateur tente (presque) toujours une réconciliation, avant la longue (voir très longue) bataille – pouvant durer des années – sous les poids et procédures administratives, jusqu'au jugement final. Avec une augmentation de cette durée, s'il y a appel de la décision, notamment, sur les questions financières – pension(s) alimentaire(s). Ces dernières se compliquant, selon le régime matrimonial choisi, l'activité professionnelle et le nombre d'enfants, composant le « ménage », mais aussi, de la question de la garde, aujourd'hui, le législateur prend ses décisions – parfois contestables – au nom de l'enfant. D'ailleurs, une association vit le jour à Paris, au début des années soixante-dix, au nom : « *Défense des intérêts des divor-cés hommes et de leurs enfants mineurs* », leur mission consistait à lutter contre les décisions rendues, avantageant les femmes – que beaucoup virent comme une lutte contre le travail du féminisme. Travail se poursuivant toujours, entre le législateur et les parents, où, l'enfant se retrouve au milieu, pendant long-temps. Pour beaucoup, le divorce détruit la cellule familiale, en séparant tous ces membres et aussi les deux familles – cepen-dant, l'enfant (les enfants) doit-il (doivent-ils) « supporter » – au nom d'une certaine morale – les tensions permanentes des parents.

Cependant, les textes le composant au sein des pays euro-péens diffèrent dans son esprit, interprétation et forme, en *Es-pagne*, il reste subordonné à « une cause » et à « la période de réflexion ». Actuellement, au sein de la communauté, un couple peut désormais consommer sa rupture dans n'importe quel pays où la législation lui semble à son avantage, ce, depuis la loi du 1ᵉʳ mars 2001. Ceci, restant « à l'appréciation » de ces couples voyageurs, mais aussi de la condition de l'activité profession-nelle, aussi de la résidence, principale et secondaire ; un couple demeurant en France et passant quelques mois en *Espagne*, l'un des deux peut demander le divorce au tribunal de cette région. Ceux et celles, faisant ce choix, le font selon, les avantages en cours, par exemple le coût du divorce, la *Suède* n'offrant qu'une faible compensation, sauf dans les cas de violences conjugales ou de bigamie. Ces « avantages » concernent, surtout les couples binationaux, mais pour un seul tribunal pour chaque époux, seul la première demande fait foi, pour la procédure, ce qui semble inquiéter nombre d'avocats, car la question concerne aussi les divorces entre Européens et américains – décision fédé-rale contre tribunaux locaux. Car, la convention de La Haye de 1980, se voit encore montré du doigt dans certaines affaires « *au nom de l'intérêt de l'enfant* ».

Le premier regard porté pour nombre de divorcés se compare à la faillite de cette entreprise de vie, initialement signé – donc engagé –, et célébré au cours du mariage. D'une génération à l'autre et depuis les années cinquante, le taux de divorce ne cesse d'augmenter ; pourtant, la durée de vie moyenne semble « stable » depuis les années cinquante. Car le but initial du mariage, se fit dans l'apport d'une stabilité qu'il devait apporter, notamment par la venue des enfants. Il se regarde aussi, dans ses causes (*violences conjugales, projet de vie en désaccord, adultère, recouvrer une certaine liberté*), car les violences et injustices « sociales » grandissantes, touchent un grand nombre de couples ; aussi dans le combat des femmes, à trouver, cette égalité hommes femmes, débat animant l'espace social, culturel, économique et politique.

Le temps de la procédure s'avère souvent long, par les oppositions des « parties », vient aussi à incommoder le demandeur (parfois le plaignant), par le « jeu » du temps de l'usure – comme une compétition à l'envers – par l'opposition entre les personnes et les outils (techniques) juridiques de l'époque, bien plus lourde qu'à la mise en place du mariage. Car, cette période ne comporte presque aucune part de convivialité, tant l'idée de séparation s'avère douloureuse pour chacun et aussi les enfants.

Cependant, le divorce se place-t-il comme un remède aux maux du mariage ? Les réponses et les avis divergent, et se partagent par l'expérience de chacun. En psychologie, il se dit qu'un divorcé ou multidivorcé, reste quelqu'un, qui, souvent fit le mauvais choix de son épouse (époux) – devenant une négation de soi par cet échec humain. Le jugement du divorce l'homme et la femme, pose aussi la question de la durée (rapide ou longue) par laquelle chacun ira dans la reconstruction d'une nouvelle vie conjugale. Je laisse cette question « aux spécialistes » étudiant les évolutions et les études de cas de ce sujet, car il y a tant à dire, au regard de notre société et aussi des autres comparaisons sociétales.

Cependant, sur le plan social, il apparaît aussi que les femmes n'ayant jamais, peu ou cessé de travailler après deux années ou plus, divorcent moins que celles actives. D'ailleurs, cela devient aussi un enjeu de société importante, car les effets demeurent multiples, tant sur le social, l'économie et dans la relation humaine. En 2002, une enquête de l'INED, montrait que la *France* comptait environ 13 % des enfants de moins de quinze ans, élevés par un seul parent, enquête affirmant que les conséquences du divorce sur les enfants, se reflètent dans les résultats scolaires, par un taux d'échec quasiment doublé au bac, pour les enfants des couples « aisés », alors qu'un sur deux de parents ouvriers, quitte le système scolaire sans aucun diplôme.

En *Afrique*, cette question resta rare, du fait du mariage coutumier, mais avec le modèle à l'Occidental, ponctuel, il se multiplie de nos jours, car la communauté s'en trouve fragilisée par le seul rapport à l'individu. Au regard des États et de la religion, le mariage dit « contrat », reste un exemple de ces changements, où le couple découvre tardivement, les problèmes et difficultés auquel la communauté apportait des réponses et pouvait « sauver » les époux, par la simple consultation avant le mariage en maintenant la question du temps. Pour nombre d'enfants, il signifie aussi la dissolution du lien parental, touchant surtout les pères, par l'éloignement et aussi par le refus de ce maintien (parfois) par la mère ; ce pour nombre de raisons liées à leur vie passée.

Pourtant, il se regarde comme une défaite, une faiblesse au triomphe de la force du mariage – une faille à cette entreprise de vie – initialement engagée et signée –, et devant grandir dans le temps, suivant la stratégie des forces et faiblesses de chacun. Le divorce pour beaucoup se réduit à une vision des espérances déçues – celles du mariage et de toutes ses valeurs ou celles du conjoint. Une rupture du contrat de vie initialement signé des mois ou des années auparavant, où se promit cet impossible ; tant chacun devait marquer au plus haut son engagement envers l'autre. Aussi, comme la perte d'un amour longtemps espéré et partagé, où la séparation définitive par une procédure administrative se voit comme la mort, de cette entreprise – que certains nomment fatalité du destin. Par « cette mort », tout un cortège de souvenirs et de regrets accompagnent la suite de la vie, notamment (pour beaucoup) la peur de « mal » entreprendre de nouveau. — petite mort —, par le chagrin qu'il produit, d'autant plus que la violence mentale et physique avait cours, réduisant certaines fois les perspectives de reconstruction ; selon le trait de caractère, il permet à d'autres de mieux préparer la nouvelle relation, sans forcément passer par un remariage –, afin de ne pas revivre la séparation sous cette forme.

Il se regarde dans le sentiment d'objectivité et de subjectivité de l'échec, posant une multitude de questions propres à l'expérience plus ou moins grande de chacun, sentiment renfermant culpabilité, de n'avoir mieux géré son entreprise de vie, dans une meilleure ou autre forme de coopération – pour l'époux ou l'épouse. En Occident, dans un passé récent, il provoquait une avanie au sein du groupe familial, d'autant plus que la femme le demandait, dès lors, tous les maux lui incombaient. Cependant, à la dissolution du mariage, l'aspect financier apparaît crucial – un choc de part et d'autre, car le niveau de vie de chacun changera, un temps, car le divorce comporte un coup, où les premiers en profitant, restent les avocats et les notaires, par leurs honoraires. Limitant souvent la répartition et la redistribution de la pension aux enfants, en 2002 l'Institut de l'enfant, établit les coûts « de revient » d'un enfant, de sa naissance à la majorité autour de 137 000 euros, un investissement, devant s'intégrer dans le budget de chacun, à proportion des revenus, pour la suite des besoins de l'enfant.

D'ailleurs, l'aspect financier atteint des paroxysmes, dans la bataille opposant les conjoints, dans la manière de ne pas partager le patrimoine et réduire les prestations compensatoires, d'autant plus que sa valeur s'avère importante, aussi en référence au milieu social. Des changements s'opèrent à ce titre, car les décisions des juges octroyaient une compensation au lieu d'un capital, dorénavant ce dernier devient la règle dans les jugements rendus. Car, l'argent de la pension ou du capital, doit aussi aider le conjoint sans ressources, à repartir (souvent) de zéro et se reconstruire une nouvelle vie. Cependant, le délai d'application, entre la procédure et les décisions finales, se voit – souvent – trop long pour le (la) bénéficiaire, au regard du débiteur ; par cette dette sociale.

En France, les articles relatifs aux conditions, formalités et procédures au divorce, se trouvent aux chapitres, titres et sections suivantes du Code civil :
- **Titre VI –** *Du divorce,* **art**. 228 ;
  - **Chapitre I –** *Des cas de divorce,* **art**. 229 ;
    - **Section I –** *Du divorce par consentement mutuel,* **art**. 230 à 232 ;
    - **Section II –** *Du divorce accepté,* **art**. 233 à 238 ;
    - **Section III –** *Du divorce pour altération définitive du lien conjugal,* **art**. 237 à 238 ;
    - **Section IV –** *Du divorce pour faute,* **art**. 239 à 247-2 ;
    - **Section V –** *Des modifications du fondement d'une demande en divorce,* **art**. 247 à 247-2 ;

  - **Chapitre II –** *De la procédure du divorce.*
    - **Section I –** *dispositions générales,* **art**. 248 à 249-4 ;
    - **Section II –** *De la procédure applicable au divorce par consentement mutuel,* **art**. 250 à 250-3 ;
    - **Section III –** *De la procédure applicable aux autres cas de divorce,* **art**. 251 à 259-3 ;
  - **Chapitre III –** *Des conséquences du divorce.*
    - **Section I –** *De la date à laquelle se produisent les effets du divorce,* **art**. 260 à 262 ;
    - **Section II –** *Des conséquences du divorce pour les époux,* **art**. 263 à 295 ;
  - **Chapitre IV –** *De la séparation de corps.*
    - **Section I –** *Des cas et de la procédure de la séparation de corps,* **art**. 296 à 298 ;
    - **Section II –** *Des conséquences de la séparation de corps,* **art**. 299 à 304 ;
    - **Section III –** *De la fin de la séparation de corps,* **art**. 305 à 308 ;
  - **Chapitre V –** *Du conflit des lois relatives au divorce et à la séparation de corps,* **art**. 309.

* * *

Titre VI – *Du divorce* art. 228.

Art. 228 – Le tribunal de grande instance en matière civile est seul compétent pour se prononcer sur le divorce et ses conséquences.

Un juge de ce tribunal est délégué aux affaires familiales.

Ce juge a compétence pour prononcer le divorce, quelle qu'en soit la cause. Il peut renvoyer l'affaire en l'état à une audience collégiale. Ce renvoi est de droit à la demande d'une partie.

Il est également seul compétent, après le prononcé du divorce, quelle qu'en soit la cause, pour statuer sur les modalités de l'exercice de l'autorité parentale, sur la modification de la contribution à l'entretien et l'éducation des enfants et pour décider de confier ceux-ci à un tiers ainsi que sur la révision de la prestation compensatoire ou de ses modalités de paiement. Il statue alors sans formalité et peut être saisi par les parties intéressées sur simple requête.

Section I : *Du divorce par consentement mutuel*

Art. 230 – Le divorce peut être demandé conjointement par les époux lorsqu'ils s'entendent sur la rupture du mariage et ses effets en soumettant à l'approbation du juge une convention réglant les conséquences du divorce.

Art. 232 : Le juge homologue la convention et prononce le divorce s'il a acquis la conviction que la volonté de chacun des époux est réelle et que leur consentement est libre et éclairé.

Il peut refuser l'homologation et ne pas prononcer le divorce s'il constate que la convention préserve insuffisamment les intérêts des enfants ou de l'un des époux.

Section II : *Du divorce accepté*

Art. 233 : Le divorce peut être demandé par l'un ou l'autre des époux ou par les deux lorsqu'ils acceptent le principe de la rupture du mariage sans considération des faits à l'origine de celle-ci.

Cette acceptation n'est pas susceptible de rétractation, même par la voie de l'appel.

Art. 234 : S'il a acquis la conviction que chacun des époux a donné librement son accord, le juge prononce le divorce et statue sur ses conséquences.

Section III : *Du divorce pour altération définitive du lien conjugal*

Art. 237 : Le divorce peut être demandé par l'un des époux lorsque le lien conjugal est définitivement altéré.

Art. 238 : L'altération définitive du lien conjugal résulte de la cessation de la communauté de vie entre les époux, lorsqu'ils vivent séparés depuis deux ans lors de l'assignation en divorce.

Nonobstant ces dispositions, le divorce est prononcé pour altération définitive du lien conjugal dans le cas prévu au second alinéa de l'article 246, dès lors que la demande présentée sur ce fondement est formée à titre reconventionnel.

Section V : *Des modifications du fondement d'une demande en divorce*

Art. 247 : Les époux peuvent, à tout moment de la procédure, demander au juge de constater leur accord pour voir prononcer leur divorce par consentement mutuel en lui présentant une convention réglant les conséquences de celui-ci.

Art. 247-1 : Les époux peuvent également, à tout moment de la procédure, lorsque le divorce aura été demandé pour altération définitive du lien conjugal ou pour faute, demander au juge de constater leur accord pour voir prononcer le divorce pour acceptation du principe de la rupture du mariage.

Art. 247-2 : Si, dans le cadre d'une instance introduite pour altération définitive du lien conjugal, le défendeur demande reconventionnellement le divorce pour faute, le demandeur peut invoquer les fautes de son conjoint pour modifier le fondement de sa demande.

Section I : *Dispositions générales*

Art. 248 : Les débats sur la cause, les conséquences du divorce et les mesures provisoires ne sont pas publics.

Art. 249 : Si une demande en divorce doit être formée au nom d'un majeur en tutelle, elle est présentée par le tuteur, avec l'autorisation du conseil de famille s'il a été institué ou du juge des tutelles. Elle est formée après avis du médecin traitant et, dans la mesure du possible, après audition de l'intéressé, selon le cas, par le conseil de famille ou le juge.

Le majeur en curatelle exerce l'action lui-même avec l'assistance du curateur.

NOTA : La présente version de cet article est en vigueur jusqu'au 1er janvier 2009.

Art. 249 : Si une demande en divorce doit être formée au nom d'un majeur en tutelle, elle est présentée par le tuteur, avec l'autorisation du conseil de famille s'il a été institué ou du juge des tutelles. Elle est formée après avis médical et, dans la mesure du possible, après audition de l'intéressé, selon le cas, par le conseil de famille ou le juge.

Le majeur en curatelle exerce l'action lui-même avec l'assistance du curateur.

Art. 249-1 : Si l'époux contre lequel la demande est formée est en tutelle, l'action est exercée contre le tuteur ; s'il est en curatelle, il se défend lui-même, avec l'assistance du curateur.

Section II : *De la procédure applicable au divorce par consentement mutuel*

Art. 250 : La demande en divorce est présentée par les avocats respectifs des parties ou par un avocat choisi d'un commun accord.

Le juge examine la demande avec chacun des époux, puis les réunit. Il appelle ensuite le ou les avocats.

Art. 250-1 : Lorsque les conditions prévues à l'article 232 sont réunies, le juge homologue la convention réglant les conséquences du divorce et, par la même décision, prononce celui-ci.

Art. 250-2 : En cas de refus d'homologation de la convention, le juge peut cependant homologuer les mesures provisoires au sens des articles 254 et 255 que les parties s'accordent à prendre jusqu'à la date à laquelle le jugement de divorce passe en force de chose jugée, sous réserve qu'elles soient conformes à l'intérêt du ou des enfants.

Une nouvelle convention peut alors être présentée par les époux dans un délai maximum de six mois.

Art. 250-3 : À défaut de présentation d'une nouvelle convention dans le délai fixé à l'article 250-2 ou si le juge refuse une nouvelle fois l'homologation, la demande en divorce est caduque.

Paragraphe 1 : De la requête initiale

Art. 251 : L'époux qui forme une demande en divorce présente, par avocat, une requête au juge, sans indiquer les motifs du divorce.

* * *

Au regard du Code civil français, je retins en cas d'exemple et de comparaison l'Italie, « proche » voisin, pour ses grandes lignes concernant ce sujet.

Les formes de divorce :

Le droit italien admet deux types de divorce :

- Le divorce ***immédiat*** prononcé dans des situations déterminées.

- Le divorce ***différé*** prononcé après une période de séparation.

Le divorce *immédiat* :

Ce type de divorce est prononcé à la demande d'un époux en cas :

- De condamnation du conjoint pour des délits graves commis avant ou pendant le mariage.

- D'obtention du divorce ou du remariage à l'étranger par le conjoint étranger.

- De non-consommation du mariage.

Ce type de divorce s'obtient sans qu'un délai préalable de séparation soit imposé. De même, le divorce peut être prononcé lorsque l'époux se retrouve dans l'impossibilité de rester marié à la suite d'une mise en cause judiciaire suivie d'un acquittement pour :

- Un crime d'au moins 15 ans d'emprisonnement.

- Un crime impliquant des relations sexuelles ou de prostitution.

- Un homicide d'enfant ou d'un époux.

- Un inceste.

Le divorce *différé* :
Le divorce ne se prononce qu'au terme d'une séparation consensuelle ou judiciaire constatée par le juge et demandé qu'après trois ans, à la date de la séparation de corps.
À ces thèmes, s'ajoutent d'autres items :
- *La séparation consensuelle ou judiciaire.*
- *Le divorce par consentement mutuel ou judiciaire.*
- *Les mesures provisoires.*
- *Les conséquences du divorce.*
- *Conséquences du divorce pour les ex-époux.*
- *Les effets du divorce sur la personne des époux.*

En cas de divorce judiciaire, la demande peut être déposée par un conjoint seul « *lorsqu'il s'est produit au cours du mariage des faits tels qu'ils rendent intolérable le maintien de la vie commune ou qu'ils portent un préjudice grave à l'éducation des enfants* » (art. 151 lois 1975). Après avoir vérifié l'existence des faits allégués, le juge prononcera le divorce.

En rapide conclusion, *La femme ne peut contracter un nouveau mariage avant l'expiration du délai de viduité (art. 89), sauf si le divorce a été prononcé pour mariage non consommé ou à la suite d'une séparation de corps de plus de 3 ans.* Aussi, Le droit de percevoir la pension alimentaire cesse lorsque le bénéficiaire se remarie.

* * *

Au moment de la rédaction finale de ce chapitre, les tableaux et chiffres retenus, restent ceux disponibles auprès des différents organismes. Les différents tableaux témoignent par leurs chiffres, les taux de divorce et des mariages en France :

Taux de divorce selon la durée du mariage et l'année du divorce *(pour 1 000 mariages)*.				
Durée du mariage	**Année du divorce**			
	1976	**1986**	**1996**	**2006**
< an	0,1	0,1	0,1	0,5
1 an	2,9	4,2	3,1	6,3
2 ans	7,7	12,4	12	16
3 ans	9,8	16,8	18,8	27,1
4 ans	11,2	18,2	23,5	**30,2**
5 ans	11.3	17,9	23	26,9
6 ans	11,3	17,6	21,4	24,5
7 ans	10,3	16,6	19,9	22,2
8 ans	9,8	16,1	19,4	21,2
9 ans	8,7	15,3	17,4	20,1
10 ans	8,5	14	16,9	18,7
11 ans	7,7	14	15,4	17,1
12 ans	6,9	12,8	14,8	16,3
13 ans	6,2	11,4	14,2	15,6
14 ans	5,4	11,5	13	14,6
15 ans	5	11	12,2	13,7
16 ans	4,8	10,5	11,7	13,5
17 ans	4,2	9,6	11,2	12,6
18 ans	4,1	9,4	10,6	12,1
19 ans	3,8	8,4	9,8	11,8
20 ans	3,7	7,5	9,7	10,9
21 ans	3,3	7,1	9	10,3
22 ans	3	6,3	8	9,7
23 ans	2,7	5,6	7,7	9,3
24 ans	2,3	5,3	7,2	8,1
25 ans	1,9	4,4	6,2	7,8
26 ans	1,8	3,9	6,4	6,9
27 ans	1,6	3,5	5,2	6,2
28 ans	1,4	3	4,50	5,8
29 ans	1,1	2,5	4,3	5,2

Champ : France métropolitaine.
Sources : ministère de la Justice ; Insee.

Depuis 2006, il apparaît que le pourcentage du divorce a atteint son seuil maximal, notamment après la quatrième année du mariage – et a presque triplé depuis les années soixante-dix. Officiellement il n'apparaît pas de tableaux indiquant les divers motifs et raisons conduisant à ce fait. En regardant l'évolution des couples mariés depuis cinquante ans, il apparaît que moins de 2 % se séparaient après une durée moyenne de vie de onze années ; depuis les années quatre-vingt, 14 % des couples rompirent dans les cinq ans suivant leur union.

Tableau, de la proportion d'unions rompues selon la durée écoulée depuis la mise en couple et la période de formation.

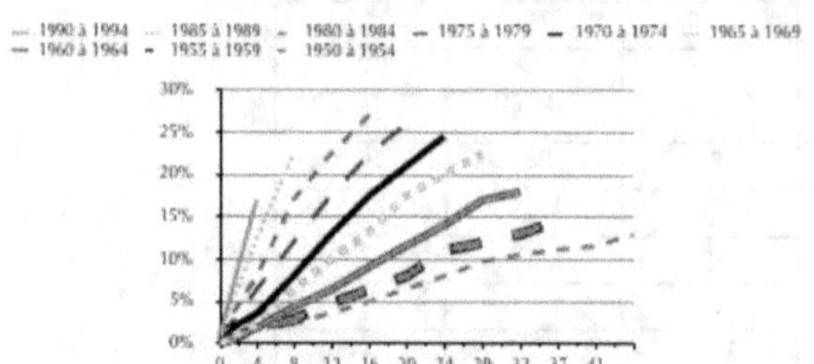

Champ : personnes de 18 ans ou plus en 1999, vivant en ménages ordinaires et ayant déjà vécu en couple. Lecture : 21 % des unions formées entre 1970 et 1974 étaient rompues 20 ans après la mise en couple. *Source : Insee, enquête sur l'Étude de l'histoire familiale de 1999.*

Tableau indiquant le nombre de : *mariages* et *divorces*, en proportion de premiers mariages et de *l'âge* moyen au mariage en France. *(Mis à jour au 01/2008)*

Années	Nombre de mariages	Proportion de mariages de célibataires (en %)		Âge moyen au mariage des célibataires		Nombre de divorces prononcés
		Femmes	Hommes	Femmes	Hommes	
1994	261 037	83,7	82,3	26,8	28,7	n.d.
1995 (1)	261 992	n.d.	n.d.	n.d.	n.d.	121 946
1996	287 308	82,6	81,4	27,4	29,5	119 699
1997	291 319	82,8	81,4	27,6	29,7	118 284
1998	278 679	83	81,8	27,7	29,8	118 884
1999	293 717	83,2	81,9	27,8	29,9	119 549
2000	305 385	82,5	81,4	28,1	30,2	116 723
2001	295 882	83,4	82,3	28,1	30,2	115 388
2002	286 320	82,9	81,8	28,3	30,4	118 686
2003	282 927	82,6	81,4	28,5	30,6	127 966
2004	278 602	81,8	80,7	28,8	30,9	134 601

2005	283 194	81	79,7	29,1	31,1	155 253
2006	274 084	80,6	79,5	29,3	31,3	139 147
2007 (p)	266 500	n.d.	n.d.	n.d.	n.d.	n.d.

- • : provisoire, n.d. : non disponible.
- • (1) : La répartition par état matrimonial n'est pas disponible en 1995 pour les départements d'outre-mer.
- • Champ : France métropolitaine et départements d'outre-mer.

Sources : Insee, état civil et ministère de la Justice.

Entre 1996 et 2006, 3 157 417 mariages se célébrèrent, soit une moyenne de 315 417 par an ; pour 1 384 180 divorces prononcés pour la même période, soit une moyenne de 138 418 par an. Dans le même temps, depuis l'année 2005, l'âge moyen des divorcés se répartit comme suit : entre 34 et 38 ans pour les femmes et entre 39 et 42 ans pour les hommes. Ce tableau indique aussi que les femmes se mariant plus jeunes –, divorcent aussi très « jeunes » ; il semble aussi que la majorité des femmes divorcent avant l'âge de 40 ans.

Cependant, au regard des chiffres de l'Insee sur le remariage des couples divorcés, il apparaît une hausse, soit 19,4 % pour les femmes et 20,5 % pour les hommes. En Europe, pour l'année 2005, les chiffres moyens sur les taux de nuptialité s'observent comme suit :

- Les plus élevés s'observent à Chypre 7,8 % et au Danemark 6,7 %.
- Les plus faibles en Slovénie 2,9 % et en Belgique 4,1 %. Exception faite de Malte, où le divorce n'a pas cours.
- En Irlande et en Italie les taux de divorce restent les moins élevés 0,8 %.
- La Lituanie 3,3 % et la République Tchèque 3,1 % ont les taux les plus importants.

Si l'ensemble des textes montrent les processus du divorce, mais ne font état de toute l'angoisse, le stress, les écueils financiers, que provoquent cette procédure dans sa durée ; et la question du temps, jusqu'au verdict final. Cela, restant à l'appréciation de chacun et des spécialistes (juristes, sociologues, psychanalystes, etc.) réfléchissant aux causes et au devenir des personnes. Car, dans la constitution actuelle des textes, malgré une approche des différents gouvernements de réformer ce chapitre tant dans la simplification des démarches et attentes ; qui permettront la meilleure reconstruction des hommes et surtout des femmes et des enfants. Le divorce peut se regarder comme un moyen de redonner de la dignité, de l'humanité tant à l'homme que la femme afin de pouvoir penser et panser tous leurs stigmates.

Pour beaucoup, le divorce survient, dans la perte d'illusion au mariage – des espérances non atteintes, un échec de la vie de couple ; ou il se regarde comme un acte – outil –, réparateur, des conséquences de cet échec, à toutes les symboliques se rapportant au mariage. Car, la vie au sein du mariage, n'a rien d'aisée et s'applique à toutes les catégories sociales. Car, cet acte mérite une très grande attention et réflexion, sur tous les sujets, en dehors de l'amour, l'affect, les joies, la famille et les enfants ; base édifiant le couple et conduisant aussi à cette voie.

CHAPITRE III – AUTRES UNIONS

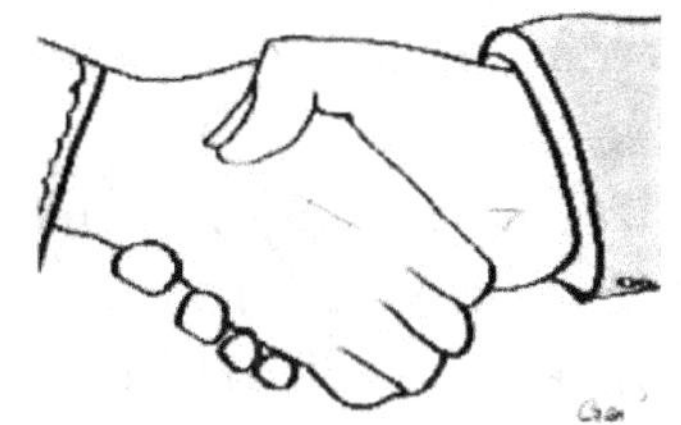

I – PACS

n.. (acronyme de Pacte Civil de Solidarité).

Instituée et introduite par la loi du 15 novembre 1999, une nouvelle pratique de conjugalité, entra en vigueur dans les mœurs et le droit civil français le : PACS (Pacte Civil de Solidarité), au décret n° 99-1089 du 21 décembre 1999, prit pour l'application des articles 513-3 et 515-7 du Code civil et relatif à la déclaration, à la modification et à la dissolution du pacs.

Avant tout, un contrat, conclu entre deux personnes célibataires de même sexe, ou de sexe différent, séparés par plus de trois degrés de parenté *(droit canon),* pour organiser leur vie commune. Déclaré conjointement au greffe du tribunal d'instance, le Pacs a des conséquences juridiques immédiates (aide mutuelle et matérielle) ou différées (fiscalité, dons, legs, succession, etc.).

D'un point de vue philosophique, une notion, plutôt un terme marque une certaine différence, celui de partenaire, cité treize fois dans les articles ; dans le dernier rapport remis au garde des sceaux, la notion de couple devait y figurer, car, seule la notion de partenaire définit le couple. Le mode du régime choisi et retenu demeure le régime patrimonial par opposition aux régimes matrimoniaux du mariage. L'accent, se portant en premier lieu sur une solidarité matérielle, à l'inverse des autres codes et lois, aucun article ne parle et ne se consacre sur l'amour mutuel des partenaires, mais aussi, des droits et obligations morales.

Contrairement aux commentaires se dessinant au début de ce projet de loi, où beaucoup y virent une perversion au modèle du mariage, notamment qu'il portait à dessein une porte ouverte, vers une généralisation de l'union homosexuelle, certes il en ressortit bien d'autres points, comme le rapprochement des régimes fiscaux à ceux du mariage et la baisse du nombre de mariages. En comparaison des chiffres du mariage, ne cessant de baisser, depuis 2000 (environ 10 % de moins), ceux du Pacs se virent multipliés par quatre, depuis 2000. Car sa « marginalité », entre deux personnes de même sexe, à de moins en moins court, comme une substitution au mariage, par le fait que ses chiffres dépassent ceux de la baisse de ce dernier.

Sur le plan politique, le législateur ne voulut répondre par cette loi aux seules attentes et revendications des associations homosexuelles, revendiquant le droit « à la différence ». Cependant, le Conseil constitutionnel précisa avant son adoption, que ce contrat supposait bel et bien une *« vie de couple »* et non à une *« simple cohabitation entre deux personnes »*. D'autre part le régime fiscal et patrimonial, change peu à peu, depuis la loi des finances de 2005, le rapprochant à celui des couples mariés, avec la possibilité de bénéficier d'une imposition commune des revenus, ce, dès la première année. *A contrario* du mariage, sur le régime de la séparation des biens, la loi de juin 2006 devint un régime des biens.

À la différence de certains pays d'Europe, ayant choisi un *« contrat de partenariat »* propre aux couples homosexuels ; le législateur français, choisit ce régime non comme un mariage bis, mais un régime souple dans sa gestion, n'impliquant pas les mêmes obligations du mariage pour les couples hétérosexuels et homosexuels.

Sur le plan international, la reconnaissance d'un Pacs à l'étranger, reste soumise aux conventions bilatérales et multilatérales, et dépend des règles de conflit des lois et des exceptions de l'État. Certains pays, le considèrent comme contraire à l'ordre public, et n'admettent, que les partenariats entre deux personnes de sexe opposé. En exemples : le Maroc, ne le reconnaît pas au nom de l'ordre public, même dans la conclusion entre un français et un marocain. Au Royaume-Uni et en Suède, seul, le partenariat entre homosexuels reste reconnu. Dans nombre de pays des formes de Pacs se voient reconnus, là où ils se créent et non dans le pays d'origine d'un des partenaires.

Sur le plan social et jusqu'au 23 avril 2013, date d'adoption du mariage pour tous, il resta pour les « couples » homosexuels, l'unique mode de reconnaissance d'une union légale, sans tous les droits du mariage aux couples hétérosexuels. Au cours de son élaboration, beaucoup d'associations la virent comme discriminatoire, car elle n'ouvrait pas la voie du débat, par la question du mariage des personnes de même sexe. Cependant, on peut noter dans les articles la composant, la seule notion de partenaire et non de couple, ce qui pour beaucoup lui confère un autre sens, une autre dimension au regard des textes du mariage par exemple. Nonobstant son regard, ses caractéristiques se modifièrent au fil des années, car au départ (en 2000) il regroupait environ un quart des couples de même sexe, pour à peine 7 % en 2006[24]. Sur le plan géographique, il existe des disparités entre Paris, qui garde un taux élevé au regard des autres départements. Au regard du mariage, il correspond aussi à cette saisonnalité des unions entre juin et juillet.

Cependant, sur le plan professionnel, à la différence du mariage, l'article L.226-1 du Code du travail ouvre un droit à congé de quatre jours pour le mariage d'un salarié ; mais pas pour le Pacs, seule une journée d'absence se voit autorisée pour sa conclusion.

Le législateur cherche à étendre certains points concernant :
• Les prestations sociales aux partenaires.
• Étendre les prestations assurances vieillesse aux partenaires passés.
• Ouvrir aux partenaires pacsés depuis deux ans le droit à la pension de réversion.
• Étendre aux partenaires les droits en matière d'accidents du travail.
• Organiser le statut du Pacs en droit international privé en affirmant son rattachement au statut personnel.
• Améliorer le régime fiscal des partenaires et alléger les droits de succession du partenaire survivant.

Pour beaucoup de couples et aussi des divorcés analysant au plus près cette loi, déduisent qu'elle apporte la « souplesse » que ne permet pas un contrat de mariage civil « classique », elle ne possède pas cette *lourdeur* administrative de par les droits et obligations, mais surtout sur la question de la séparation et du divorce ; car le mariage ne se rompt qu'après le divorce ou le décès, alors que le pacs par simple déclaration au greffe du tribunal d'instance sur demande unilatérale, conjointe ou par décès de l'un des partenaires. Cette loi semble offrir d'avantage de sécurité juridique, d'ailleurs son taux de dissolution va à la baisse, mais reste encore supérieur au taux de divortialité du mariage. Pour d'autres, il apparaît comme un contrat à durée déterminée où la séparation se fait en « douceur » à l'inverse du mariage.

Quelques chiffres du Pacs.

Depuis sa mise en vigueur, une progression se confirme d'année en année, au nombre de déclarations enregistrées auprès des tribunaux d'instance de France et des COM[25], soit 282 900 au 31 décembre 2006. Ce qui fit dire à tous ses détracteurs qu'il se situait dorénavant dans la pratique et les mœurs.

Tableau 1. Évolution du nombre de Pacs enregistrés depuis 1999 :

Année	Nombre de Pacs	Évolution annuelle (%)	Nombre moyen Pacs / mois
1999	6 151	-	6 014*
2000	22 276	-	1 856
2001	19 632	-11,9	1 636
2002	25 311	28,9	2 109
2003	31 585	24,8	2 632
2004	40 093	26,9	3 341
2005	60 473	50,8	5 039
2006	77 362	27,9	6 447

*mois de décembre
Source : Ministère de la Justice - SDSED
Enquête trimestrielle sur les Pacs.

Répartition des couples pacsés, selon le sexe des partenaires de 1999 à 2006 :

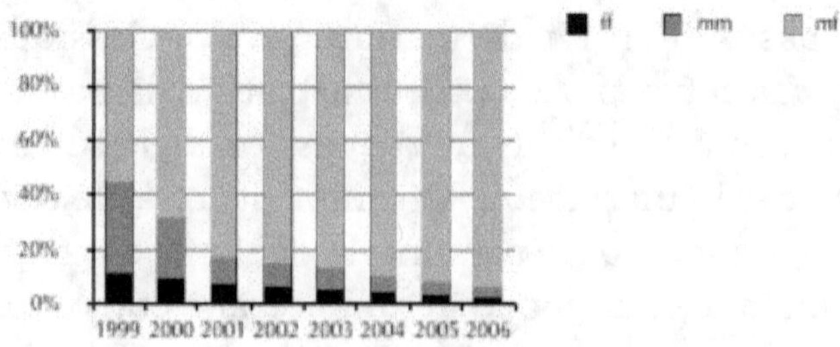

Graphique de la répartition mensuelle des Pacs et des mariages
(Sources : Ministère de la Justice — SDSED, fichiers détails Pacs Insee/État civil)

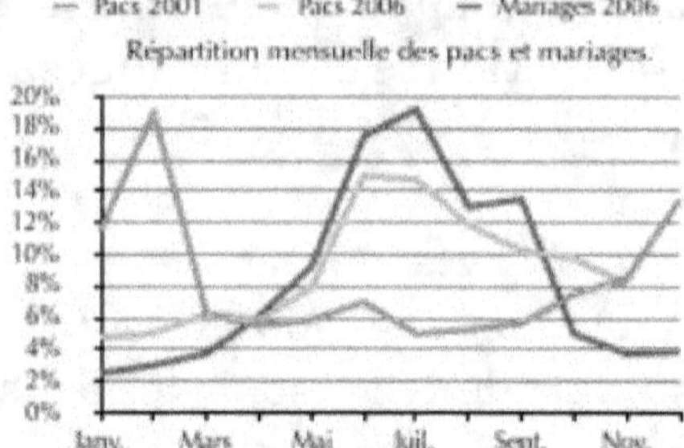

Les études statistiques notèrent des changements sur l'âge moyen des personnes pacsés, variant depuis 1999, passant de 37,6 ans à 31,5 ans en 2006, soit une moyenne de 32,6 ans pour les hommes et 30,4 ans pour les femmes. Celui des partenaires de même sexe reste plus élevé, que celui des hétérosexuels, et concernant ces derniers, les femmes demeurent plus jeunes que les hommes, conservant un écart d'âge d'environ deux ans avec leur partenaire, *graphique 4*-. Au tout début, l'âge moyen des partenaires homosexuels masculins s'avéra moins élevé, que celui des femmes, il demeura identique en 2006 (respectivement 36,8 et 36,7), alors que l'âge des partenaires concluant un Pacs hétérosexuel se situe autour de 32,1 ans pour les hommes, et de 30,1 ans pour les femmes, respectivement 4,7 et 6,7 ans de moins. Ces chiffres, se rapprochent aussi de l'âge moyen des couples mariés.

Graphique 4. Âge moyen des partenaires à la conclusion du Pacs, selon leur sexe et le type d'union, de **1999** à **2006** (*Source :* Ministère de la Justice — SDSED, fichiers détails Pacs)

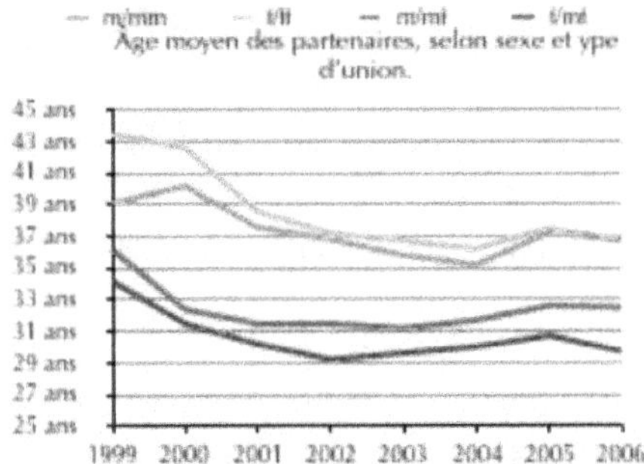

Cependant, le nombre de dissolutions entre **1999** et **2006** représente **12,8** %, soit **36 300** des pacs enregistrés. Le *Graphique 7.* Indique le taux de dissolution des Pacs et des divorces en **2005** et **2006**. (*Source :* Ministère de la Justice — SDSED, fichiers détails Pacs, Insee/Bilan démographique)

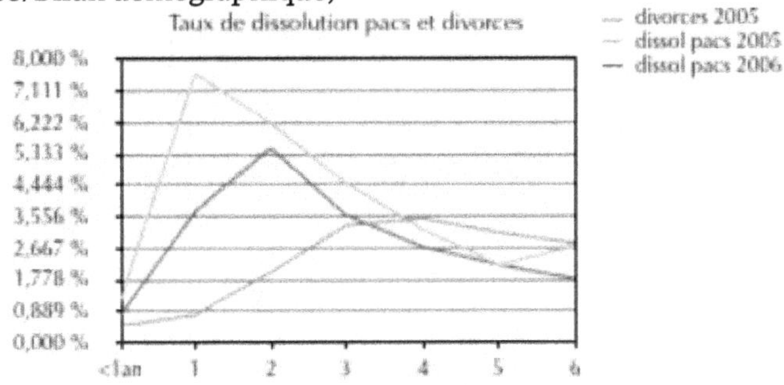

Graphique 3. Évolution du nombre de Pacs conclus de **1999** à **2006**, selon le sexe des partenaires. Évolution base 100 en 1999.

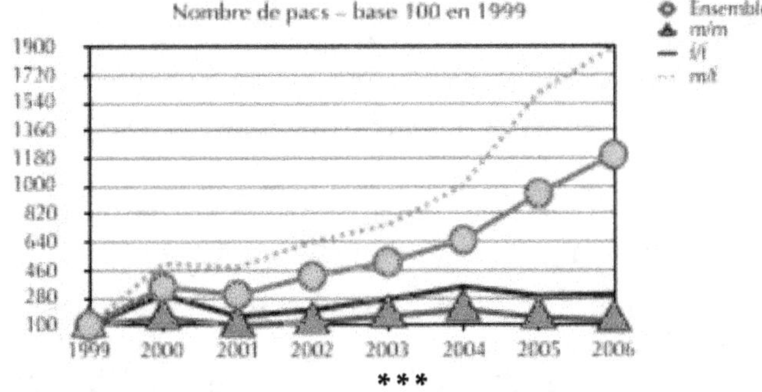

***

Les principaux Textes issus de la loi du 15 novembre 1999 :
Art. 515-1 – Un pacte civil de solidarité est un contrat conclu par deux personnes physiques majeures, de sexe différent ou de même sexe, pour organiser leur vie commune.

Art. 515-2 – À peine de nullité, il ne peut y avoir de pacte civil de solidarité :

1° Entre ascendant et descendant en ligne directe, entre alliés en ligne directe et entre collatéraux jusqu'au troisième degré inclus ;

2° Entre deux personnes dont l'une au moins est engagée dans les liens du mariage ;

3° Entre deux personnes dont l'une au moins est déjà liée par un pacte civil de solidarité.

Art. 515-3 – Les personnes qui concluent un pacte civil de solidarité en font la déclaration conjointe au greffe du tribunal d'instance dans le ressort duquel elles fixent leur résidence commune.

À peine d'irrecevabilité, elles produisent au greffier la convention passée entre elles par acte authentique ou par acte sous seing privé.

Le greffier enregistre la déclaration et fait procéder aux formalités de publicité.

La convention par laquelle les partenaires modifient le pacte civil de

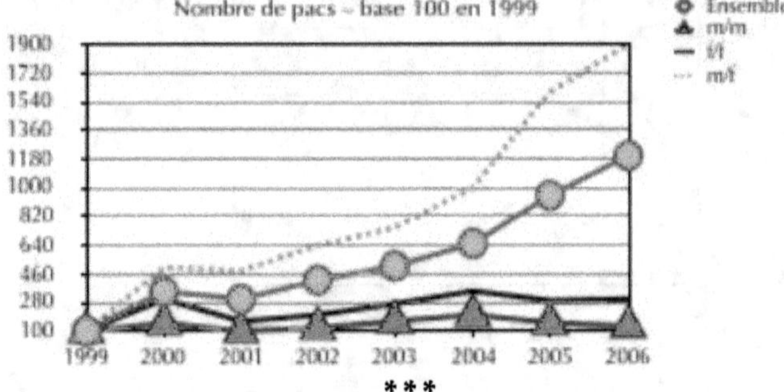

* * *

Les principaux Textes issus de la loi du 15 novembre 1999 :

Art. 515-1 – Un pacte civil de solidarité est un contrat conclu par deux personnes physiques majeures, de sexe différent ou de même sexe, pour organiser leur vie commune.

Art. 515-2 – À peine de nullité, il ne peut y avoir de pacte civil de solidarité :

1° Entre ascendant et descendant en ligne directe, entre alliés en ligne directe et entre collatéraux jusqu'au troisième degré inclus ;

2° Entre deux personnes dont l'une au moins est engagée dans les liens du mariage ;

3° Entre deux personnes dont l'une au moins est déjà liée par un pacte civil de solidarité.

Art. 515-3 – Les personnes qui concluent un pacte civil de solidarité en font la déclaration conjointe au greffe du tribunal d'instance dans le ressort duquel elles fixent leur résidence commune.

À peine d'irrecevabilité, elles produisent au greffier la convention passée entre elles par acte authentique ou par acte sous seing privé.

Le greffier enregistre la déclaration et fait procéder aux formalités de publicité.

La convention par laquelle les partenaires modifient le pacte civil de solidarité est remise ou adressée au greffe du tribunal qui a reçu l'acte initial afin d'y être enregistrée.

À l'étranger, l'enregistrement de la déclaration conjointe d'un pacte liant deux partenaires dont l'un au moins est de nationalité française et les formalités prévues aux deuxième et quatrième alinéas sont assurés par les agents diplomatiques et consulaires français ainsi que celles requises en cas de modification du pacte.

Art. 515-3-1 – Il est fait mention, en marge de l'acte de naissance de chaque partenaire, de la déclaration de pacte civil de solidarité, avec indication de l'identité de l'autre partenaire. Pour les personnes de nationalité étrangère nées à l'étranger, cette information est portée sur un registre tenu au greffe du tribunal de grande instance de Paris. L'existence de conventions modificatives est soumise à la même publicité.

Le pacte civil de solidarité ne prend effet entre les parties qu'à compter de son enregistrement, qui lui confère date certaine. Il n'est opposable aux tiers qu'à compter du jour où les formalités de publicité sont accomplies. Il en va de même des conventions modificatives.

Art. 515-4 – Les partenaires liés par un pacte civil de solidarité s'engagent à une vie commune, ainsi qu'à une aide matérielle et une assistance réciproque. Si les partenaires n'en disposent autrement, l'aide matérielle est proportionnelle à leurs facultés respectives.

Les partenaires sont tenus solidairement à l'égard des tiers des dettes contractées par l'un d'eux pour les besoins de la vie courante. Toutefois, cette solidarité n'a pas lieu pour les dépenses manifestement excessives.

Art. 515-5 – Sauf dispositions contraires de la convention visée au deuxième alinéa de l'article 513-3, chacun des partenaires conserve l'administration, la jouissance et la libre disposition de ses biens personnels. Chacun d'eux reste seul tenu des dettes personnelles nées avant ou pendant le pacte, hors le cas du dernier alinéa de l'article 515-4.

Chacun des partenaires peut prouver par tous les moyens, tant à l'égard de son partenaire que des tiers, qu'il a la propriété exclusive d'un bien. Les biens sur lesquels aucun des partenaires ne peut justifier d'une propriété exclusive sont réputés leur appartenir indivisément, à chacun pour moitié.

Le partenaire qui détient individuellement un bien meuble est réputé, à l'égard des tiers de bonne foi, avoir le pouvoir de faire seul sur ce bien tout acte d'administration, de jouissance ou de disposition.

Art. 515-5-1 – Les partenaires peuvent, dans la convention initiale ou dans une convention modificative, choisir de soumettre au régime de l'indivision les biens qu'ils acquièrent, ensemble ou séparément, à compter de l'enregistrement de ces conventions. Ces biens sont alors réputés indivis par moitié, sans recours de l'un des partenaires contre l'autre au titre d'une contribution inégale.

Art. 515-5-2 – Toutefois, demeure la propriété exclusive de chaque partenaire :

1° Les derniers perçus par chacun des partenaires, à quelque titre que ce soit, postérieurement à la conclusion du pacte et non employés à l'acquisition d'un bien ;

2° Les biens créés et leurs accessoires ;

3° Les biens à caractère personnel ;

4° Les biens ou portions des biens acquis au moyen de derniers appartenant à un partenaire antérieurement à l'enregistrement de la convention initiale ou modificative aux termes de laquelle ce régime a été choisi ;

5° Les biens ou portions de biens acquis au moyen de deniers reçus par donation ou succession ;

6° Les portions de biens acquises à titre de licitation de tout ou partie d'un bien dont l'un des partenaires était propriétaire au sein d'une indivision successorale ou par suite d'une donation.

L'emploi de deniers tels que définis au **4°** et **5°** fait l'objet d'une mention dans l'acte d'acquisition. À défaut, le bien est réputé indivis par moitié et ne donne lieu qu'à une créance entre partenaires.

Art. 515-5-3 – à défaut de dispositions contraires dans la convention, chaque partenaire est gérant de l'indivision et peut exercer les pouvoirs reconnus par les articles 1873-6 à 1873-8.

Pour l'administration de biens indivis, les partenaires peuvent conclure une convention relative à l'exercice de leurs droits indivis dans les conditions énoncées aux articles 1873-1 à 1873-15. À peine d'inopposabilité, cette convention est, à l'occasion de chaque acte d'acquisition d'un bien soumis à publicité foncière, publiée à la conservation des hypothèques.

Par dérogation à l'article 1873-3, la convention d'indivision est réputée conclue pour la durée du pacte civil de solidarité. Toutefois, lors de la dissolution du pacte, les partenaires peuvent décider qu'elle continue de produire ses effets. Cette décision est soumise aux dispositions des articles 1873-1 à 1873-15.

Art. 515-6 – Les dispositions des articles 831, 831-2, 832-3 et 832-4 sont applicables entre partenaires d'un pacte civil de solidarité en cas de dissolution de celui-ci.

Les dispositions du premier alinéa de l'article 831-3 sont applicables au partenaire survivant lorsque le défunt l'a expressément prévu par testament.

Lorsque le pacte civil de solidarité prend fin par le décès d'un des partenaires, le survivant peut se prévaloir des dispositions des deux premiers alinéas de l'article **763**.

Art. 515-7 – Le pacte civil de solidarité se dissout par la mort de l'un des partenaires ou par le mariage des partenaires ou de l'un d'eux. En ce cas, la dissolution prend effet à la date de l'événement.

Le greffier du tribunal d'instance du lieu d'enregistrement du pacte civil de solidarité, informé du mariage ou du décès par l'officier de l'état civil compétent, enregistre la dissolution et fait procéder aux formalités de publicité.

Le pacte civil de solidarité se dissout également par déclaration commune des partenaires ou décision unilatérale de l'un d'eux.

Les partenaires qui décident de mettre fin d'un commun accord au pacte civil de solidarité remettent ou adressent au greffe du tribunal d'instance du lieu de son enregistrement une déclaration commune à cette fin.

Le partenaire qui décide de mettre fin au pacte civil de solidarité le fait signifier à l'autre. Une copie de cette signification est remise ou adressée au greffe du tribunal d'instance du lieu de son enregistrement.

Le greffier enregistre la dissolution et fait procéder aux formalités de publicité.

La dissolution du pacte civil de solidarité prend effet, dans les rapports entre les partenaires, à la date de son enregistrement au greffe.

Elle est opposable aux tiers à partir du jour où les formalités de publicité ont été accomplies.

À l'étranger les fonctions confiées par le présent article au greffier du tribunal d'instance sont assurées par les agents diplomatiques et consulaires français, qui procèdent ou font procéder également aux formalités prévues au sixième alinéa.

Les partenaires procèdent eux-mêmes à la liquidation des droits et obligations résultant pour eux du pacte civil de solidarité. À défaut d'accord, le juge statue sur les conséquences patrimoniales de la rupture, sans préjudice de la réparation du dommage éventuellement subi.

Sauf convention contraire, les créances dont les partenaires sont titulaires l'un envers l'autre sont évaluées selon les règles prévues à l'article 1469[26]. Ces créances peuvent être compensées avec les avantages que leur titulaire a pu retirer de la vie commune, notamment en ne contribuant pas à hauteur de ses facultés aux dettes contractées pour les besoins de la vie courante.

* * *

En conclusion, le Pacs vient « répondre » dans la société comme un mode de conjugalité, s'empruntant du concubinage ; offrant une plus grande liberté et une souplesse juridique au regard souvent complexe des effets du mariage, et des procédures de divorce notamment. Mais aussi, comme une nouvelle façon de promouvoir le couple et aussi les raisons économiques l'entourant. Au vu de sa croissance chaque année en France, il se voit comme le nouveau mode d'union, signifiant pour nombre de « jeunes » l'expression des attentes séparant les hommes et les femmes du mariage, mais s'en rapprochant sous certains aspects ; mais par moins de contraintes et de soumissions au regard de ce dernier.

Depuis la loi du 17 mai 2013 sur le mariage pour tous, la France devint le 9ème pays européen et le 14ème pays au monde autorisant le mariage homosexuel. Cette loi ouvrit de nouveaux droits pour le mariage, l'adoption et la succession, au nom des principes d'égalité et de partage des libertés. Dès 2014, les mariages de couples de même sexe représentaient 4 % du total des unions françaises.

Les études et statistiques futures montreront ou non l'intérêt croissant au sein des sociétés, ainsi que du développement politique, social, philosophique et économique.

II – UNION LIBRE [1] - CONCUBINAGE [2]

ᵐn.f. (lat. *unio*, de *unus*, un). Association ou combinaison de différentes choses, de personnes.

ᵐn.m. Union de fait entre deux personnes célibataires, de même sexe ou de sexe différent, vivant ensemble de manière stable et continue. *(Union libre ou civile)*

Cette union se voit aussi depuis quelques années, comme la réponse la plus simple et la plus adaptée à tous les problèmes sociétaux touchant au couple, et n'impose pas les contraintes du mariage – donc de la société –, bien qu'il se définisse à la conformité des sentiments et des pensées de chacun, pour la meilleure harmonie, d'une relation stable et d'une entente de ce lien conjugal.

La loi française définit le concubinage dans le Code civil au chapitre II. – ***Du concubinage :***

• **Art. 515-8** – *Le concubinage est une union de fait, caractérisée par une vie commune présentant un caractère de stabilité et de continuité, entre deux personnes, de sexe différent ou de même sexe, qui vivent en couple.*

Cette relation de fait, existe depuis le début de l'histoire humaine, au conduit au fil du temps à la codifier sur le plan moral, économique et politique, afin de permettre aux hommes et aux femmes de trouver et de conserver une grande stabilité. Il reste le modèle initial de vie des couples, avant l'avènement et la codification du mariage, comme rite de la réalité de vie – un caractère sédentaire. Longtemps, se partagea entre un homme et une femme sans le mariage, depuis l'Égypte et la Rome antique, en posa les bases de la liberté sexuelle de l'homme et permettait de conserver une certaine unité, pour la cellule familiale. Car, souvent « les concubines » partageaient le même domicile, que la compagne *légitime,* par des accords tacites entre tous. Bien que cette forme ait toujours cours, dans certaines régions du monde.

Ce qui dirigea les passions *amoureuses* dans différentes directions, et aussi oppositions, entre le droit coutumier, politique et religieux. Malgré, les lois civiles en Occident, il conserve un important attrait, notamment, devant la baisse du mariage. D'ailleurs, le nombre de couples vivant en concubinage, ne cesse d'augmenter, depuis la fin des années quatre-vingt.

En *Afrique* cette question se regarde avec du recul pour beaucoup par rapport au mariage, cette question se voit liée à la dot. Car, pour beaucoup de familles, son acceptation va *ex a contrario* de la coutume, mais les allège ; cependant une contribution permet de maintenir le lien familial et social.

Ce fait naturel, se regarde dans l'édifice social et la symbolique – sociale et culturelle – dans la relation intime humaine, il cristallise les problèmes du mariage et aussi du célibat (souffrances, violences), où la recherche d'un résultat connu par avance, trouve aussi ses oppositions ; malgré le dessein d'une rencontre bénéfique aux deux. À l'inverse du mariage (religieux), le salut de l'âme n'apparaît dans sa logique « mentale », bien que sa « création » doive aussi permettre une relation sereine – aussi sur le plan spirituel – au risque de certains conflits –, car nombre de personnes, hors du mariage religieux, gardant la part culturelle de philosophie et de spiritualité, reçu par l'éducation. Et plus que les premiers, ils doivent compter sur eux-mêmes, s'ils ne souhaitent l'aide de Dieu.

Sociologiquement, le concubinage s'organise aussi comme une entreprise – ou société –, avec ses règles de fonctionnement internes, mais se référant à la société.

Sur un plan esthétique, par son regard passionné, il semble correspondre et répondre aujourd'hui aux attentes de beaucoup, comme, permettant une liberté de vivre le couple, avec moins de « contraintes », ce, depuis les années soixante-dix, par les « réorganisations » et « bouleversements » sociaux. Les besoins esthétiques, répondent aux mêmes codes (séduction, désir, amour, passion, sensualité, infidélité, bonheur, jalousie), qu'à ceux du couple marié – ou recomposé –, par la satisfaction morale de « faire mieux » – par son choix de vie – que ceux optant pour le mariage. Deux volontés, s'observant, dans le courant actuel – depuis la fin des années soixante, où la plus grande liberté des femmes à disposer de leur vie, changea le rapport au conjugal (mariage, divorce, célibat, concubinage et pacs).

III – LE CÉLIBAT

n.m. (du lat. *Coelibatus*, de *Caelebs*, – Ĩ*bis,* célibataire). État d'une personne en âge d'être marié et qui ne l'est pas.

Au cours de l'histoire humaine, le célibataire se définissant comme une personne hors norme – du mariage – en s'y soustrayant. Jadis en Afrique, la population des célibataires se composa principalement des femmes stériles, car la famille, par les enfants restait importante. Une Approche différente en Occident, par le rapport social et économique individuel – plus élevé dans les pourcentages.

Il survient souvent pour une période plus ou moins longue suite à une séparation, un divorce ou un décès. Conduisant pour beaucoup à un endurcissement par le cumul d'échecs amoureux se répétant, il/elle finit par se résigner, à « abdiquer », à l'idée que le véritable amour, noble et sincère ne se trouvera sur sa route ; et refuse d'y croire. Depuis les bouleversements du couple au cours du XXe siècle (mariage, divorce et concubinage), pour beaucoup, le célibat vient en rupture de ces derniers ; et pour d'autres, un prélude préparant au mariage ou au pacs.

Pour la tradition chrétienne, le couple, le mariage, la famille se donnent eux-mêmes leur propre finalité et de par cette tradition, le célibat se trouva valorisé, car rendre absolu la famille accroît leur sentiment d'exclusion. Il signifie que l'individu ne parait pas seulement comme une moitié de couple, mais bel et bien que chacun a sa vocation personnelle à part entière.

Pour beaucoup, il s'agit, par de longues réflexions et conversations de tenter cette aventure du ménage ou du mariage, dans la possibilité et la capacité à s'entendre et s'entretenir tout au long de cette vie ; comme une corruption à sa liberté de vivre, d'aimer et de partager. Une femme qui, par son indépendance professionnelle – financière – ne se mariant pas et se gardant le choix du bon usage de sa sexualité, se voit encore, comme un être « dangereux » – par le poids des péchés qu'elle porte, alors que pour l'homme, tous « ses écarts » pardonnés !

La solitude des femmes se trouve due au fait qu'elles ne parviennent pas à aimer celui qu'elles souhaiteraient, en partie, à cause des mythes développés dans la société.

Esseulé(e) ou solitaire ? La question se pose dans un monde se globalisant un peu plus. Il reste une période subie ou choisie – subie, par des échecs successifs, de l'incertitude sociale, de l'assurance de son engagement –, choisie, afin de mieux « se préparer » à la rencontre, à penser l'engagement, à se retrouver face à soi. Ce temps semble permettre à beaucoup, de pouvoir multiplier « les échanges » et « les rencontres » – comme un labyrinthe, où il devient possible de faire demi-tour dès le doute, afin de retrouver le bon compagnon sur la bonne route.

Dans l'idéologie grandissante du bien-être individuel pour tous en Occident, le célibat semble grandir, au nom de la liberté individuelle, de choix et n'avoir les contraintes de l'autre. D'où un développement du, chacun vivant de son côté, où les retrouvailles se font « à la carte », comme pour une ivresse obligatoire et passagère.

Nous nous situons devant et dans la multiplication des foyers se composant de célibataires – plus de 30 % des foyers français ; par le corollaire des situations sociales, économiques, des peurs, des échecs et des concepts en partie revue sur l'utilité et la fonction actuelle du couple. D'ailleurs, ces dernières années montrent la montée des rencontres de célibataires, dans bien des formules où le but – permettre absolument une rencontre dans ce cercle « choisit » ; où la psychologie de chacun ne doit conduire à une résignation du seul fait du célibat.

Devant l'augmentation des divorces et de la baisse des mariages, le pourcentage de cette population progresse aussi ans la jeune génération, par l'attente de son devenir social. Hier, nombre de personnes démarraient une vie de couple en partant de « rien » – sur le plan matériel – et bâtissaient au fil du temps, cette entreprise, aujourd'hui, il devient important de tout construire « individuellement », auparavant, avant une activation à l'autre.

D'autre part, certaines professions, par le temps consacré, ne permettent – avec la plus grande volonté – un partage normal de vie (temps de travail long, horaires décalés, absence allant jusqu'à plusieurs mois), sauf, lorsque le conjoint correspond au même corps de métier, où en le suivant dans son parcours, à l'exemple des militaires.

Parler de célibat se regarde (presque) toujours, dans la solitude du corps – aussi de l'amour, car il répond à la recherche d'une « relation » – amoureuse – devant durer beaucoup plus longtemps que la précédente – mal vécue, dans l'intensité et la réciprocité attendue. Cette période de solitude va pour beaucoup à repenser ses attentes dans l'amour – fusionnel – ou à vivre dans l'idée d'une nouvelle séparation – une nouvelle souffrance avant le début d'une « nouvelle » histoire ; pourtant, certaines relations vivent ces périodes de séparation en ressentant l'esprit – la présence de l'autre, dans la qualité et l'intensité de l'échange. Cependant, le regard sur les « autres » influence grandement et de plus en plus sur le célibat ou non. Pourtant, nombre de célibataires tentent d'échapper à la solitude, en se « jetant » dans l'amour, or, ceux et celles le ressentant souffrent aussi de cette absence, comme une incompréhension, une crainte de ne plus le partager. Dans la littérature, il existe de nombreux textes suggérant de vivre seul, le temps d'apprendre à construire une relation durable dans l'amour ; cependant, ceux et celles le refusant, se jugent comme refusant de s'engager – défense alternant désir et aversion.

Longtemps considéré comme des personnes esseulées par la solitude de la vie à deux, malgré des relations sociales avec les autres, n'opérait pas dans le mode normal de ses semblables. Une inférence, qu'aujourd'hui défendue et récupérée par divers mouvements sociaux, politiques et surtout économiques, pour en faire des consommateurs ayant un pouvoir d'achat et de décision. De plus en plus, la vie de célibataire devient un enjeu économique en premier lieu, avant une mise en avant social, que beaucoup qualifient de nouveaux « *business* » pour ladite consommation. Des idées (hors statistiques), voudraient que les femmes célibataires paraissent plus aisées que les hommes ! Pourtant l'égalité des salaires ne les concerne toutes, et oblige une grande partie d'entre elles à faire un choix – un sacrifice – entre la réussite de la vie professionnelle et de la sphère privée.

Dans l'image collective, l'homme a caractère à vivre seul et librement cette période, alors que la femme, un regard imposé et esthétiquement douteux. Or, les circonstances de vie (divorce, séparation, santé mentale ou physique) conduisent à vivre en célibataire. Cependant, lorsqu'il devient définitif, pour ceux et celles faisant ce choix, il s'agit d'aller au-delà du simple besoin sexuel, mais dans une communion plus personnelle, une autre voie à l'épanouissement, inférant au mariage – un sacerdoce mystique pour les autres. Pourtant, l'impossibilité de s'unir à l'être aimé, souhaité et désiré, constitue aussi sa résolution –, un fait dirimant pendant longtemps ou à tout jamais la possibilité d'un engagement public. Ce, que la psychologie nomme un choc, un blocage traumatique, une action non vertueuse, devant se réparer par un choc cathartique, afin de poursuivre sa vie affective. D'où les expressions laïques, de "vieux garçon" ou de "vieille fille", désignant à l'exemple de Don Juan, désigné comme un célibataire « négatif », incapable du moindre sentiment profond, par l'angoisse de son narcissisme. Une Vision réductrice, car n'expliquant les raisons profondes de cet aspect, en comparaison du « positif », n'exprimant pas l'amertume de leur état, par une vie intense d'activités et de rencontres diverses, favorisant une approche plus aisée de la rencontre. Aujourd'hui, moult « solutions », viennent à compléter ou remplacer ce manque affectif, par des clubs de rencontres, clubs de vacances, habitat partagé entre célibataires, acquisition d'un animal de compagnie. Solutions visant d'une part, à remplacer « temporairement » les aventures amoureuses à « risques » – tragiques – du passé et à venir, et d'autre part, à repenser l'influence de son éducation et expérience familiale, dans la quête ou phobie d'une vie en couple, et dans l'éventualité du mariage.

Cependant, son nombre grandit devant les incertitudes économiques et sociales d'aujourd'hui. Pour beaucoup, cette période ne permet pas d'avoir une vie et une approche « normale » du couple, des schémas et besoins de jadis – unipolaire – famille/foyer, par le mariage. Pourtant, nombre d'hommes et de femmes vivent par choix cette période plus ou moins longue, par la liberté d'interagir dans l'échange avec l'autre – et parfois s'occuper des enfants. Pour d'autres, une période émerveillée par la sensation de liberté, qu'elle croit permettre. Pourtant, le célibataire éprouve et vit une solitude, se muant en souffrance, dans la recherche de l'âme sœur – une longue soif dans ce désert solitaire. L'esprit du célibataire reste un esprit de solitude, sans gloire, avec beaucoup d'impatience où la consolation vient de l'orgueil à transcender ce passage. Or, cette solitude se vit et se subit, car chacun cherche sa béquille – choisit, elle se voit comme anachorète. Or, le défi aujourd'hui, dans les valeurs actuelles, invite à redécouvrir celles d'hier, sur la base des projets humains.

Depuis les révolutions sexuelles et la possibilité du divorce reconnu par les hommes pour les femmes, il ne se regarde plus pour beaucoup comme une bizarrerie. Mais comme un mode de vie, permettant de se reconstruire et pour d'autres, de vivre seul sa « liberté », sans les contraintes du mariage et du modèle de jadis imposant une « figure » d'accompagnement. En y trouvant du plaisir par la richesse des échanges, éphémères, et ou non sincères.

CHAPITRE IV – MŒURS

I – MŒURS

*"Si nous n'avions pas de défauts, nous ne prendrions pas
tant de plaisir à en remarquer dans les autres. »*
Extrait de *Maximes Morales.*
François de la Rochefoucault

n.f. pl. (lat. *Mores*). Coutumes et usages communs à une société, un peuple, une époque. Habitudes particulières à chaque espèce animale. – Habitudes de vie ; comportements individuels. Avoir des mœurs simples. – Ensemble des principes, des règles morales régissant une société, en particulier sur le plan sexuel, atteinte à la liberté d'autrui par un comportement sexuel imposé avec ou sans violence (viol, agression sexuelle) ou dont le caractère public heurte les conceptions morales (outrage aux bonnes mœurs, outrage public à la pudeur). – Conduites individuelles considérées par rapport à ces règles.

Au cours du temps, les mœurs se regardent sur le rapport aux autres, par ses codes l'autorisant, partiellement ou non, de la politique sociale en résultant ; des émotions des plus suscités par certains thèmes hier et aujourd'hui. Mais aussi, par la recherche et la mise en avant de bouc émissaire devenant des paramètres, des indicateurs des mœurs et du niveau de civilisation de la société – *a contrario* des barbares.

Sa fondation repose sur un système mélangeant philosophie et politique, afin de maintenir un ordre « moral », pour le bonheur de chacun par les hommes, le plaisir et la santé. Un contrôle continu, par des règles de conduite à observer, au bon usage de ses sens, désirs, passions et interdits – empêcher et retenir « l'excitation » permettant de les enfreindre.

Elles se regardent dans cette *casuistique* sociale, commune par le regard des uns sur les autres, régissant un ordre collectif, alors que chacun souhaite exprimer son propre regard, par sa passion personnelle, ses voluptés et fonctions « sociales », se voyant comme immorale, dès lors qu'un acte se considère contre nature. La morale prit naissance dans les philosophies de jadis, pour définir une sagesse humaine, par des valeurs se mesurant dans ses jugements – critique ou non – par la notion de vertu salvatrice. Point de vue objectif, se transmettant à chaque génération, et s'adaptant aux *besoins* de l'époque – mêlant acceptation et déconstruction, au sein des groupes humains.

Les mœurs restent un rempart immense, protégeant l'organisation sociale, contre les excès d'une trop grande liberté de certaines pulsions – libertaires, sauvages ou vagabondes – contre ses semblables. Une vérité dans le langage et les actes – une convention sociale utile dans le contrat moral de vie de chacun, cependant, les premiers créent, selon l'époque des divorces entre l'individu et l'ordre social. Car, depuis la mise en place de la société civile et de la moralité l'encadrant, par son objectivité de la loi et son esprit – projet égalitaire pour tous – mais dû aussi se référer à l'arbitraire (subjectif) humain. Car, nous regardons les mœurs, comme la morale – un ensemble des règles corollaire à la bonne marche et à la bonne santé relationnelle du couple, fixant des limites au regard de la morale et des mœurs de la société présente.

Cette notion doit apparaître dans la vie, au quotidien, où le couple doit aussi gérer et composer en plus du reste, amplifiant les angoisses. En veillant à ne pas franchir « ces lignes » régissant cet ordre social – moral – par la croyance du bien et du mal – base de la moralité et de la classification des mœurs, dans des notions de convenance et de vertu. Au cours de l'histoire, la morale résulte d'interprétations différentes entre, ceux – la minorité – la faisant et la majorité « l'appliquant » – rapport du supérieur à l'inférieur – définissant des valeurs sûres : la polygamie, l'adultère, l'inceste, notamment.

De nos jours, la question de la vertu qui semblait capitaliser jadis l'entreprise du couple ne se pose plus (ou presque), car les mentalités ont changé. Jadis, il se disait qu'une femme vertueuse revêtait de raison ; d'autant aborderont (de suite) le vice et la vertu comme raison de sa non-importance dans la société actuelle – sauf influence religieuse.

II – MONOGAMIE – BIGA-MIE – POLYGAMIE

« Il ne faut pas courir deux lièvres à la fois »
Honoré de Balzac, *Proverbes*.

MONOGAMIE

n.f. (r. *Monos*, seul, et *gamos*, mariage). Système juridique dans lequel un homme ou une femme ne peut avoir plusieurs conjoints simultanément. (La monogamie s'oppose à la polyandrie et à la polygamie, les deux formes de la polygamie.)

En Europe, au cours de l'histoire, le mariage chrétien vint transformer ce mode de vie, par une toute méfiance sur la sexualité, notamment des peuples païens, qui vivaient un parfait concubinage. L'Église des premiers chrétiens, s'employa lentement et dans le temps à infléchir toute autre forme d'union, que la monogamie.

En France, le législateur, par le Code civil protège de la bigamie, dans le cas du mariage, par l'article 147. – *On ne peut contracter un second mariage avant la dissolution du premier. Permettant aussi une vérification, s'il y a incertitude sur la dissolution de l'ancienne union, un droit inopposable au divorce.*

Dans l'organisation et convention sociétale, elle reste basée sur la notion de fidélité, de l'un envers l'autre – et surtout sexuelle. Historiquement, elle reste sociale par le pouvoir s'exerçant entre l'homme ordinaire et celui détenant le pouvoir et argent – tendant plus vers la polygamie de ce fait. Elle repose sur les engagements et les promesses du chacun à rester fidèle dans la sexualité du couple, tant dans le mariage, que le concubinage. Ces engagements se voient aussi fixés, dans les lois civiles et religieuses.

BIGAMIE

Du latin bi : deux ; et du grec *gamos* : mariage.

Le fait de contracter un nouveau mariage sans que le précédent ait reçu dissolution ; constitue un délit au regard de la loi

En Occident, depuis l'Empereur romain Dioclétin[27], et ses nombreuses réformes et persécutions contre les chrétiens, lois considérèrent les personnes la pratiquant comme des criminels à chasser, au même titre que l'adultère. Délit, qui malgré le temps conserva sa force de loi – *ex nihilo* –, au sein des sociétés, pour ceux qui envisageaient de prendre pour épouse les deux en même temps, et non à la suite ; sauf dans les cultures africaines ou orientales la pratiquant, comme us.

POLYGAMIE

n.f. Fait d'être marié à plusieurs conjoints, soit pour un homme (polygynie), soit pour une femme (polyandrie) ; organisation sociale légitimant de telles unions.

Comme tout sujet touchant aux mœurs, il reste délicat à aborder, tant il repose sur les interdits, sociaux et culturels –, donc tabou, par le fait pour un homme ou une femme d'avoir plusieurs conjoints. Car, elle s'oppose au système monogame des sociétés occidentales d'aujourd'hui, comme un délit. Une opposition trouvant ses racines, depuis la « vision romaine », aux règles chrétiennes, qui permit à nombre de rois de Clotaire à Charlemagne, de la pratiquer. Pourtant, sa pratique prit naissance dans les cultures, au cours des âges et se justifia dans nombre de cultes – païens et religieux. Cependant, elle s'exprime dans différentes formes : *parallèle*, comme une période propice à la sexualité ; *séquentielle* ou *sérielle,* par le fait d'avoir plusieurs partenaires au cours de sa vie.

En son époque (XIXe siècle) le philosophe et sociologue français Charles Fournier[28], proclama dans ses travaux les bienfaits de la polygamie et de l'amour collectif, devant le seul bonheur « égoïste » du couple, et se réglant par un ministre du culte. Dans les mœurs et la pratique en Occident, il ne se trouve toléré et autoriser, tant par la loi, comme la religion. Cependant, à l'étude du Kama-sutra, il permit de garder un certain équilibre durant des siècles, dans les échanges et « l'équilibre » des communautés, ressortant comme un caractère respectable. Dans la civilisation musulmane, malgré la référence faite dans le Coran, au troisième verset de la quatrième sourate, aujourd'hui, la plupart demeurent monogamiques. Car, ce fait remonte à des temps antérieurs au Coran, ce dernier, par ses différents versets en permit une « réglementation » et une « interprétation » morale et pratique de la relation des hommes et des femmes, mais aussi, comme une aide aux veuves et orphelins.

Ce terme s'oppose à la conception de la monogamie régissant l'ordre politique et social, se distinguant de la :

• *Polyandrie* – deux hommes ou plus pour une même femme. Il existe dans les pays bouddhistes au même titre que la polygamie ou de la monogamie.

• *Polygynie*, favorisant un homme pour un grand nombre de femmes, exemple du système matrimonial de certains pays du continent africain, permettant jusqu'à quatre épouses – au regard des moyens financiers. Ce fait s'explique et se justifie avant tout sur un plan économique.

Ces distinguos s'étudièrent dans différents environnements sociaux – par les proximités s'opposant aussi à l'exogamie – promiscuité du groupe.

Actuellement, au sein des administrations européennes, elle se désigne comme un délit dans les textes, mais tolérée dans la pratique, car son contrôle intégral s'avère difficile. Cependant, en France les chiffres diffèrent entre le ministère de l'Intérieur et les Affaires sociales, sur le nombre « réel » de familles ou ménages la pratiquant. En 1995, une étude de l'INED, sur la capacité de la France à intégrer les étrangers, estimait que plus de 10 000 ménages la pratiquaient, et qu'il s'avérait difficile d'établir son nombre exact, ainsi que celui des naissances – fécondité. D'ailleurs, une loi du 24 août 1993, interdit de façon stricte, le regroupement familial pour les personnes polygames, par ailleurs, la loi du 8 février 1994 interdisait l'expulsion des femmes avec des enfants, séjournant depuis plus de quinze années sur le territoire. Par une circulaire de 2001, l'administration accordait le renouvellement des « cartes de séjour », pour les familles la pratiquant et résidant avant la loi de 1993, à la condition que ces derniers, particulièrement les femmes déco-habitent, afin de parvenir à l'autonomie.

En exemple, son interdiction (bigamie et polygamie) se traduit dans les lois suivantes :

- En **France,** Art. 147 du Code civil : On ne peut contracter un second mariage avant la dissolution du premier.
- En **Suisse,** Art. 96 du Code civil : Toute personne qui veut se remarier doit établir que son précédent mariage a été annulé ou dissous.

En parcourant les textes et les lois de nombre de pays à ce sujet, il y a une vision occidentale, codifiée par les lois civiles et religieuses, comme garantes de la morale des couples et de l'ordre social. Or, actuellement plus de cinquante pays la re-connaissent comme mœurs de la vie courante au désespoir des défenseurs des droits de l'homme ; à l'exception des certains africains de traditions animistes, mais aussi de la Tunisie et de la Turquie l'interdisant, depuis 1957. La carte s'établit de l'Afrique jusqu'à l'Asie mineure :

Afghanistan, Algérie, Angola, Arabie Saoudite, Bahreïn, Ban-gladesh, Bénin, Birmanie, Brunei, Burkina Faso, Cambodge, Cameroun, Centrafrique, Comores, Congo, Djibouti, Égypte, Émi-rats arabes unis, Gabon, Gambie, Guinée équatoriale, Indonésie, Irak, Iran, Jordanie, Kenya, Koweït, Laos, Lesotho, Liban, Libe-ria, Libye, Mali, Maroc, Mauritanie, Nigeria, Oman, Ouganda, Pa-kistan, Qatar, Sénégal, Somalie, Soudan, Sri Lanka, Swaziland, Syrie, Tanzanie, Tchad, Togo.

Aujourd'hui, l'absence des *dits* « points de repère », crée une liaison directe sur la question de la polygamie, et nombre d'in-tellectuels évoquent une crise de modèle parental, notamment pour les Maghrébins et en réfèrent à l'autorité de l'état pour trancher cette question. Pourtant, elle composa une grande partie de l'histoire euro

Actuellement, les débats et les passions autour de ce sujet restent avant tout politique, comme un ennemi du social et de son bon ordre. Pourtant, son approche reste liée à l'éducation et à la culture d'hier et d'aujourd'hui.

INCESTE

n.m. (lat. *Incestus*, de *castus*, chaste). Relations sexuelles entre un homme et une femme liés par un degré de parenté entraînant la prohibition du mariage.

Un autre point des mœurs, celui de l'inceste entoure la vie du couple et devient, un des sujets les plus délicats, par les sensibilités et débats qu'elle provoque au vu des « faits divers », relatés dans les différentes affaires de mœurs en Occident. Au cours de l'histoire, il se vit autorisé, dans nombre de sociétés, et devint pour l'Église romaine depuis le IVe siècle, une cause d'impureté « obsessionnelle », à combattre. Au début du XIIIe siècle, en 1215 le concile de Latran présidé par Innocent III, établit cet interdit dans le mariage entre les cousins, au quatrième degré – qui resta en vigueur, jusqu'à la fin de la Première Guerre mondiale. Une obligation de sortir de « l'endogamie » de la famille et du clan, éditant les règles de l'alliance et de la filiation – aux ascendants.

Dans l'étude des contes occidentaux, sa métaphore renvoie aux plus connus et célèbres, l'ogre ou l'ogresse restait un « géant » avide de la chair des enfants, conception métaphysique liée à celui d'une enfance abandonnée, pauvre et peu héroïque. Cette conception oppose la force physique des adultes à l'innocence, à la faiblesse des enfants, et qui au fil de l'histoire comprenait que sa survie à ne pas se faire dévorer, dépendait de son intelligence à mettre en place, le plus grand nombre de réponses (de ruses), allant jusqu'à la crânerie de l'adulte – assurant aussi une réussite *sociale* de la famille ou du groupe. Cependant, il reste un conte connu méritant une attention, celui du Petit Poucet, des Contes de Perrault en 1867. L'ogre, après son abus par l'enfant, assouvira sa voracité au détriment de ses propres enfants – essentiellement des filles. Cet homme, au vu de l'histoire ne se regardait pas comme l'idiot du village, donc pas un bouc émissaire des fantasmes de ses semblables ! Alors, pourquoi tenait-il particulièrement à dévorer ce garçon, de surcroît ? Alors qu'il n'avait que des filles au sein de son groupe ?

Car les contes s'écrivirent, comme une aide aux adultes, dans la compréhension de l'éducation des enfants, par la psychanalyse et la morale existante. Cependant, il se regarde aussi dans le pardon, demandé, exprimé et ou non accordé par l'enfant au parent. Demande allant au-delà de la seule condamnation de la loi et la justice, ces derniers le condamnant, mais aident-ils à le prévenir et à reconstruire cette « cassure » des corps et des esprits.

Dans la culture, plutôt l'éducation chrétienne, et non judéo, comme souvent entendu, que l'inceste reste aussi tabou, marquant et marqué, pour les pères et les filles – un rapport de domination à l'enfant – et surtout à la mère, mais au mépris de cette dernière. Car, il n'y a aucun garde-fou permettant et obligeant les hommes et les femmes à garder cet équilibre mental affectif et non égalitaire, chose exprimée dans les autres confessions (islam, judaïsme) séparation et aboutissement de l'éducation familiale et religieuse, ce pourquoi, de ne point promettre et respecter son enfant. Dans le monde animal – pour nombre d'espèces – si le mâle vient à menacer le ou les petits – plusieurs choix s'offrent : protéger ces derniers et battre en retraite ; les tuer ou affronter le mâle, mais en aucun cas, il n'y a « absence », retranchement ou évitement. Car il s'agit pour la femme, de protéger ses petits, afin que ces derniers ne restent *abusés* leur vie durant, et qu'ils n'infligent le même traitement à leur descendance, dans une reproduction consciente ou inconsciente de ce processus. Dans la morale, il se regarde comme une rupture à la morale sociale et à l'engagement de « protéger » les jeunes – garçons et filles – de cette pulsion du pouvoir et du désir de possession. Dans les morales religieuses, il reste dans la droite ligne de la morale répressive – condamné, comme une déviation à l'activité sexuelle initialement réserve au seul couple « marié » et non adultère.

Sur un plan politique, il se regarde par les lois et dispositifs de protection des enfants et de l'entourage, aussi victime de ce fait. La configuration de la société actuelle se regarde dans le nombre de ses violences physiques et morales dans une sphère touchant presque chacun, et particulièrement, celles faites aux femmes dans le cadre des violences conjugales – des agressions sexuelles sur les enfants – provenant en premier lieu, de l'intérieur de cette sphère familiale. Le nombre croissant de ces affaires ne montre pas encore, ses effets à long. Terme sur les couples détruits par son fait, et surtout du devenir et de la construction des enfants blessés dans leur vie d'adulte. La famille dans son cadre et la symétrie de ses fondations, l'en interdit, par une distance naturelle que les parents doivent veiller à maintenir et à expliquer. Il se regarde comme un crime dans la généalogie de ses membres, car brisant ce phénomène du lien, utile d'une génération à l'autre dans le développement des enfants et des parents.

Beaucoup de sociétés, même primitives ne se voient pas confrontées par ce « problème », notamment en Orient, car les enfants restent protégés par la mère, de la société et de la famille ; car ils représentent la génération de demain. Une courroie de transmission importante dans la chaîne générationnelle.

Il reste avant tout un interdit culturel, où l'incestueux (euse) se voit coupable d'inceste, par son acte « déviant ». Sur un plan esthétique, les agresseurs sexuels au sein de la famille, cherchent presque toujours à convaincre que leurs actes n'apparaissent pas anormaux, criminels, déviants ou immoraux –, un ogre pour les enfants. Une destruction de la cellule familiale, où toutes les symboliques de jadis (paternité, maternité, responsabilité, culpabilité) volent en éclats, par la confusion qu'il entraîne.

III – ADULTÈRE

« Une femme fidèle ne se remarie jamais »
Yukio Mishima.

n.m. Pratique des rapports sexuels avec un partenaire autre que le conjoint légal. Notion liée à la coutume du mariage officiel et monogamique.

Aborder ce thème s'avère tout aussi délicat, que l'amour, l'argent et la mort, tant il existe un poids des mœurs, empêchant une pleine introduction, aux « grands » sujets de société. Car, il s'agit bien de la relation humaine et touchant à l'intime, par l'amant[29] et la maîtresse[30] ; personnes se définissant par le manquement à leur parole – et engagements à la fidélité sentimentale –, où, comment avoir une « microentreprise », (à la fois, non déclarée et reconnue) et concurrençant la première – initiale.

Ce terme se voit comme extra-moral – un mensonge – un acte de grand préjudice moral, en opposition aux codes sociaux ordinaires, visant une limitation – voir une impossibilité de la « trahison ». Pourtant, ce fait appartient à l'ordre de l'intime au sein de la relation, car, nous vivons une époque où l'intime se voit fragile, difficile dans sa préservation et sa protection. L'adultère ne se voit comme une *abomination* sociale – sauf au plan religieux – devant l'expression de liberté, appartenant à chacun. Pourtant, au cours de l'histoire humaine, l'adultère en compose ses pages.

Selon l'époque, il se regarda comme du simple libertinage dans les mœurs. Cependant, il entraîne souvent des situations de vengeance par la corruption subie. Dans un passé récent, il servait par l'appui des rapports des détectives, à demander le divorce –, aujourd'hui, ce dernier se passe (le plus souvent) à l'amiable pour le même sujet.

Au cours de l'histoire, il apparaît que les hommes gardent une « propension » naturelle *à tromper,* alors que les femmes, moins, comme une réponse naturelle aux besoins des premiers face aux secondes. La codification du mariage religieux au cours des siècles en Occident, se vit, comme un rempart contre l'adultère, l'infidélité, le libertinage, la polygamie – pour l'homme et la femme. Rempart très difficile à défaire, tant il comporte le poids des conventions morales et sociales, qu'aussi, malgré « la faute » – rapide –, le divorce s'avère très long et amplifie ce sentiment de culpabilité, inhérente aux lois.

Il renvoie et dépasse le principe de La Trinité, du je, tu et nous, par cette troisième personne, interférant dans la relation – un double miroir – projetant une autre facette à l'envers. Il se regarde dans cette notion de fidélité – se retrouvant (aujourd'hui) au cœur des grandes philosophies religieuses – notion anti-corruptrice de l'amour « courtois » de l'homme à la femme et inversement, une fidélité, reposant sur l'affinité. Pourtant, il reste dans cet espace du désir et de possession, particulièrement pour l'homme – dans son dessein naturel. Pour la majorité des civilisations, l'adultère reste un délit, un péché, un crime extrêmement grave, tout particulièrement pour la femme ; alors que dans l'organisation sociale, l'homme se trouva – longtemps pardonné de sa faute –, aujourd'hui encore. Pourtant la monogamie demeure un état reconnu par les Églises chrétiennes, il n'apparaît pas évident que l'homme et la femme demeurent monogames ; *a contrario,* la science tend à monter ce trait de caractère, et semble montrer, que la femme se présente naturellement à la monogamie – ceci, n'a pas caractère de vérité dans toutes les civilisations.

Punie par la morale religieuse – car considéré comme une déviance à la fidélité et à l'activité sexuelle du couple. Dans la littérature, *L'Amant de Lady Chaterley,* de David Hertbert Lawrence, publié en 1928, reste un succès, témoignant de la difficulté de la liaison « clandestine », ses conventions sociales et de la volonté de la femme à demander le divorce, pour poursuivre pleinement sa vie par cette liaison. Pourtant, il fait aussi partie des contradictions de la vie humaine et de certains dépassements – des interdits moraux – contradiction, par la promesse initiale non-tenue – avec un vainqueur et deux perdants. Et dépasse-ment, de certains « interdits » – exerçant une pression, qu'il faille évacuer, par la recherche d'un reflet, dans le but de vaincre le « malaise » accumulé, par moult argumentation, sous le couvert de ces interdits.

Dans le ménage monogame, d'autres facteurs interviennent, à savoir le religieux et le civil, car compte tenu de l'impératif de l'éducation des enfants et de la place dans l'échelle sociale. L'instinct de procréation ne peut trouver sa légitimité dans le cadre familial monogamique, ce qui tend à changer sous une large pression sociale et économique depuis la moitié du XXe siècle. Pour pallier, à l'équilibre psychologique et à l'harmonie, le législateur permet à chaque partie de pouvoir quitter la communauté en toute liberté – malgré l'engagement prit au départ, toute contraire devient à l'origine d'une réaction du subconscient qui tend à l'emporter.

Selon les rites matrimoniaux, chacun des parties ou époux apparaît comme la propriété de l'autre. Apparaît dans cette logique possessive, le conjoint adultère « aliène » ce qui ne lui appartient pas ou plus (sa sexualité, son corps) et souille ce qu'il avait acquis (la personnalité du conjoint). Pourtant, l'adultère ou infidélité apparaît comme une tromperie, une trahison de la confiance et de la foi jurée. Dans toutes les sociétés, féodales, guerrières ou pastorales, la plupart considéraient la femme adultère comme beaucoup plus coupable que l'homme. Pourtant, au cours de l'histoire de l'aristocratie, la maîtresse se situait comme « le fusible » sauvant le couple de la *débâcle* et des conventions, parfois lourdes à porter. Pensée ayant toujours cours, malgré toutes les expressions exprimant son contraire, car trop de facteurs restent et demeureront ses causes, dans la cause et le dessein humain.

Dans la conception politique et sociale, il s'encadre de lois, notamment, par le mariage, visant à prévenir et limité les « dangers » qu'il représente pour la survie du couple, mais aussi, devant le nombre de procédures se multipliant à son sujet. Car, il ne réunit les passions et idéaux de l'amour – mais son engeance –

par ses multiples justifications, propres à chacun.

Dans la chrétienté, un encadrement religieux coercitif, souvent mis en place, tant en Europe, en Amérique du Nord et du Sud. Dans certaines sectes, il s'avère bon de pratiquer la délation auprès du révérend. Dans les us de certains pays islamiques, il existe une prévention de l'adultère, consistant à enfermer les femmes et parfois en les mutilant. Un grand débat fait montre ces dernières années, au sujet des femmes voilées, – pas de voiles, dans l'Islam modéré – dans la pratique encore, beaucoup sortent voilées et accompagnées. Certains voiles se tiennent d'une main, l'autre n'ayant guère le loisir de faire signe aux hommes !

Les sanctions retenues au plan pénal et social, ne permettent de répondre à tous les cas de figure, et souvent les décisions rendues dans les tribunaux, ne *corrigent* ce fait, mais punissent, (souvent) lourdement l'accusé(e) ou fauteur. Pour les mariés, il vient rompre le « contrat social » initial, signé par les deux ; brisant la barrière de la norme et des obligations. D'ailleurs, pour beaucoup, les lois conjugales permettent de le tempérer. Aujourd'hui et souvent, s'évoque « la question » de la maturité, lorsqu'il survient, alors qu'il répond à l'appel conscient ou non de la tentation à l'autre – physiologique et psychologique –, et des espoirs permirent par cette relation. Car, les espoirs placés (souvent par l'amant), font partie des intentions d'obtenir plus que la simple relation extraconjugale, mettant en danger le fauteur par l'importance du temps physique et matériel consacré.

L'adultère « traîne » dans le couple les larmes, la honte, la haine, la fureur, des crimes secrets, de sanglantes guerres, des familles sans chef, le malheur, même des diableries. Cependant, autorisé, le porter, reste différent pour les familles, l'entourage par l'aspect hypocrite d'un code initialement interdit lors de l'engagement. Néanmoins, ce processus se regarde différemment selon les cultures, certains diront que dans l'adultère, l'amant se voit aussi cocu que le mari, car il devient un ménage à trois, imposé(e) par la femme ou l'amant, supporté par lui et insupportable pour le mari. Ceci, renvoyant aussi à la question de la bigamie au féminin et de ces multiples images, fantasmées et critiquées.

D'autant penseront que le mariage ne permet pas une fidélité impossible, à l'homme, car la tentation s'avère intégrée à son dessein et à son environnement ; dans le même temps, l'adultère provoque bien des maux en compliquant les bienfaits. Cependant, au travers des âges, de la littérature, des expériences, la femme adultère se décrit dans toutes les sociétés pare différentes lectures opposant les personnes par leur rencontre et leur différence d'éducation et de point de vue. Car la question se pose pour nombre de femmes (épouses ou concubines), dans le passage « véritable » ou pas à l'acte, certaines, se contentant de fantasmer cet adultère, d'autres, de la vivre virtuellement – un adultère « réduit » ou « allégé » – notamment, via le réseau internet – permettant de s'affranchir *un temps* de la partie sexuelle –, amant simple ou de cœur ?

Désir, regard de l'autre, de fantasme, les contraintes faisant oublier l'essentiel du couple ; conduit à des déviances – cependant naturelles dans une vision basse de la relation, à cela certains verront les commandements religieux, or, il reste de la nature humaine d'avoir ce petit plus ; d'autant plus qu'il rentre dans un interdit social, que chacun interprétant à sa faveur dans l'instant. Car, sur le plan moral – social, esthétique et philosophique, il se voit comme une injure à l'autre ; un crime visant à rompre ce pacte de l'engagement promit à la fidélité –, au contrat social du mariage, un déshonneur pour le cocu – un déshonneur à son nom, à sa famille ; voir au peuple par le rang social du couple.

De nouveaux outils, en dehors des lectures et magazines, comme l'Internet vient interférer, et plus ou moins amplifier, par des sites dédiés à ce seul fait. Car, il permet une toute « discrétion » des schémas adultérins, depuis, pour beaucoup, il comporte moins de risque « de se faire prendre », car, les échanges et rendez-vous se font par « courriels » – nécessitant une organisation interne à ces consultations (travail, domicile). Cependant, les hommes développèrent ces outils de rencontres, et les femmes acceptèrent cet imbroglio – pour une question, essentiellement sexuelle. Cependant, *(encore difficile à vérifier)* un grand nombre reste à ce seul stade virtuel, afin de conserver un appétit « quotidien » pour son seul domicile conjugal, rajoutant un nouvel « intermédiaire » à cette trinité. Par le réseau Internet, *la fonction érotique* se redéfinit – utopie permettant d'en faire une « norme », pas toujours compris dans les codes développés par chacun.

Ses formes se regardent dans la morale sociale et religieuse l'entourant, par exemple, en France une récente étude de l'Inserm, montre qu'à peine 4 % (3 % des hommes et 1 % des femmes) ont pratiqué l'échangisme – autre fantasme – qui permet à certains de se voir en dehors, car, « raté » il crée certaines fois un fort déséquilibre dans la relation.

Par de nombreux récits, l'infidélité apparaît pour nombre de couples, comme un « outil » bénéfique, stabilisateur de leur couple, par le seul but sexuel à atteindre et leur permet de conserver les *apparences* et les *avantages* de la vie conjugale – sociale du mariage –, sans avoir à se séparer et perturber la vie familiale. Car il résulte d'un éclatement de cette cellule, mais aussi du scandale qu'il provoque sur le couple et son entourage – pire, lorsque célèbre ! Pourtant, ceux et celles la vivant – la pratiquant, tienne à garder la plus grande discrétion dans son vécu, par l'éducation, l'environnement social et professionnel.

Cependant, au même titre que l'amour et son *coup de foudre,* il répond à cette logique de la physiologie interne – cette chimie agissant aussi sur nos pulsions de désir. Particulièrement pour ceux et celles – dans le cadre d'une vie de couple – ne parvenant à contrôler ces envies et pulsions d'une tierce personne, posant par là même les cas de conscience de l'arbitraire du faire ou pas, de posséder ou non en répondant à chaque pulsion ou instinct. Cependant, dès lors que la « relation » devient durable, les comportements, conduit parfois jusqu'au cynisme le plus impensable, parce que l'amant en sait parfois trop sur l'état du ménage ; pour d'autres, une sauvegarde de leur couple, dans la désinhibition sexuelle.

Par cet acte, nous nous trouvons confrontés à mensonge, action et objet interdit dans les tables de la société. Pourtant cet acte se vit codifié, dans ses interdits au cours de l'histoire humaine ; notamment sous le couvert de la religion. Nous restons dans une vision où le schéma se regarde différemment, la femme trompant l'homme ne bénéficie que de peu de légitimité et enrage l'homme, le vivant à son tour comme une chute inexorable, dans sa fonction. Avec toute l'image portée depuis longtemps, dans la littérature sur le mari trompé – le cocu ou animal affublé de cornes, en guise d'appendice. Malgré toutes les révolutions sociales au cours de ces quarante dernières années, ce sentiment occupe une grande place, et soulève toujours autant d'émotions lorsqu'il conduit au drame ; malgré cette notion de liberté envahissant chaque jour les esprits au nom de la liberté de vivre comme on l'entend. Ce modèle conduit inexorablement vers une faillite grandissante dans les rapports humains, notamment dans le mythe du couple. Cependant, il prend naissance, aussi dans certaines professions – à l'intérieur – par la promiscuité ou en vase clos, par les pressions exercées – et devient un sas ou une soupape de sécurité, libérant *un trop-plein,* mais aussi du temps libre de la profession, permettant un développement d'affinités extraconjugales –, une endogamie socioprofessionnelle. Une tragédie, par la non-satisfaction morale, de la raison de la rencontre initiale, accordant une large place, à ce regard « extérieur », avec peu d'intérêt à son territoire.

Au travers de témoignages et d'enquêtes, beaucoup disent, que l'ennui et la routine – sexuelle ou inexistante – conduit aussi, à franchir cette frontière –, cet acte de l'adultère. Minant par là même les raisons initiales de vie ensemble – comme un partage de ses secrets à « la concurrence », pour la justification d'une lassitude conjugale, dû en grande partie, à l'absence de désir et de dialogue de part et d'autre. Un renouvellement des sensations du désir et aussi, un comble de l'affectif, se recherchant par la seule relation physique ; car, souvent les deux se retrouvent dans cette situation – afin de changer le cadre de cet amour, souvent réglé et sans réelle surprise, dans le foyer initial, où seul les couples veillant à la tentation, en maintenant un éveil de la fonction érotique *parviennent,* à annihiler ce besoin d'aller voir – d'aller chercher ailleurs –, ce plaisir. Cependant, pour nombre d'hommes le pratiquant, il reste avant tout d'ordre sexuel – au détour de rencontres ou de fantasmes – mais, dit *toujours aimer* leur « femme » et, ce fait permet (parfois) de sauver le couple et sa sexualité. Aujourd'hui, moult ouvrages, revus et émissions « expliquent », comment et pourquoi la femme peut, et doit *actéoniser* son mari, pour le plus grand bien ou malheur de la seule liberté sexuelle et des personnes. Sur le plan matériel, une notion féodale demeure toujours vivante, celle de cette rage exterminatrice de la femme adultère profanant les biens de l'époux, ses possessions, son décorum social. Elle salit son nom, il se sent salit, dépouillé, surtout s'il se sent sexuellement inférieur à son rival – l'honneur à tout prix.

La situation « d'adultère » arrive lorsqu'une *histoire* traverse des turbulences relationnelles, par ce sentiment du malheureux, une troisième personne apparaît – brisant la dynamique de l'amour unique – exclusive – dans sa promesse d'engagement. La jalousie excessive de l'un ou de l'autre devient une cause à cette situation, par la charge émotionnelle de l'amour – de l'insécurité mentale qu'il produit, conduit à transgresser et se mettre en danger, par l'insécurité de cette personne et de la « durée » de la relation. Sauf dans les cas définis et autorisés au sein de certains couples, dès lors, il devient un échange conjugal, par la liberté et la discrétion et le confort qu'il permet. Pour beaucoup, il apparaît « normal » de le vivre, notamment à l'intérieur du mariage, tant les attentes s'avèrent difficiles à atteindre, et que chacun aspire un jour à « découvrir » une autre personne, afin de *couper* la routine du quotidien et parvenir – à garder – secret ou ignoré cet acte, pour n'en tirer nulle vanité. Pourtant aucunes raisons et excuses ne justifient (en majorité), cet acte dans le dessein du compagnon de vie. Cependant, bien des hommes et femmes le justifient par : l'insatisfaction de la relation intime, de la perte de romantisme, des changements physiologiques s'opérant, la monotonie, la peur du vieillissement pour l'un ou l'autre... Cependant, bien d'autres facteurs anodins, conjoncturels, environnementaux viennent aussi interférer dans l'intime du couple.

Pendant longtemps dans l'histoire des mœurs, l'adultère resta le crime le plus sévèrement punit ou châtié, souvent illustré par la mort, ceci ayant toujours cours de nos jours dans de nombreux pays toujours au nom de la morale et des bonnes mœurs. Appliqués de façon définitive sur le lieu du dit délit, ce qui ne fait pas la gloire de l'espèce humaine civilisée, vis-à-vis des femmes. Par contre, le meurtrier « par passion malheureuse » et « trahie », bénéficiait de l'indulgence complice et sournoise du système social. A contrario, il ne se trouvait jamais condamné, à de rares exceptions et s'en sortait de peines de prison légères. Cependant, dans certains pays, l'époux se voyait (se voit encore) félicité de l'assassinat de sa femme volage – la réciproque se voulant inconcevable, car la femme n'a aucune raison de se montrer jalouse ! Cette même atmosphère, « entoure » le mâle latin se faisant justice. Malgré toutes les voix s'élevant de par le monde, ces pratiques continuent de nos jours.

Malgré les répressions et l'évoluions des mœurs, l'adultère constitue une pratique courante, les causes et les raisons s'en trouvent diverses. Cependant, sur un plan analytique, deux courants principaux en ressortent pour l'homme, la nature même de sa libido, pulsion du chasseur, de capture, de sa quête de pouvoir. Aussi excellente soit sa femme, la fidélité « au long cours » n'assouvit pas son besoin de nouvelles expériences, sauf sa foi et le rappel de son engagement. Pour la femme, la déception causée par un mari insuffisant, au double plan charnel et affectif (indifférence – égoïsme). Ces éléments constituent une indispensable soupape de sécurité, lorsque le cadre du mariage, indissoluble, très souvent devient étouffant, son exercice se voit plus ou moins facile.

Cet acte reste lié à la culture et aux us entre générations. Il n'en reste pas moins fantasmé dans la culture occidentale, au regard de l'Orient et l'Afrique, pour la polygamie et la polygynie possible, non permit dans les formes du mariage. Pourtant, nombre de couples traversent le temps sans aucunes relations extraconjugales (ni amant, ni maîtresse), car les deux possèdent la complémentarité humaine nécessaire au maintien de leur entreprise, en répondant et en partageant les besoins, et surtout en restant dans l'écoute, ces derniers restant des cas à part.

Malgré un encadrement social strict, tant en Europe, qu'en Amérique, et en d'autres pays, la tolérance plus ou moins officielle à l'égard de l'adultère, se regarde comme une des conditions d'habitabilité d'une civilisation et syncrétise toutes les peurs et le voyeurisme de chacun, dans le regard porté à l'autre, inférant une échelle de valeur et de jugement, faillible ou non. Ceci, aussi longtemps qu'un humanisme plus évolué n'aura aménagé le mariage monogamique, afin d'améliorer les relations sociales entre les deux sexes. Au lieu d'une révision, l'arrivée du Pacs allégea les devoirs et obligations du mariage. Il reste à attendre ce cycle des dix ans afin de regarder les prévisions du législateur et aussi les conséquences et retombées de cette loi dans l'organisation sociale des hommes et des femmes.

> *« Ciel ! Mon mari !... »* Le personnage d'Anaïs.
> *Un chapeau de paille d'Italie,* Eugène Labiche.

CHAPITRE V – LA FAMILLE

CHAPITRE V – LA FAMILLE

« La famille est la cellule la plus fondamentale de la société. »
Le XIVe dalaï-lama[31].

n.f. (lat. *familia*). Ensemble formée par le père, la mère et les enfants. *Chef de famille*. Sociol. *Famille nucléaire* ou *conjugale* : groupe domestique réunissant au même foyer uniquement le père, la mère et les enfants non mariés. – Les enfants d'un couple. Ensemble de personnes qui ont des liens de parenté par le sang ou par l'alliance.

Jadis, par le mariage, le couple en créait sa fondation, comme un rite de passage – immuable –, à une nouvelle identité. Dans ce terme, différentes définitions permettent des distinguos, établissant des classifications pour la société. Pour la statistique et la politique : *« Une famille est la partie d'un ménage comprenant au moins deux personnes et constituée, soit d'un couple marié ou non, avec ou sans enfants, soit d'un adulte avec un ou plusieurs enfants. Dans une famille, l'enfant doit être célibataire – lui-même sans enfant ».* en France, cette notion de « famille », se vit introduite à partir 1968, au cours du recensement, et vint remplacer les notions de : *« noyau familial principal »* et de *« noyau familial secondaire »*, utilisés dans la loi depuis 1954.

Dans la classification sociale actuelle, une famille *monoparentale* comprend un parent isolé et un ou plusieurs enfants célibataires (n'ayant pas d'enfant). En France, depuis les années soixante, cette tranche ne cesse de grandir, et les femmes représentent sa part la plus importante, depuis les lois leur permettant une séparation « plus aisée » ; mais s'en trouvent aujourd'hui très fragilisées par la précarité sociale s'y développant, car elles doivent répondre à toutes les exigences de la société – en plus du rôle de chef de famille.

Par opposition, le « Clan » représentait chez les Indiens d'Amérique le concept familial de manière très élargie ; d'un point de vue anthropologique, – une unité sociale exogame de filiation unilinéaire – un regroupement de personnes de divers horizons

–, se reconnaissant *un* ancêtre commun. Appartenir à une famille, permet par ses idées et l'imagination du chef de parvenir à ses projets, de réaliser ses rêves – aussi devenir chef du clan. Sociologiquement, le chef du clan porte presque toujours une vision haute, vers un destin auquel chacun se reconnaît et participe. Notion, se retrouvant dans l'histoire asiatique (Chine, Japon, Corée…), dans son histoire récente, le Japon s'appuya fortement sur l'héritage du Code civil Meiji, code rédigé en 1898 et prônant la suprématie de la famille, comme structure de l'État. Les parties portant sur la famille montrent que chacun – en particulier la femme – devait obéissance au chef de famille – ensuite au mari –, dans le maintien de son unité. Ce code se vit révisé, après la Seconde Guerre mondiale, afin d'assouplir certains textes et de permettre une réelle introduction de la femme dans la société, au regard de la « culture » impérialiste de jadis. En Chine, ce bouleversement intervint à la « révolution bourgeoise » de 1911, afin de ne plus la limiter et de la libérer, dans ce seul rôle d'épouse et de mère, dans toutes les sphères de la société (*économique, social, politique et culturel*).

Cependant, le mythe de l'universalité de la famille ne peut se réduire à une seule définition ethnique et philosophique, mais trouve ses points communs, à la fois dans les similitudes et les différences composant le dessein, les destins des peuples, et la genèse de la famille. Ce mythe repose sur une volonté, au fil de l'histoire, à ce que les hommes s'identifient dans une même action commune. La famille fait partie de l'histoire commune des êtres vivants et aussi humains, aussi loin qu'il faille y remonter. Depuis les premiers groupes humains, la coopération et la solidarité de tous les membres permirent de traverser le temps, en modifiant ses inégalités « naturelles », non par la seule hiérarchisation, mais avec les qualités et capacités de chacun – intrinsèques et extrinsèques – qualités toujours utiles, nécessaires et indispensables à la survie de tout groupe. Depuis, elle naquit essentiellement d'une structure de base : homme - femme, où naissaient les enfants en compagnie (souvent) des grands-parents. Au cours des dernières révolutions sociales et des mœurs, d'autres préjugés s'avancèrent, comme la fin de ce modèle initial.

Pourtant, aujourd'hui, à l'inverse des sociétés dites « primitives », le culte des ancêtres ne représente plus ce ciment de la société. Cependant, en Afrique, en Orient, en Amérique du Sud, les ancêtres – ou anciens – conservent encore du respect et se voient – encore – honorés pour leur vie, leur savoir-faire et leur savoir être, malgré le culte de l'individu se globalisant. Pourtant, il s'agit aussi de la transmission de la transmission d'un support identitaire « naturel », incluant des idéologies conscientes ou non, pour les rapports au social, dans les revendications actuelles. Mais son approche historique passe par la connaissance de l'arbre des ancêtres – intergénérationnels – avec intérêt ou encombrement. Néanmoins, au cours de l'histoire et malgré moult bouleversements, la femme reste la principale fondation de cette structure, sur qui tout (ou presque) repose : l'amour, les enfants, la famille, le ménage, le patrimoine.

Jadis, les hommes parlaient de piété filiale, car l'honneur, l'action et le comportement des enfants montraient la valeur d'un ancêtre, avec la perpétuation de l'histoire familiale. Le Talmud comporte aussi cette pensée pouvant se relier aussi à la famille : « *Enseigner sans système rend l'apprentissage difficile* ». Cela peut nous renvoyer à une analyse philosophique et sociologique, du comment apprendre, enseigner et transmettre cette notion. Dans la culture chinoise, selon Confucius, « *La famille est le centre de l'univers* », et depuis la tradition familiale chinoise reste induit par le respect dû aux aînés (parents, grands-parents, aïeux) vivant et mort, car ils représentent le « présent ». Dans nombre de familles, les membres prenaient soin d'honorer leur mémoire, lors des anniversaires (naissance ou mort). L'hommage et l'honneur des ancêtres font partie de la culture, de la littérature, mais aussi de l'art. Parmi tous les recueils chinois citant la famille, par nombre de récits, « *Les vingt-quatre exemples de piété filiale* », réunis au XIVe siècle par Jui Jujing, reste l'un des plus connus. L'ensemble représente différentes périodes de l'histoire de la chine au travers de la famille.

Cependant, elle se regarde aussi dans la symétrie des fondements sociétaux par : les fondations, les habilitations et sur les durées successives de vie dans l'histoire humaine –, par la filiation (le nom), non par le seul lien du sang. Mais aussi par l'engagement moral du couple, à sa protection dans la vie et le temps social – relevant d'une analyse continue. Pourtant, dans l'utopie collective, la famille se doit de rester unie dans le temps, pour cela, les parents doivent aimer et respecter leurs enfants et réciproquement pour ces derniers ; ces points devant permettre de conserver l'équilibre de chacun. Dans un souci de croître et de développement du groupe social qu'il représente dans un modèle politique et religieux, notamment en Occident. Pourtant, la famille se traduit aussi dans son observation du milieu social, de ses couleurs, ses ambiances et ses mentalités. Car, chaque culture lui accorde une importance graduelle à son existence et son devenir. Elle se regarde aussi par son ou ses identités diverses, intégrant ou non du communautarisme dans ses contours et ses idées contenues (*grands-parents, parents, enfants*). Notre époque, depuis une dizaine d'années se regarde d'une part, dans la globalisation se développant pour uniformiser les hommes ; et d'autre part, dans cette notion regroupant seulement « les miens ». Devant le social, l'économie et la politique, ce renvoi à faire des enfants et à fonder une famille reste importante pour chacun, mais se fait attendre pour beaucoup compte tenu de l'incertitude du présent et de l'avenir par la notion de flexisécurité s'imposant à une majorité.

De nombreux penseurs et philosophes apportèrent des idées, non sur la famille, mais particulièrement sûr : *l'identité, le sang familial, la terre natale et la tradition régionale et nationale*, comme des prismes les définissant et les inscrivant dans le temps et l'espace de la société. Depuis Néron, son élaboration devint une doctrine encadrant la reproduction par les premières lois de l'Église chrétienne, afin de permettre une existence légale – contrôlée, des couples. Pourtant, elle se regarde aussi dans la composition de ses membres (enfants naturels ou adoptés), car elle pose la question ouverte de l'origine dans les cas seconds et des sentiments des parents ; dans le bonheur et les difficultés surgissant dans l'élaboration des relations et des développements. Nous retrouvons depuis longtemps, un regard commun de la structuration de la société par : la famille, le communautarisme, la politique et le religieux, l'économie. Pourtant, la question de l'essentialité du couple à l'histoire familiale, reste-t-elle un aide-mémoire aux divers moments de la vie ? Cependant, elle s'inscrit dans une tradition des généalogies, structurant l'histoire ; tendant à transcender l'éphémère pour sa pérennité, au travers des siècles et des continents. Néanmoins, le couple, comme la famille s'inscrit dans la construction, le développement et l'élargissement des traditions anciennes et nouvelles (identités et métissage).

Dans la construction d'une nouvelle famille et pour tout couple s'engageant dans cette voie, il semble important que chacun accueille et recueille la mémoire de l'autre – comprendre son altérité – aussi dans les différences ethniques sociales et économiques. D'ailleurs, la politique sociale met en avant cette notion d'identité, comme un des signes d'appartenance au groupe social par le patriarcat s'y référant. Au regard des lois et de ses évolutions, la famille se « déroule » à l'intérieur de la sphère privée – domicile – restant sacré, secrète et inviolable. Car protégée aussi par les lois, mais nombre de causes modifièrent ce strict regard de cette sphère, afin de protéger tous les membres et d'en réduire la toute-puissance paternelle, dans un désamour n'ayant pas sa place.

Elle se regarde aussi dans les inimitiés, après les présentations où résulte souvent les visions et objectifs de chaque partie pour le « bien » respectif des enfants, dans les idéaux établissant la « normalisation » de la bonne famille. Car, la cristallisation de cette dernière ne se regarde plus sur le seul schéma de la toute-puissance du père comme jadis –, mais dans le partage de ce « pouvoir » avec la mère. Mais aussi, dans une large pluralité : concubinage, pacs, divorce, famille monoparentale et recomposée à différents moments de la vie personnelle. En son sein, elle doit permettre de fédérer tous les membres la composant, tout en restant à l'écoute du « chef de famille », celui qui anticipe, focalise les projets de cette entité. Elle se regarde aussi dans la puissance et le pouvoir qu'elle représente par ses membres, par la place occupée et la fonction qu'elle remplie par son pouvoir décisionnel au travers de son chef ou ses chefs. Souvent, nous entendons des critiques sur « l'incertitude » de ces valeurs (naissances, divorce, famille recomposée), car elles deviennent en partie les inquiétudes d'aujourd'hui et de demain, dans le courant sociétal en cours. Pour beaucoup de couples, il s'avère difficile de garder des repères, des balises permettant de perdurer dans la sauvegarde des valeurs familiales, de ses liens, son alliance et ses filiations, bien que celles du couple s'en différencient.

Plus qu'hier, elle se regarde dans les attentes menant à l'épanouissement de tous ses membres – initiale ou recomposée –, moins dans la verticalité, mais dans une horizontalité variable, aux interactions grandissantes du quotidien. Son institution se voit et se verra *in fine* dans la modernité, lui permettant de rester légitime dans la filiation et l'autorité, au regard de tous les défis se dessinant depuis quarante ans. Cependant, nombre de ses membres peuvent aller à la déconstruction du « noyau » à la fois dans ses parties visibles et cachées. Un processus conduisant à la fin du modèle initial, pour une émancipation de l'individu au nom du progrès ; en brisant les jugements moraux.

Actuellement, les fondements de la famille se regardent dans la politique économique et sociale, du développement de la parenté, du don entre les membres (famille nucléaire ou recomposée), et aussi de la symbolique de son ordre – question ne se posant pas pour ceux l'intégrant et la développant. Sa généalogie détermine fortement le lien social et les grandes traditions faisant son histoire, son autorité et ses devoirs. Car, elle appartient aussi à un *réseau* ou un *clan* par sa transmission, avec ses : codes, chefs (clan, famille ou tribu), mères dignes et indignes, enfants terribles et aussi ses règles lui permettant de régir ses préoccupations, mais aussi ses secrets.

Ses valeurs en font : sa vitrine pour présenter ses membres ;

son passeport pour son regard humaniste ; faisant un idéal normatif, que d'autres peuvent ou non accepter. Mais, aucune ne se ressemble par des définitions générales, mais par une introspection des particularités de chaque groupe, de ses membres, par les liens les raccordant, afin de dissiper cette complexité. Bien qu'André Gide citât : « *Famille, je vous hais !* », chacun au cours de sa vie peut rester dans la sienne et intégrer une autre par le mariage ou en « une » famille, suivant ses souhaits et le pluralisme recherché ; mais pas seulement prédictible. Bien que Nietzsche pensât que l'individu devait se protéger de la tribu, afin de ne pas se sentir étouffé ; il n'en demeure pas moins que chaque individu a aussi besoin de sa tribu, dans son identification, son développement et son équilibrage.

La dimension communautaire et familiale demeure une caractéristique essentielle et importante du mariage. En cas de conflits dans le foyer, ses résolutions ne peuvent se limiter aux seuls époux, mais à l'implication de toute la famille. Pourtant, elles se ressemblent avec leurs tragédies, les secrets et ses anecdotes dans ses réalités. D'ailleurs, il existe : « *les secrets de famille* » et la « *famille et ses secrets* », conduisant à des approches différentes, selon sa généalogie, mais aussi dans la sauvegarde du « prestige » familial et de la « grandeur ». Car, chaque famille comporte ses secrets, souvent difficile à porter, après plusieurs générations, tant la révélation des mensonges comporte souvent une part de traumatisme. Jadis, dans nombre de cultures, le conte familial dans la pure et stricte tradition orale, relatait et vantait les aïeux, et en expliquait les origines, ainsi que le dessein de la lignée. Dans les familles nobles (aristocratiques, bourgeoises), il y a (presque) toujours trace d'un ancêtre héroïque, tant par son action militaire et/ou politique. Point commun, se retrouvant dans toutes les sociétés et les mythes les composant. Car, l'éducation et le développement intellectuel d'une famille, se fondaient aussi sur une mythologie, ceci, depuis la Grèce antique. Par ce biais, l'histoire familiale comporte (souvent) des « pages oubliées » ou « allégées », car seule compte le nom, le blason, la gloire d'un mythe, afin de perdurer dans le temps.

Cependant, à chaque « ethnie », il y va des codes servant d'emblèmes aux géométries sociales – hiérarchisant de la famille, pour la meilleure réciprocité entre les membres (pères, mères, enfants, grands-parents, etc.), servant aussi à protéger les membres et parfois le délicat équilibre – entre « certains » membres. Car, malgré les multiples approches de transparence, le dilemme se regarde entre la conservation des secrets, difficiles à gérer dans le temps, ou sa mise à plat, s'avérant, souvent périlleuse pour tous, car au final, il s'agit de sauvegarder les intérêts de chacun dans cette alliance.

Dans *une* société ***musulmane***, le désir de l'accomplissement familial très tôt et très jeune, ne se fait plus, pour plusieurs raisons, la modernité des sociétés sur les modèles occidentaux et anglo-saxons. Le foyer ne représente plus le seul lieu de vie de la femme, elles veulent aussi les avantages de la vie moderne. Cependant, elles se marient à l'approche de la trentaine et suivent, l'unique ou les deux enfants qui composeront sa tribu. Ce refus total ou partiel du mode et du modèle matriarcal, de la femme toute dévouée à l'homme, ses enfants, sa famille, son lieu de vie restent partiels ; car la famille garde une importance capitale dans la structure de la société musulmane. Cependant, ces types de refus conduisent vers des troubles des comportements pour nombre d'hommes et de femmes. La tradition de la famille demeure très présente et très forte dans les campagnes que dans les villes, consciente pour les hommes et les femmes de l'importance de l'unicité, comme pilier du groupe et de la société. Malgré tous les changements s'opérant au sein et autour des sociétés maghrébines, l'accent se porte depuis des siècles, non sur l'individu, mais sur le groupe – la famille.

En ***France*** les chiffres récents de l'Insee et du Recensement de la population, indiquent les proportions et la répartition des familles et des ménages comme suit :

Type de famille	1990 (en milliers)	1999 (en milliers)	1999-1990 (en %)
Famille monoparentale	1 602	1 985	+ 24
- avec au moins un enfant de -25 ans	1 176	1 494	+ 27
- tous les enfants ont 25 ans ou plus	426	491	+ 15

Couple avec enfants	8 296	7 848	- 5
- avec au moins un enfant de -25 ans	7 731	7 111	- 8
- tous les enfants ont 25 ans ou plus	*565*	*737*	+ 31
Couple sans enfant	5 493	6 264	+ 14
Ensemble des familles	15 391	16 097	+ 5

Champ : France métropolitaine.
Source : Insee, recensements de la population.

Tableau des ménages français en 1999 et 2005 :

Type de ménage	2005			1999			Évolution entre 1999 et 2005 en %	
	Nombre de ménages (en milliers)	Répartition (en %)	Population (en %)	Nombre de personnes par ménage	Répartition (en %)	Nombre de personnes par ménage	du nombre de ménages	de la population des ménages
Ensemble des ménages	*25 730*	*100*	*59 419*	*2,3*	*100*	*2,4*	*+ 8,1*	*+3,8*
Ménage d'une seule personne	8 449	32,8	8 449	*1*	31	*1*	+ 14,5	+ 14,5
dont : homme seul	3 433	*13,3*	3 433	*1*	*12,4*	*1*	+ 15,8	+ 15,8
femme seule	5 016	*19,5*	5 016	*1*	*18,5*	*1*	+ 13,6	+ 13,6
Ménage d'une seule famille sans isolé	15 896	61,8	46 361	2,9	63,7	3	+ 4,9	+ 2,1
dont : famille mono-parentale	1 937	*7,5*	4 944	*2,6*	*7,4*	*2,5*	+ 10,5	+ 11,0
Couple sans enfant au domicile	6 685	*26*	13 369	*2*	*24,8*	*2*	+ 13,2	+ 13,2
Couple avec enfant(s) au domicile	7 275	*28,3*	28 048	*3,9*	*31,5*	*3,9*	-3,0	-3,8
Ménages complexes	1 385	5,4	4 609	3,3	5,3	3,5	(*)	(*)

(*) Les évolutions ne sont pas publiées en raison d'un problème de codage pour 2004.
Note : les enfants sont comptabilisés sans limite d'âge.
Champ : France métropolitaine.
Source : Insee, Recensement de la population de 1999, enquêtes annuelles de Recensement de 2004 à 2006.

Tableau de la structure familiale depuis 1968 à 1999 :

Structure familiale	1968	1975	1982	1990	1999
Homme seul	6,4	7,4	8,5	10,1	12,5
Femme seule	13,8	14,8	16	17,1	18,5
Famille monoparentale	2,9	3	3,6	6,6	7,4
Couple sans enfant	21,1	22,3	23,3	23,7	24,8
Couple avec enfant	36	36,5	36,1	36,4	31,5
Ménage complexe	19,8	16	12,5	6,1	5,3
Nombre de ménages (millions)	*15,8*	*17,7*	*19,6*	*21,5*	*23,8*

Champ : France métropolitaine.
Source : Insee, Recensements de la population.

Par son impulsion, elle peut apporter ou annihiler l'énergie totale ou partielle –, pourtant renouvelable du couple –, et sa capacité d'agir influe sur l'environnement de ce dernier. Par sa complexité, le couple repose aussi sur un « socle » fiable – un principe du donnant-donnant. Or, la société n'a pas toujours fonctionné sur ce modèle, malgré tous les idéaux sociaux développés au cours de l'histoire. Cependant, le premier qui ne peut plus donner, se voit stopper dans sa dynamique, or, en restant dans une logique de la loi naturelle, l'important demeurant l'échange continue, comme à chaque bouffée d'oxygène. Ce principe dans l'absolu finit par créer un épuisement, car l'effort reste quotidien – soutenu –, suivant les exigences et désirs de chacun.

Cette notion vient aussi sur le terrain de la négociation, interne et externe de la vie du couple, tant sur le plan affectif, spirituel et matériel. Ce trait de caractère ou de comportement, s'emploie et se retrouve à dessein, depuis Mathusalem, dans la vie des hommes et des femmes. Ceci, créant aussi des conflits, des développements personnels conduisant et menant à diverses perversions. Cependant, l'expertise de la famille ne peut se faire sans un intéressement des capacités individuelles – capacités, développées et mis en avant en Orient et Asie, et en fait les fondements de la famille. D'un point de vue anthropologique, nombre de chercheurs disent que les fondations des sociétés n'ont jamais reposé sur la parenté.

La famille ne peut se regarder sous un seul trait pouvant la caractériser : humaniste, libéral, sociale... Car, tous ces points font partie du dessein humain, et de la mise en place consciente et non de la « protection » du plus grand nombre en son sein. Dans une vision, à la fois centrale et périphérique, la vie et celle de la famille, dépendent depuis longtemps aux doctrines : sociales, économiques, politiques, éthiques, esthétiques, médicales, de droit, etc. Tout cela servant en totalité ou partie, à élaborer un modèle de protection et d'évaluation, affectant, régulant ou non les consciences. Pourtant, elle doit transmettre non seulement les valeurs sociales, éducatives et culturelles de l'époque, mais surtout et aussi les siennes – transmissions entre les générations – faisant aussi son identité des autres, non par son seul dogme, mais dans « l'esprit » qu'elle véhicule pour chacun – une foi à sa coexistence d'humaniste par son *exemplarité* de vie. Comme gardienne de valeurs et d'idéaux devant se transmettre, au regard des incertitudes des générations récentes, dans un bilan à la fois critique et de raison, et ce dans une continuité.

Car, il ne dessine plus dans la perpétuelle prévision de la venue de ses membres et de leur engagement futur et filial. L'important pour beaucoup, aujourd'hui, tend à recouvrer les valeurs de la famille, par le lien – respect des valeurs individuelles dans la différenciation des générations – où l'apport du couple vient renforcer les parts affectives des premiers et « sécuriser » cette filiation. Bien que les courants de pensées actuelles en Occident, ne la mettent plus en avant, elle resta au cours de l'histoire humaine, une des pierres fondatrices de l'organisation sociale – vie en groupe pour chaque génération et ce dès le plus jeune âge. Cette conscientisation se trouve toujours présente dans les cultures d'Orient, d'Asie et d'Afrique, malgré le rapprochement des modèles occidentaux. Un proverbe africain cite : « *On ne se lave pas le visage avec un seul doigt, mais avec les cinq doigts de la main* », illustrant combien cette unicité s'avère importante au maintien social.

Cependant, la famille se regarde aussi au travers des générations, ces dernières années, un des grands oubliés de la cause « famille » reste les grands-parents. Pourtant, leur présence ne peut s'ignorer dans la société, à l'heure des structures familiales se fragilisant, pour beaucoup, ils permettent de conserver et de « recréer » du lien intergénérationnel. Car, devant l'allongement de la durée de vie, l'image des grands-parents – de la vieillesse change peu à peu, car ils ont une vie active, allant bien au-delà des schémas de jadis et jouent aussi un rôle important dans les cas de divorce pour le maintien du lien historique.

Ce temps familial reste, dans deux regards : subjectif, par l'appartenance à la tribu ou au groupe ; objectif, par l'adhésion aux valeurs et intérêts, définissant et renforçant les relations entre ses membres. Un lien social ne se définissant seulement par la loi et la politique, mais en premier lieu aux regards internes. Car, elle doit rester – malgré la réduction de ses membres – un projet de cohésion sociale important, dans le renforcement des liens actuels le garantissant. Une solidarité remédiant aux différentes instabilités sociales et professionnelles, par une entraide et un accompagnement de, et entre ses membres. Inverse du processus individualiste, qui renferme, isole et sépare. Aujourd'hui, beaucoup associent la famille à la sécurité, au repli, au cocooning.

Or, il n'y a pas beaucoup d'aventures plus grandes que de s'engager pour une vie entière, dans un lien de solidarité avec d'autres personnes. Car, nous nous situons à l'époque des risques calculés en tout et pour tout ! D'ailleurs, nombre de familles « modernes », se présentent dans le schéma, couple et enfants, mais ne définissent plus comme un acte fondamental du social. Pourtant, la logique de l'alliance, elle, se situe au-delà du calcul. On n'y connaît pas d'avance tous les paramètres, on ne sait si le conjoint gardera une bonne santé, l'avenir des enfants, la durabilité du travail, etc. À la moindre alerte, un des deux, oublie toutes les promesses d'amour, s'enfuit – « peur » de souffrir. Pourtant, le couple dot donner du sens à l'existence de chacun, un sens de vie et non une exhibition d'un faux-semblant, se voulant une vérité de vie.

Aujourd'hui, devant la mondialisation d'un tout marchand, la famille, pour beaucoup devient un espace d'introspection et d'introversion individuelle – visant à s'identifier dans le combat du particulier à l'universel de la tribu. Une norme attaquée dans ses structures de jadis – traditions et liens – devenant par là même vulnérable. En **Europe**, nombre d'exemples montrent des disparités : en Angleterre, les frais de garde des enfants restent les plus élevés du continent et empêchent nombre de mères de rester au travail ; l'Italie, ex-pays des familles nombreuses ne fait presque plus de bébés, fait inquiétant sur la démographie, d'autant que la constitution dit : « *L'Italie est une république démocratique, fondée sur la famille* », dans le même temps, les allocations familiales n'existent pas ; comme cité par un philosophe : « *en public, les hommes sont au pouvoir, en privé les femmes sont aux commandes* ». En Espagne, le taux de natalité en 2000 s'avérait le plus bas du monde, pour 1,2 enfant par famille, car la difficulté pour nombre de femmes se vit par les difficultés sociales.

Et pourtant, elle fait partie intégrante de l'histoire – humaine – et culturelle à tous. Jadis, son importance se traduisait par le nombre la composant, dans un passé récent, une majorité de famille comportait plus de cinq enfants. Aujourd'hui, son nombre se situe dans une moyenne nationale de deux enfants, chiffre ayant diminué, depuis l'officialisation de la contraception, les couples – plutôt les femmes – peuvent « contrôler » la fécondité. D'ailleurs, ce nombre varie d'un pays à l'autre, les familles d'Orient, d'Afrique et d'Asie pouvaient compter une dizaine de membres. Dans la bourgeoisie et l'aristocratie, le nombre d'enfants s'en trouvât réduit pour des raisons « sociales » et économiques, pourtant nombre d'écrits montrèrent que plus les familles se trouvaient pauvres et plus important se trouvait ses membres. D'ailleurs, dans un passé récent, les membres d'une famille par deux, voire trois générations, vivaient et partageaient sous le même toit, permettant ainsi un maintien continu du lien, de son enracinement renforçant son histoire. Par son regroupement (naturel), il permettait une meilleure cohésion des groupes, malgré les divergences des personnes.

L'article 16, al. 3 de la déclaration universelle des droits de l'homme stipulent que : « *La famille est l'élément naturel et fondamental et a droit à la protection de la société et de l'État.* » Pour le Code civil français en 1804, le chef de famille restait le mari, avec les pleins pouvoirs sur sa famille, car les pouvoirs de la femme se limitaient, car jugée « incapable » par le législateur. Les enfants nés en dehors du mariage n'avaient aucun droit. Cependant, le *Code de la famille* n'entra en vigueur qu'en 1939, par la loi du 29 juillet. Pourtant, depuis 1968, l'article 213 du Code civil a subi quelques changements pour devenir dans toutes les mairies de France : « *les époux assurent ensemble la direction morale et matérielle de la famille. Ils pourvoient à l'éducation des enfants et préparent leur avenir* ».

D'ailleurs, le droit de la famille repose sûr : la filiation, le mariage, le pacs et le divorce ; alors que le droit patrimonial de la famille repose sûr : les régimes matrimoniaux, les libéralités et les successions. Cette notion varie dans nombre de pays et de cultures, dans la communauté islamique actuelle, certaines législations reconnaissent la juste valeur et le rôle de la famille et de la femme comme piliers de la société. Mais, les interprétations juridiques relatives au droit de la famille, s'établissent aussi en fonction des besoins, des objectifs moraux et sociaux ; notamment entre l'homme et la femme sur la question du mariage. Malgré un retour vers cette valeur sociétale, le modèle occidental se regarde aussi dans cette société vieillissante et apeurée par elle ; créant et mêlant crise identitaire et lien social délié, produisant une ignorance entre les générations – empêchant de passer le témoin dans les meilleures conditions. Comme une peur contradictoire, à la liberté et l'autonomie de chacun, dans le lien par *l'esprit de famille.*

Cependant, la notion de « Famille recomposée[32] » occupe une large place dans le débat et la vie sociale des couples, par tous les défis et enjeux l'entourant. Cependant, dans les chiffres et enquêtes l'entourant ces dernières années, il apparaît que l'âge moyen des familles *recomposées*, reste plus jeune que les familles dites *traditionnelles* ; en partie du fait que les nouveaux couples (mariés ou non) se défont plus rapidement. Cependant, elle offre une nouvelle possibilité de reconstruire cette entreprise, où la meilleure garantie d'union d'un couple recomposé, se construisant sur l'entente des parents face aux enfants, en évitant que ces derniers ne « les détruisent », et surtout que les premiers parents continuent de maintenir le lien (en théorie). Aussi, par beaucoup de tolérance dans l'acceptation des enfants de « l'autre », afin de les « apprivoiser », car ils n'ont pas demandé le divorce des parents ; sinon il y va d'une dépression de l'enfant, comme le signalent les spécialistes de l'enfance. D'ailleurs, nombre de ces derniers suggèrent que le « nouveau » couple se sépare, certaines fois des enfants, pour se retrouver seul – en créant des moments d'intimité, et aussi de repenser la gestion de leur nouvelle vie.

Cependant, un autre phénomène sociologique intégré à nombre d'espèces vivantes et à l'homme, montre que les enfants se sentent plus fort dans une grande famille ; et qu'aussi, ils ne nuisent pas (toujours) à la fécondité des parents, et favorisent certaines fois, l'arrivée de nouveaux enfants. Car, nul (homme ou femme) dans sa nouvelle vie de famille, n'aborde ses enfants

comme des ex –, mais bel et bien le fruit d'un cycle de vie existant. Nonobstant, son esthétisme, sur le plan social, les règles et
les codes demeurent identiques pour chaque famille, seules, les
règles internes diffèrent, afin de trouver et de conserver un équilibre parfois « délicat », au vu des tensions pouvant en résulter.

Ce tableau montre la composition des ménages dans l'Union
européenne en 2005 *(Source : Eurostat, enquête communautaire sur les forces de travail, résultats de printemps.)*

Ménages selon le nombre d'enfants [1]				
	Sans enfant	Avec 1 enfant	Avec 2 enfants	Avec 3 enfants ou plus	Ménages monoparentaux en % des ménages avec enfants
Union européenne à 25 [2]	**67**	**16**	**13**	**4**	**13**
Belgique	66	14	14	6	18
République tchèque	64	17	16	3	13
Danemark [3]	74	11	12	4	16
Allemagne	75	13	9	3	16
Estonie	60	20	16	4	17
Grèce	68	15	14	3	5
Espagne	61	20	16	3	6
France	**66**	**14**	**13**	**6**	**14**
Irlande	n.d.	n.d.	n.d.	n.d.	n.d.
Italie	68	17	13	3	6
Chypre	55	16	19	10	6
Lettonie	59	23	13	4	15
Lituanie	54	22	18	6	11
Luxembourg	64	14	15	7	9
Hongrie	64	17	14	5	11
Malte	55	20	19	7	4
Pays-Bas	69	12	14	6	13
Autriche	70	15	11	4	12
Pologne	53	22	18	8	9
Portugal	58	24	14	3	7
Slovénie	63	18	16	4	8
Slovaquie	54	19	19	8	6
Finlande [3 et 4]	76	10	9	5	10
Suède	n.d.	n.d.	n.d.	n.d.	n.d.
Royaume-Uni	68	14	12	5	24

Malgré l'ensemble des travaux de sociologie et de philosophie, la famille reste un sujet long à traiter, car il appartient à
l'histoire de chaque groupe, de sa naissance à sa mort – sym-

bolique et/ou réel. Et ne peut comporter, que plus de regards à son introspection, devant le « malaise grandissant » de ses échecs et de ses névroses, par l'imposant développement du seul individu. Mais, par une récupération de cet espace, qu'aux seuls facteurs politiques et économiques ; mais par une volonté de poursuivre un contrat social naturel aux groupes humains.

Aux enjeux actuels de déterminisme, la famille doit – et devra aider à replacer une réflexion collective par l'écoute, le dialogue, la proximité de ses membres, une présence plus juste – donc plus fraternelle entre les groupes et aussi les couples. Car, la famille humaine ne peut se réduire à la seule lecture à l'individu, mais dans le « contrat social » maintenant le lien social, affectif, égalitaire ; et non à la doxa d'une guerre entre les membres et les différentes *communautés* humaines. L'amour ne se présente comme le seul fondement du couple, encore moins de la famille. Cependant, les parents doivent aimer tous les enfants et les enfants aimer leurs parents dans l'absolu ; car tous les changements sociétaux tendant vers une redéfinition de l'amour filiale, conduisent aussi vers nombre de frustrations complexifiant les rapports familiaux et entre les générations.

Néanmoins, on ne se marie pas que pour s'aimer, mais pour réaliser ensemble une œuvre commune, pour fonder une famille qui deviendra une communauté, une cellule sociale avec son rayonnement, sa fécondité sociale propre et bien sûr pour faire naître et éduquer des enfants. Au cours de l'histoire, la famille ne plut pas à nombre de dictateurs, car elle représente la structure de base de la révolte et en portant observation et analyse, ces derniers n'oublient pas de les « flatter ». À titre de comparaison, Liberté-Égalité-Fraternité reste un système horizontal, alors que Travail-Famille-Patrie, demeure un système vertical se développant de moins en moins, au regard des expériences sociétales récentes.

Dans la globalisation du tout aujourd'hui, la famille doit regarder son histoire passée et présente, afin de transmettre un acte mémorial – une trace mnésique structurelle et utile –, au risque de désunion entre ses membres dans le futur.

II – PARENTS – PARENTALITÉ

n. (lat. *Parens, entis*, de *parere*, enfanter. Toute personne avec qui l'on a un lien de parenté. Le père ou la mère. Le père et la mère. – Les ancêtres. – Fonction de parent, notamment sur le plan juridique, moral et socioculturel.

De manière immuable, cette notion définit depuis longtemps la filiation, les alliances, ainsi que la transmission entre les générations – ce, à toutes les cultures, et en définit aussi, les dimensions philosophiques, juridiques et sociales. Cependant, les parents ont des droits et des devoirs envers eux-mêmes et leurs enfants par l'amour, mais aussi devant les lois civiles et religieuses. Cette fonction, ce rôle répond aussi à la transmission et à un ordre naturel se renouvellent au flux du temps

Cette fonction se regarde aujourd'hui dans les fonctions et valeurs naturelles et paternelles. Car il y a près de deux siècles, cette notion s'articulait autour du père, comme le chef, le régent de la famille ; car le système social reposait sur le patriarcat. Les modifications politiques et sociales portèrent et élaborèrent d'autres « pistes » balisées ne la conformant à ce seul modèle. Il semble que ces balisages perdirent de leurs essences, pour rentrer en confrontation entre le rôle et la fonction des pères et mères.

Car, depuis les révolutions sociales, l'identité des deux se débat autour de la fonction biologique, de la reconnaissance de l'enfant, des responsabilités matérielles et éducatives. Tout cela ne contribue pas à maintenir les couples dans des partages « équitables » ; car il arrive souvent, qu'il y ait d'autres « *intervenants* » (oncle/tante, beau-père/belle-mère, grands-parents).

Dans cette entreprise « familiale », la fonction paternelle et maternelle, se distingue dans les rôles du père pour l'autorité, et la mère pour l'amour ; cette dernière veillant à la paternité du premier dès qu'il l'accepte et y contribue. Cette fonction de vie, se regarde dans l'importance de la filiation, dans l'histoire sociale et culturelle, ainsi que l'expérience familiale de chacun et de la vision portée.

Aujourd'hui, cette notion – fonction –, crée nombre de divisions au sein de la société, du fait du nombre grandissant des divorcés, des parents « isolés ».

De plus en plus, cette fonction se regarde dans l'espace de son autorité, exprimant leur mission ou démission, dans la frontière sociale de vie des enfants. Car, une majorité se trouve dans une détresse, par le poids du social, de l'économie et du culturel – détresse les rendant démunis et non démissionnaires par le seul fait d'en faire des boucs émissaires permanents, ce qui les fragilise aux yeux des enfants. Actuellement, elle semble des plus délicates, par les contraintes et exigences individuelles et sociales, se confondant entre objectivité et subjectivité – contraintes, ne rendant pas une lecture égalitaire entre les personnes, et au sein de nombreux couples. Car, les besoins permettant de faire évoluer cette fonction dans une droite ligne, passent et passeront par une justice sociale repensée, afin de redonner au plus grand nombre sa place, tant dans les responsabilités, que l'égalité, au regard de certaines dispositions législatives et sociales.

Aujourd'hui, cette fonction doit répondre à nombre de questions de la « société », de conseils des spécialistes et des magazines et se juge comme un métier, devant parfaire au devenir des enfants et à l'édification de la vie des parents.

Cette fonction, aujourd'hui, permet de mesurer et de comprendre ses effets, ses engagements, ses manquements, ses valeurs au sein des transmissions devant s'assurer aux futurs adultes de demain – les enfants – au regard de la globalisation grandissante. Seule la cohésion de cette fonction, la connaissance de soi, de l'amour, permettront de perdurer, dans cette entreprise fragile et de se construire une identité forte – perdant le moins de repères dans cet environnement multiforme.

PATERNITÉ :

n.f. État, qualité de père. – Lien juridique entre un père et ses enfants.

Cependant, la fonction de parent passe aussi par deux notions le définissant : la paternité et la maternité, importantes pour chacun, dans la compréhension de ces rôles. Sur le plan social, la paternité se regarde par la :

- *Paternité légitime,* dans le cadre du mariage.
- *Paternité naturelle,* hors du mariage.
- *Paternité adoptive,* résultant d'une adoption.

Cette notion se regarde dans l'approche historique au cours des siècles, entre la religion et le droit, qui permirent cette notion de droit divin par celui du père. Pourtant, il ne constitua le strict fondement de nombre de sociétés humaines. Car, cette fonction se regarde dans l'organisation sociale (ancienne et récente) – champ resté pendant longtemps au dogme religieux.

Cependant, cette notion reste non fondamentale dans les structures sociétales, car il n'y eut de régime patriarcal qu'au sens de la religion et de la politique, afin de structurer les groupes. Pourtant, elle reste importante, car elle permet une construction de l'individu aussi en tant que père et aussi pour le fils.

Devant les débats politiques favorisant ou non son développement, une partie du religieux se confronte sur cette notion des droits de l'homme, entre l'amour et l'égalité – ce qui reste à l'interprétation des traditions culturelles et historiques. Au cours des siècles, cette fonction paternelle permit aussi de comprendre les ressorts et limites de la loi, par rapport à celle du désir – comme une transcendance à la vie. Au regard de la religion, la paternité perdit de sa force, par la légitimité de la science (procréation assistée, avortement, divorce) –, modifiant l'approche sexuelle.

En France, par son congé, le législateur voulut remettre la

place du père en avant et resécuriser la filiation, la reconnaissance de l'enfant ; mais aussi sa représentativité dans le lien économique et social au même titre que la mère. Pour beaucoup, dans l'arsenal juridique actuel, l'homme devient père par le seul choix de sa volonté, qu'il consent, à la femme, mais le législateur peut aussi le contraindre à cette fonction, par la volonté de la femme et des enfants.

Ces dernières années, cette notion « souffre », de la fin du dogme de la toute-puissance paternelle. Pourtant, le père reste présent dans l'imaginaire collectif, l'utile (politique, sociale, religieux, la littérature, la psychanalyse et la loi) et dans le temps, à quelque caractère (héros heureux ou malheureux, chef de clan ou de tribu, défenseur infatigable, bourreau de sa compagne ou épouse par sa jalousie et son caractère possessif). Il concentre et syncrétise toutes les attentes par sa fonction, visant à faire grandir l'enfant, à toutes les étapes de sa vie et dans son éducation. Malgré les lois allant contre sa toute-puissance, il constitue depuis longtemps une des bases de la psyché humaine, tous les discours et débats vont, aujourd'hui à trouver sa place au sein du collectif – donc de la société. Car depuis les dernières révolutions amoureuses et sexuelles, il se trouve souvent dans des interstices, où sa fonction ne concorde plus sur les enjeux de la société et aussi des droits des femmes de disposer de leur vie, de travailler, de contrôler la vie par les naissances. Ces différences s'observent dans les discours religieux, politiques et du droit, et aujourd'hui de la science, par la procréation assistée – excluant en partie, pour beaucoup, la fonction sexuelle de son cadre initial – celui de se retrouver à deux, afin de porter l'espoir naturel de vie.

Depuis, ce droit « d'égalité » se voit modelé dans les désirs viatiques de l'époque – individuelles – où il devient possible de devenir parent sans acte, par le seul apport de la science – aujourd'hui, les ovules fécondés, demain vers les cellules clonées. Certes, le procédé permet de répondre aux difficultés physiologiques de l'homme ou de la femme, dans le cas des couples. Mais aujourd'hui, à des réponses individuelles par cette extension sans cesse de toutes les « frontières » pour un tout marchand, dissociant le lieu parental réel et le rapport conjugal. Pourtant, dans de nombreux pays européens (bassin scandinave), les fonctions participatives et présences du père dans l'organisation de la vie quotidienne, semble poser moins de cohortes qu'en France, il fait grand débat entre la religion, le politique et la psychanalyse sur son droit éthique.

Elle permet de garder une trace de la reconnaissance de ce lien au fil des générations et d'en comprendre les mécanismes devant la maintenir et la porter au plus haut. Ce temps s'observe aussi dans l'espace consacré et partagé, entre la famille et le travail, car depuis ces notions de « papa poule », les différentes études et statistiques montrent qu'une majorité d'hommes ne partagent toujours pas ce temps familial avec la femme – sauf dans les pays, comme le Danemark, la Norvège, l'Islande, où la loi sur le congé parental, s'applique aux deux parents, jusqu'à sa prise intégrale. Donc, les femmes occupent encore une très (trop) forte part dans la gestion quotidienne, cette « marche » du père vers cette *fonction* à part entière, avance, car les plus jeunes, aujourd'hui souhaitent « garder » du temps pour leurs épanouissements, celles, de la famille et de voir grandir ses enfants.

La symbolique de cette question va bien au-delà d'une simple séparation de la loi et du désir naturel, mais d'une réalité se fondant sur un projet de vie avec un contenu social – humain. Aujourd'hui, elle se regarde dans l'ordre social – sphère publique et privée –, mais aussi dans les questions touchant à la sexualité – égalité homme femme, discours devenant international, face aux demandes pour les couples de même sexe. Pourtant, il s'agit en premier, du maintien du lien familial pour l'un et l'autre – car au cours de l'histoire, sa mort symbolique s'annonça depuis *Œdipe*, jusqu'à nos jours, par l'approche de la psychanalyse. Cependant, il existe aussi cette notion de copaternité – pas toujours usitée – s'employant dans le droit de filiation en cas d'impossibilité de plus d'un père naturel à assumer de manière solidaire l'obligation alimentaire de l'enfant.

Les expériences de vie pour un grand nombre de femmes, se vivent comme des échecs, dès lors que cette fonction et cette responsabilité de père ne s'assument par l'homme au sein du ménage, mais aussi en dehors. Pourtant, malgré l'avancée des sciences, il demeure pour une majorité le principal lien entre le désir naturel et l'espace de la loi –, bien que les femmes pussent et peuvent assumer cette fonction, lors de circonstances imputant la présence de l'époux ou du compagnon.

Nombre de débats et d'études l'abordant montrent que cette question, au même titre que la maternité reste dans un ordre intrinsèque dépassant le seul cadre de la liberté et du désir, mais une réalité continue –, un recommencement (presque) sans fin. Question devenant angoissante pour beaucoup, par les enjeux sociaux et culturels et de l'importance toujours plus grande de conserver sa place par cette fonction.

Maternité :

n.f. (lat. *Maternitas*, de *mater*, mère). État, qualité de mère. Fait de mettre un enfant au monde. – Lien de droit entre une mère et son enfant.

Elle reste certainement, la fonction humaine la plus observable et la plus décriée, néanmoins importante et utile. Cependant, la question de l'instinct maternel, réalité ou utopie ? En le pensant, l'on vient à le railler, à déséquilibrer la définition naturelle s'écoulant de cette fonction.

Malgré tous les discours et courants de pensées, notamment au XXe siècle, comme cita Simone de Beauvoir dans *Le deuxième sexe : « On ne naît pas femme, on le devient »*. Pourtant, la maternité reste une fonction normale et naturelle de l'accomplissement féminin et non une « tare » l'aliénant.

Devant la modernité de la science et de toutes les revendications en cours, les conceptions filiales – maternelles de jadis, se confrontent dans sa définition et représentation : naissance, vie et mort.

Les politiques misent en œuvre, favorisant et développant le congé parental (mère et père), va vers une uniformisation européenne, mais avec des disparités sur les rémunérations accordées aux deux parents.

Aujourd'hui, elle se regarde dans le panel d'informations disponibles, prévenant — aidant — éduquant les parents, par nombre d'outils (statistiques, émissions, préventions de santé publique, conseil de santé, évolution de la médecine et de la recherche), approches visant à réduire les risques liés aux mères, mais aussi aux enfants. Cette question se regarde aussi dans la fonction paternelle – régulièrement décriée – et antagoniste au pouvoir et à la libération des femmes. Aujourd'hui, elle se regarde aussi dans l'espace sociale et professionnelle des femmes, partagées entre la gestion, la réussite de leur carrière et celle de la famille. Car, cela affecte encore le rapport social – reprise, gestion des dossiers, gestion d'un enfant en bas âge, et aussi du ménage –, avec ses tâches.

Aujourd'hui, elle se regarde dans le temps social et économique, permettant de la sublimer, comme un temps d'harmonie utile – choisie et non imposée – régressive, devant les nouveaux combats du féminisme ces dernières années. Par une morale et une reprise consciente de ce temps de vie et de partage avec l'enfant – dépassant ces temps « légaux » de quelques semaines – pour quelques mois, voire les deux ou trois premières années. Par exemple, depuis 2001, l'Organisation mondiale de la santé, préconisa l'allaitement maternel au cours des six mois suivant la naissance et suggérât d'aller jusqu'à deux ans, pour celles le souhaitant, comme une garantie de l'équilibre des enfants, de la femme et de la famille. Discours faisant de plus en plus débat, entre les défenseurs d'une maternité « moderne » et ceux prônant sa « doxa » de jadis, comme une opposition au modèle maternel précédent ; au lieu certainement d'une refonte de son organisation et sa répartition, comme à la paternité.

Au cours de ces dernières années, la maternité se vit pour beaucoup de femmes, comme une période désirée, choisie, dans l'avènement d'un enfant – un contrat moral et social – ne subissant de pression de quelques formes. De plus en plus, nombre d'études *suggèrent* et *préconisent* un retour des femmes dans la sphère du ménage – comme jadis –, au nom d'un besoin de rééquilibrer « un ordre » affectif et social pour : le devenir de l'enfant, la sauvegarde et la paix du couple, une meilleure gestion de l'écosystème immédiat. Comme une liberté de vivre et de faire, inquiétant aussi nombre de couples devant *l'instabilité* économique et sociale des modèles actuels.

À tous les discours d'aujourd'hui, où moult débats défraient les chroniques, il semble s'oublier que la femme par la compassion naturelle de son sexe inspire à la maternité – une transmission naturelle de transmettre la vie et aussi un désir de la sauver le plus souvent.

* * *

BEAUX-PARENTS :

Aussi parents de substitution par la filiation nouvelle s'opérant et devant traverser le temps (années) et les prochaines générations. À ce rôle et cette fonction de parents, s'ajoute celle des beaux-parents, elle concerne par sa hiérarchisation, les parents des conjoints ou concubins. Jadis – aujourd'hui encore –, dans la bourgeoisie, les parents savaient où *trouver* dans leurs réseaux relationnels, les gendres efficaces aux prestiges des familles. Les années passant et les mentalités évoluant, ces codes changèrent quelque peu pour s'ouvrir à d'autres réseaux, leur permettant de garder assurance, honneur et prestige.

BELLE-MÈRE :

Elle fait partie des archétypes, rendant à la fois possible et impossible l'amour éprouvé pour le fils ou la fille, par le pouvoir de destruction (de conflits) que la littérature, a depuis transfiguré dans nombre d'histoires, récits et romans. Elle fait partie de toutes les histoires antiques, romaines, orientales, asiatiques, africaines…, par son aura protectrice de la famille, comme un régulateur, auquel chaque beau-fils ou belle-fille doit passer, afin de poursuivre ce souhait de vie avec l'enfant de cette femme, paraissant comme l'être à séduire en premier - lieu. Au cours des siècles, dans toutes les histoires et contes de la vie amoureuse en général, la belle-mère se trouve au centre de tous les maux avec les mots s'y rapportant. Tout ceci ne la définissant avant tout comme une mère, car elles transmirent la vie. Dans une certaine représentation psychologique et idyllique, son fils se regarde comme un prince, sa fille comme une princesse.

La complexité relationnelle, la culpabilité et l'omniprésence de la mère en fait-elle une bonne ou une mauvaise belle - mère ? Dans l'ensemble des contes et histoires amoureuses, la belle-mère n'obtint que rarement les faveurs des protagonistes, car elle représente la « gardienne » de la tribu. Cependant, et souvent, elle se regarde par l'interprétation de son comportement, comme une immixtion dans la vie et les rapports du couple pour l'un et/ou l'autre (*fée ou sorcière*).

BEAU-PÈRE

Alors que le beau-père, conserve l'image d'un homme gardant un recul, une sagesse, par sa fonction de patriarche, exerçant aussi une fermeté, notamment dans la protection de sa (ses) fille(s). Sa relation au gendre ou la bru, va presque toujours à l'opposé de la fonction et du rôle (tyrannique) de la belle-mère.

III – AVORTEMENT

n.m. Interruption d'une grossesse avant la date de viabilité de 180 jours de grossesse. **Avorter** : v.i. Expulsion spontanée ou provoquée de l'embryon ou du fœtus humain, avant qu'il soit viable. v.t. Provoquer l'avortement chez une femme.

Certes, le couple commence l'histoire de la famille, par l'avènement des enfants. Cependant, depuis les révolutions et mouvements des années soixante et soixante-dix, l'avortement, vint modifier le rapport à la naissance, par une recherche de contrôle et de liberté des femmes. Cependant, il répond avant tout à une période de grossesse – désirée et/ou accidentelle. Cette période reste la phase la plus importante de la vie de (presque) toutes femmes, car elle représente une période de transformation successive, alliant la transmission de la vie – par la fécondation et se développant de l'intérieur. Point commun avec l'accouchement de toute l'histoire et expérience naturelle humaine et du cycle de la vie, considéré aussi comme antagoniste dans la relation du couple, à la fois dans l'épanouissement provoqué et aussi des angoisses, physiques et psychiques, influant sur ce temps. Dès lors qu'il ne se déroule dans « les règles », pour des raisons médicales ou personnelles, la décision de l'avortement intervient, comme la solution et la réponse finale.

Au cours de l'histoire, l'avortement se vit toléré selon les us et les politiques, d'ailleurs Platon en référait à son époque. L'histoire sociale du XXe siècle, varia son approche et son développement, selon les pays – cultures et systèmes politiques. En 1921, l'Angleterre légalisa la contraception ; les États-Unis en 1936, et la commercialisation de la pilule en 1960 ; en Suède, dès 1938 il entra en vigueur au même titre que les contraceptifs ; alors que la loi de 1920 le réprima en France. D'ailleurs, la loi de 1939 le régissait jusqu'aux années soixante-dix, par le Code pénal. À ce titre, la dernière femme guillotinée le 30 juillet

1943, demeure « une avorteuse », Mme Giraud, au motif d'avoir *aidé* – par 36 actes – des femmes, au cours de la Grande Guerre. Le gouvernement de Vichy la punit de mort comme l'exigeait la loi ! D'ailleurs, *L'Abattoir Solennel* de Jean Egen, raconte cette bouleversante histoire. Pourtant, jusqu'aux années soixante-dix (récemment), il se pratiqua dans les cliniques pour les « plus fortunées ».

Son histoire au cours du XXe siècle se vit tourmentée et passa par nombre de mouvements (en Occident) de révoltes des femmes pour une politique familiale de leur choix au moment de leur maternité et ce jusqu'à la fin des années soixante (1967) se confrontant aussi aux combats des religions, et ce combat se poursuit encore, en ce début du XXIe siècle. Car, les rapides évolutions de la société et par son adoption dans la vie sociale, en modifièrent et bouleversèrent la famille dans ses fondements, ses droits et ses obligations vis-à-vis de l'enfance et sa protection. Aussi de l'intégration des femmes à la politique, au social et à l'économie (des hommes) permirent et conduisirent à la maîtrise de la fécondité, dans un rapport différent au couple, à la famille et l'enfant.

Le développement de la contraception et de l'avortement dans les politiques sociales, réduisit et modifia la toute domination masculine, par le contrôle de la sexualité des femmes et aussi de la législation du divorce – transformation et révolution importante dans les rapports de jadis entre les hommes et les femmes. Jadis, dans les sociétés dites « primitives », l'avortement se voyait comme une atteinte à l'intégrité féminine. L'introduction de l'avortement sur le plan des religions, place depuis longtemps le curseur sur la question de la limitation des naissances, car il s'agit d'accepter « ce don de Dieu » – en s'opposant – le couple rompt son engagement et l'acceptation des conséquences de la procréation. D'ailleurs, il arrive que beaucoup doivent pratiquer la continence choisie, à certaines périodes, afin de rester dans ce « schéma » de la contraception naturelle – un sacrifice nécessaire pour échapper à la répression « mentale » et au jugement des hommes et de Dieu.

Pour l'Église romaine, dans le droit canonique, reprit du système grec, il s'agit de respecter la vie, car l'embryon, reste malgré tout un être vivant et sa « suppression » s'apparente à un meurtre. Depuis les années soixante-dix et l'encyclique *Humanae vitae,* du pape Paul VI, le débat reste partagé entre la mère pouvant décider seule de son droit à l'interruption volontaire, et ce droit à la vie de l'embryon. Mais aussi, un devoir de protéger la femme de certains risques (mal formations, raisons familiales, inceste, viol, aliénation mentale).

Au sein de la communauté européenne, il y a une disparité sur son délai légal – par rapport au minimum de douze semaines en Pologne, il reste interdit, sauf pour le viol ou d'un problème thérapeutique pour le fœtus. En Suède, ce délai se voit de dix-huit semaines et l'acte se voit intégralement remboursée. Au Pays-Bas, la contraception se voit libre et gratuite – même pour les mineures. En Irlande, il demeure toujours illégal. Car il provoque de plus en plus de débats, sur sa légalité et sa remise en cause dans nombre de pays. En Europe, il semble que nombre de directives et lois ne permettent une uniformisation des politiques se développant – faute en partie de cette volonté politique.

Il provoque de plus en plus de débats, sur sa légalité, et sa remise en cause dans de nombreux pays. En Europe, il semble que nombre de directives et lois ne permettent une uniformisation au sein des politiques se développant – faute, en partie de cette « volonté » politique.

L'avortement libre apporta une réponse à l'attente des femmes, particulièrement dans leur liberté et leur émancipation au sein de la société – et en dehors –, aussi la possibilité de contrôler et de décider de la vie à transmettre. Pourtant cette avancée sociale se voit régulièrement attaquée, par une remise en question de son utilité à la vie, à une trop grande liberté – touchant directement le fragile droit des femmes, dans nombre de sociétés (laïques et religieuses). Attaque influant aussi sur le couple, la famille et son organisation de jadis – un combat en continu. Car, le droit des femmes en la matière reste fragile, encore plus aujourd'hui, tant sur le plan économique, social, moral et religieux. Parce que ce combat se voit récent – fin des années soixante et début soixante-dix en Occident. Et la recherche d'une normalisation législative à l'ensemble des pays, doit répondre aujourd'hui, des offensives et attaques pour ce droit à l'avortement.

Tableau de Méthode contraceptive principale [1] pour 100 femmes âgées de vingt à quarante-quatre ans.

Proportion de femmes	2005
Utilisant une méthode actuellement	72,2
dont : pilule	44,5
implant patch ou anneau vaginal	1,1
stérilet	17
abstinence	0,6
préservatifs	7,6
retrait	0,9
autres méthodes [2]	0,5
Femme ou partenaire stérilisé (à but contraceptif ou non)	0,9
N'utilisant pas de méthode	26,9
dont : stériles	3,1
enceintes	3,8
sans partenaire [3]	11,3
veut un enfant [4-5]	6,7
ne veulent plus d'enfant	2
Ensemble	**100**

1. Les femmes sont classées selon leur méthode principale de contraception, la méthode la plus efficace l'emporte sur les autres quand plusieurs méthodes sont utilisées.
2. Méthodes féminines locales ou méthode non précisée.
3. Femmes n'ayant pas de partenaire masculin au moment de l'enquête (inclut les femmes ayant des rapports sexuels uniquement avec des femmes)
4. Maintenant ou plus tard, y compris les réponses « Ne sait pas ».
5. Femmes recherchant une grossesse au moment de l'enquête.
Source : INED, enquête Baromètre Santé 2005.

Pour cette même année 2005, le nombre d'IVG s'évaluait à 205 00, cependant ces actes variant aussi dans la proportion de l'âge des femmes, le plus grand nombre s'effectue entre dix-huit ans et vingt-cinq ans, en témoigne ce tableau sur les interruptions volontaires de grossesse pour l'année 2005 :

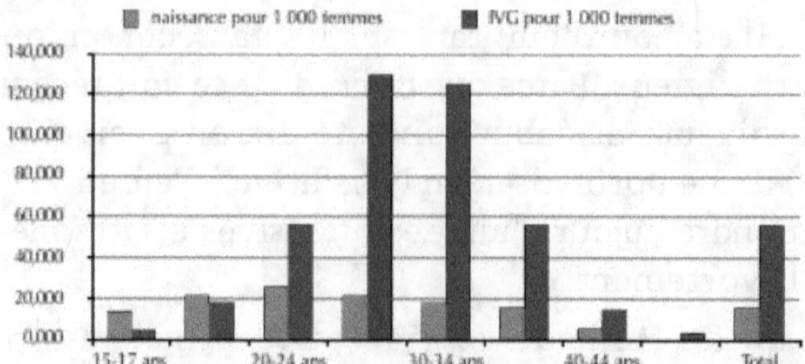

Depuis sa mise en œuvre de manière libre pour toutes les femmes, il continue de susciter des débats au sein de la société, notamment autour de la fécondité, car cet acte marque aussi le temps au sein du couple, ce temps attestant la création de vie en acceptant de la transformer ou de le supprimer, et ce pour des raisons diverses. Souvent, cet acte impose des cas de conscience au sein des couples, tant dans les familles, le social et souvent la religion – par la notion de la création de vie –, faisant débat dans toutes les communautés sur la responsabilité de la vie et de la mort d'un être à venir.

Il se regarde dans la dramatique de l'acte, par sa représentation et aussi par la pression sociale et morale l'entourant et l'encadrant, tant pour la femme seule et aussi pour le couple.

IV – AUTORITÉ PARENTALE

n.f. (lat. *auctoritas*). Droit, pouvoir de commander, de prendre des décisions, de se faire obéir. Personne, organisme qui exerce cette autorité.

Approcher ce sujet sur le seul point de l'autorité, réduit sa compréhension dans les conditions réelles de sa pratique, et dans son exercice d'hier et d'aujourd'hui. Pourtant, elle s'exerce en commun par le père et la mère, ou à défaut, par l'un des deux jusqu'à la majorité ou l'émancipation du mineur.

Pour le Code civil, les articles rendant la toute-puissance à l'homme depuis 1804 se virent remplacés par la notion d'autorité parentale en 1970, suite aux débats des années soixante. Enfin en 1972, les enfants nés en « dehors » du mariage (illégitimes), recouvrirent les mêmes droits que les enfants d'un couple marié – « légitimes », par là même, un enfant « hors mariage », se voyait légitimé par le mariage de sa mère. En France, depuis l'ordonnance du 5 juillet 2005 entrée en vigueur en juillet 2006, ces distinctions n'existent plus dans le Code civil, car les droits de ces enfants s'avèrent identiques. D'un point sociologique, la nature des rapports entre enfants légitimes et illégitimes connut des sommets dans l'adversité sur les questions d'héritages et aussi sur les secrets de famille entourant cette question. Point encore d'actualité de nos jours, depuis les années quatre-vingt-dix, sur la question de l'autorité parentale. Car, la question juridique d'un enfant dès sa naissance détermine aussi le statut de sa mère.

En France, depuis 1970, dans le mariage, l'époux n'a plus le caractère de chef de famille, seul, les deux en assurent « ensemble » la direction morale et matérielle.

Sur le plan philosophique, elle apparaît dans la foi de beaucoup d'hommes et de femmes, comme le principe commandant une recherche rationnelle de la connaissance et de la vérité. D'ailleurs une maxime de Saint Augustin reprise en référence cite : « *L'homme se distingue de l'animal par la raison* ». D'un point de vue aristotélicien, le « chef de famille » exerce et entretient un rapport de domination sur ses enfants, comme un roi sur ses sujets. Pourtant, historiquement son modèle, repose par la dissymétrie de la relation homme femme, et homme Dieu, un modèle qui fonda et imposa pendant très longtemps le modèle patriarcal – ou le combat des femmes de sortir de cet unique *canal* – continue –, de maintenir nombre de tensions, entre les deux sexes. Dans le mariage, il n'y a point d'autorité qui ne trouve son opposition et sa condamnation dans l'autorité de l'autre. De là s'ensuit l'idée que les hommes et les femmes se trouvent (presque) toujours trompés par cette notion, car l'infaillibilité du jugement humain permet d'oublier que l'organisation du pouvoir et de l'autorité reste « pyramidale », et se trouve comme le point nodal, de ce jugement. Car, l'autorité dans sa « vérité », se voit exposée à des altérations et à des additions, pour ce qu'elle comporte de bon ou de mauvais ; car elle revêt l'idée, que son jugement se fait par la comparaison d'une autre autorité, en la soumettant au jugement de la raison, notamment, lors de conflits.

Pendant longtemps, elle se regarda dans la littérature, au regard du chef de famille, comme un despote menant une vie fastueuse sur les autres. De nos jours, elle devient un sujet de politique publique, dans le contexte de précarité sociale se généralisant pour une bonne part de la société ; alors que jadis elle se mesurait dans la sphère familiale et s'en ressentait en dehors de celle-ci. Aujourd'hui, on attend tout du gouvernement et de l'État, afin de garantir une paix dans l'autorité. De ses réflexions, Max Weber fit état de l'autorité et de sa légitimité auprès et par ceux l'exerçant – et les contreparties qu'elle doit procurer, entre les bons et mauvais citoyens – ou bon et mauvais parents. Pourtant, elle se voit comme un maillon utile entre les parents et les enfants, responsabilisant les premiers et humanisant les seconds dans leurs constructions et leurs émancipations futures.

En France, par la loi de 2002, proposée par Ségolène Royal, le législateur renforça l'arsenal juridique pour la protection des mineurs pour toutes tentatives recourant à la prostitution et que l'enfant se voit élever par les deux parents (en couple ou séparés) et dans leurs conditions sociales. Ce débat sur l'autorité parentale, par les décisions des juges aux affaires familiales sur la résidence et la garde alternée au nom de « *l'intérêt supérieur de l'enfant* » soulève la question sur son réel intérêt, celui des parents ou des enfants. Car dans nombre de débats, beaucoup soulignent que ces intérêts permettent de traiter les enfants comme des *biens* relevant de la seule propriété, comme un droit inaliénable. Cependant, depuis la loi relative à la prévention de la délinquance du 5 mars 2007 en France, beaucoup s'inquiètent de la saisie par la justice par les maires, du placement sous tutelle des prestations familiales, de contrôler l'assiduité scolaire et d'effectuer des rappels à l'ordre des parents et des enfants. Le législateur répond ainsi, à cette fameuse « crise de l'autorité » touchante et divisant la société, expliqué par la violence et la délinquance ; loi devant mettre en avant les responsabilités de chacun. Ceci pouvant créer, un distinguo entre bons et mauvais parents – idem dans l'esprit citoyen.

Ces dernières années, la question de la « restauration » de l'autorité ainsi que « sa crise » font débat, sans prétendre à un discours de spécialiste, mais le temps de réflexions et de bon sens pour chacun, socialement et politiquement, il faut de l'autorité pour les enfants et pour une bonne marche de la société, où chacun peut et doit compter sur ses enfants et les autres par le fait de sa compréhension élémentaire. Mais l'État ne peut continuellement se substituer à chaque parent, si ces derniers ne reprennent les rênes de leur autorité auprès de leurs enfants et assurer l'équilibre et la dynamique du couple.

Depuis les mouvements des années soixante jusqu'aux années quatre-vingt-dix, où certains crièrent à bas l'autorité, cela fit route dans les esprits et participa en partie à une désacralisation dans presque toutes ses formes ; affectant et fragilisant par là même la fonction élémentaire des parents, donc du couple par la disparition de ces verrous.

En exemple, le Code civil italien (art. 315 à 337, loi de 1975) *ne distingue pas pour les conditions de l'exercice de l'autorité paren-*

tale entre les enfants naturels reconnus des deux parents et les en-
fants légitimes. Néanmoins, l'autorité parentale n'est pas exercée de la
même façon selon que les parents cohabitent ou qu'ils vivent séparés.

Si les deux parents non mariés cohabitent et s'ils ont tous les deux
reconnus l'enfant, l'autorité parentale est exercée conjointement
dans les mêmes conditions que les époux.

Si les deux parents non mariés vivent séparément, ceux-ci restent
titulaires de l'autorité parentale. Toutefois, son exercice appartient
au seul parent qui a la garde de l'enfant (art. 155).

Elle repose aujourd'hui et plus qu'hier sur une fonction éducative instituante, par une certaine sécurisation et aussi de la
compréhension de la filiation. Mêlant protection et affection
des parents dans la chaîne humaine de vie. Elle s'avère importante à tous, comme faisant partie inhérente de l'ordre public
et encadré par la loi, et son acceptation et son adhésion en
confirment les liens sociaux. Elle permet aux parents –, aux
couples de l'accepter et de s'en faire un devoir allant à la reconnaissance de la société. Cependant, elle peut se voir retiré, voir
déposséder par le législateur, suite à des fautes graves pouvant
mettre en péril les enfants. D'ailleurs, au vu du désespoir et des
difficultés de beaucoup de couples et de parents, souhaitant une
aide, un réconfort, une écoute de la société –, matérielle par
leur situation professionnelle (chômage) et/ou psychologique
dans l'incertitude de ce devoir et de la solitude qu'elles leur
incombent. Pourtant, son regard « externe » se porte aussi
dans les souvenirs dépeints, par le bonheur – ou non – de l'enfance des parents, transmettant ou non leur joie, leur tristesse,
leur crainte et regret de cette période. Sentiments, se trouvant souvent cités – actuellement, dans les compréhensions de
l'exercice de l'autorité, comme un sentiment de nostalgie, des
souvenirs de jeunesse, auquel, il faille se référer, pour tenter de
comprendre le présent.

De nos jours, elle se regarde (*en Occident*) aussi dans l'exercice
de la responsabilité éducative des parents par le respect té-
moigné aux enfants, dans l'affirmation d'une dignité de cette
autorité et par quelque appartenance sociale et culturelle, et

non comme un abus de pouvoir visant à manquer à son devoir et obligation des parents. Une vision s'opère sur cette notion d'autorité et pose nombre de réflexions, au regard de nombre de lois visant à protéger et à libérer les enfants « d'un surplus » – de l'autorité des parents et conduit à repenser les risques pouvant en découler. Notamment, dans le choix et le parti pour l'un des parents, dans l'opposition des responsabilités ne leur incombant pas et s'avérant dangereuse dans le délicat équilibre de la relation du couple.

Pourtant, l'autorité se regarde d'abord dans l'identification de la place des adultes et des enfants, aussi dans leurs fonctions et obligations de chacun dans l'espace intergénérationnelle. Sa compréhension, renvoi pour beaucoup au nom de la liberté à laisser les caprices et désirs des enfants régir la vie des parents. Car elle se construit dans le temps éducatif – donc continu, utile à chacun dans le développement symétrique parent/enfant ; nécessaire, structurante et protectrice. Ces dernières décennies, un rapport égalitaire entre parents (adultes) et enfant, emprunte une voie de normalisation inquiétant un grand nombre par les effets d'absolutisme et de magnificence tendent à exalter l'enfant comme un être ayant toute liberté (de décision, d'action), sans devoir, ni obligation par les interdits devant protéger son âge.

D'ailleurs, depuis quelques années, elle en devient le sujet de toutes études et traités, comme à la fois une aide aux parents en difficultés et de l'autre monter à la majorité y parvenant ; combien elle permet de remettre sur les « bons rails ». Alors que chacun dans son exercice représente et défend un cas, n'allant pas à l'identique. Tant, dans l'enfance, dans les modèles parentaux, dans l'approche identitaire, chacun cherchant à partager et comprendre ses difficultés avec d'autres parents, comme le début d'un réconfort. Car l'école existe aussi comme lieu de vie, d'apprentissage des connaissances et de l'autorité ; pour une autre vision de la question, il n'existe pas d'école pour devenir parents, afin d'entreprendre et de comprendre cette autorité.

De plus en plus de couples se trouvent « confrontés » aux

critiques de la société, dès lors que leur autorité s'en trouve « faible » par la ou les fautes commirent par les enfants, et le législateur proposer de surveiller et de punir. Cette seule idée ne suffit pas à rendre la part naturelle de l'autorité aux parents, mais de comprendre l'échelle graduelle de ce point ; d'autant plus stigmatisé par certaines catégories et minorités dans la société. À chaque époque, elle se regarda différemment selon les classes sociales – plus fermée pour les minorités. Actuellement, par la justice, la police, et le politique beaucoup tentent de juguler par certaines contraintes les familles pour l'indiscipline des enfants, par le remplacement et la substitution de ces premiers aux parents. Les lois permettent d'encadrer le social, mais n'indiquent combien le bonheur s'avère un point important dans le processus d'éducation et l'autorité parentale ; s'il se partage, dès le début de vie du couple et ensuite avec les enfants. L'autorité, comme l'éducation passe par une compréhension continue de la hiérarchie au sein des groupes et de la relation parents enfant.

Devant le caractère législatif se développant, nombre de parents doivent faire face à la soustraction grandissante des enfants mineurs à l'autorité familiale, dite défaillante au regard de l'ordonnance de 1945. Il devient aussi consternant pour beaucoup de regarder le « bâti » répressif augmentant autour de l'éducation et l'autorité parentale, dès lors qu'une affaire *privée* rejoint les « faits divers », pour devenir source d'émotion dans le débat public et celui des mœurs.

L'autorité parentale se partage par l'amour, l'écoute et la présence des parents, lorsque ces derniers demeurent absents principalement par le temps consacré au travail. De *facto,* les enfants recevant cette autorité bénéficient pour beaucoup de la présence d'un des parents – évitant un déclin, un déni trop rapide de l'autorité. Il Se mesure aussi dans l'éducation des parents et de leur compréhension ne pas constamment se sentir coupable de faire preuve de trop d'autorités auprès de leurs progénitures ; car la question de l'autorité se discute autour des règles et des interdits en place dans la vie quotidienne. Car, préparer aux règles internes de vie dans la famille, doit aussi préparer les enfants aux différentes autorités auxquelles ils se trouveront confrontés dans l'ensemble de la société.

Sociologiquement, au cours des années, son renoncement comme symbole fort de l'autorité dans les programmes pédagogiques, détournèrent peu à peu les enfants de cette notion, par le fait qu'ils découvriraient d'eux-mêmes l'essentiel à apprendre. Pour nombre de parents, trop d'autorité nuit à leur développement et les protège en les couvant d'ambitions, souvent les, dès lors que l'autorité devient un frein, un barrage à leur existence. Cependant, l'autorité reste un élément de régulation et de préhension des contraintes rappelant la condition des parents. Au sein de nombre de sociétés, l'autorité au sein de la famille, reste une instance supérieure, régulant la place et la fonction des enfants, mais aussi au contrôle de la vie et de l'équilibre du groupe, mais aussi de la société – par la réduction de certains de ses maux, par son acceptation.

Au cours des dernières décennies, le passage d'un monde rural à l'urbain influa et modifia grandement les règles et les codes sur l'autorité et l'éducation, passant de formes traditionnelles basées sur la proximité des rapports et une personnalisation propre à la famille, intégrant aussi la discipline. La ville devint alors un territoire du tout, par sa population, ses libertés, ses interdits, son développement et contraintes économiques, délinquance, alcoolisme, etc. Et de toutes les revendications sociales bouleversant l'ordre social. Chacun dut adapter ses codes à cet environnement au risque d'y perdre une part de son âme en tentant de protéger ses enfants, sans oublier son engagement de couple sur le long terme. L'autorité parentale vise pour l'enfant, son acceptation, de son groupe, de ses parents, de lui-même et des générations précédentes pour une transmission future.

Au cours de l'histoire, cette notion resta intimement liée à celle de la raison –, un complément *naturel* déterminant pour l'autorité. Surtout, elle fait face au poids du langage – de la puissance des mots, devant le moins détruire et culpabiliser, afin de garder « le nord ». Car ses faiblesses se voient sur le terrain des jeunes adultes et aussi dans nombre d'affaires où intervient le législateur – opérant souvent dans une justice symbolique.

L'autorité se regarde aussi et souvent dans le rapport à la négociation du couple aux enfants ; justifiant par là même sa légitimité dans les limites posées et fixées et lui donnant raison. Néanmoins, elle reste fondatrice de l'idée familiale dans la consolidation de l'amour du couple, et de ce devoir d'autorité parentale. Cependant, elle ne peut se regarder seule sans repères lui conférant de cadre, sinon, elle devient problématique au couple, dans sa gestion éducative arbitrale. Car, chacun ne possède les mêmes niveaux de réflexions et de préparations à cette longue tâche. Car, les enfants à tout âge ont besoin de règles, de balises et de repères définis, afin de garder une conduite sans trop de risques dans leur évolution ; car toute absence induit à la fois : violence, anxiété et inquiétude au devoir du groupe et aussi dans les responsabilités constituantes de chacun. Elle diverge sur son établissement – filiation – exercée conjointement ou non, en cas de séparation.

Elle se regarde aussi dans la modernité et des réflexions des sciences (politiques, sociales, économiques, éducatives et biologiques), afin d'apporter plus de sens dans la filiation. Par exemple, la biologie ne peut faire seule autorité à cette question ; car elle répond à la responsabilité d'un devoir d'éducation des parents et ne devant considérer les enfants comme le produit de leur seule propriété et de leurs caprices d'adultes au regard de la société. Les mutations sociales, celles de la famille affectent aussi cette notion, ce, depuis les années soixante-dix et par là même les visions sur les droits et la protection des enfants dans ces changements. La société du divorce par consentement mutuel, de l'autorité paternelle à l'autorité parentale et bien d'autres réformes qui influèrent sur l'ensemble des mœurs.

Depuis l'avènement du Code civil en **1804**, le législateur développa un arsenal juridique évoluant dans l'histoire sociale, devant servir à sa compréhension et à un usage utile à chacun, dans la bonne marche de la société. Tous les articles et alinéas consacrés à « *l'autorité parentale* » et « *aux biens de l'enfant* » vont de l'article **371** à **387**, au titre IX. – De l'autorité parentale.

• **Chapitre** I. – *De l'autorité parentale relativement à la personne de l'enfant,* article **371** à **381** ;

• **Chapitre** II. – *De l'autorité parentale relativement aux biens de l'enfant,* article **382** à **387,** et montre le souci de cette question dans les différentiations faites.

* * *

Chapitre I – *De l'autorité parentale relativement à la personne de l'enfant.*

Art. 371 L'enfant, à tout âge, doit honneur et respect à son père et mère.

Art. 371-1 L'autorité parentale est un ensemble de droits et de devoirs ayant pour finalité l'intérêt de l'enfant.

Elle appartient aux pères et mère jusqu'à la majorité de l'enfant pour le protéger dans sa sécurité, sa santé et sa moralité, pour s'assurer son éducation et permettre son développement, dans le respect dû à sa personne.

Les parents associent l'enfant aux décisions qui le concernent, selon son âge et son degré de maturité.

Art. 371-2 Chacun des parents contribue à l'entretien et à l'éducation des enfants à proportion de ses ressources, de celles de l'autre parent, ainsi que des besoins de l'enfant.

Cette obligation ne cesse pas de plein droit lorsque l'enfant est majeur.

Art. 371-3 L'enfant ne peut, sans permission des pères et mère, quitter la maison familiale et il ne peut en être retiré que dans les cas de nécessité que détermine la loi.

Art. 371-4 L'enfant a le droit d'entretenir des relations personnelles avec ses ascendants. « Seul l'intérêt de l'enfant peut faire obstacle à l'exercice de ce droit ».

Si tel est l'intérêt de l'enfant, le juge aux affaires familiales fixe les modalités des relations entre l'enfant et un tiers, parent ou non.

Art. 371-5 L'enfant ne doit pas être séparé de ses frères et sœurs, sauf si cela n'est pas possible ou si son intérêt commande une autre solution. S'il y a lieu, le juge statue sur les relations personnelles entre les frères et sœurs.

Section I – *De l'exercice de l'autorité parentale.*

Art. 372 Le père et mère exercent en commun l'autorité parentale.

Toutefois, lorsque la filiation est établie à l'égard de l'un d'entre eux plus d'un an après la naissance d'un enfant dont la filiation est déjà établie à l'égard de l'autre, celui-ci reste seul investi de l'exercice de l'autorité parentale. Il en est de même lorsque la filiation est judiciairement déclarée à l'égard du second parent de l'enfant.

L'autorité parentale pourra néanmoins être exercée en commun en cas de déclaration conjointe du père et mère devant le greffier en chef du tribunal de grande instance ou sur décision du juge aux affaires familiales.

Art. 372-1 *Abrogé.*

Art. 371-1-1 *Abrogé.*

Art. 372-2 A l'égard des tiers de bonne foi, chacun des parents est réputé agir avec l'accord de l'autre, quand il fait seul un acte usuel de l'autorité parentale relativement à la personne de l'enfant.

Art. 373 Est privé de l'exercice de l'autorité parentale le père ou la mère qui est hors d'état de manifester sa volonté, en raison de son incapacité, de son absence ou de toute autre cause.

Art. 373-1 Si l'un des pères et mère décède ou se trouve privé de l'exercice de l'autorité parentale, l'autre exerce seul cette autorité.

Art. 373-2 La séparation des parents est sans incidence sur les règles de dévolution de l'exercice de l'autorité parentale.

Chacun des pères et mère doit maintenir des relations personnelles avec l'enfant et respecter les liens de celui-ci avec l'autre parent.

Tout changement de résidence de l'un des parents, dès lors qu'il modifie les modalités d'exercice de l'autorité parentale, doit faire l'objet d'une information préalable et en temps utile de l'autre parent. En cas de désaccord, le parent le plus diligent saisit le juge aux affaires familiales qui statue selon ce qu'exige l'intérêt de l'enfant. Le juge répartit les frais de déplacement et ajuste en conséquence le montant de la contribution à l'entretien et à l'éducation de l'enfant.

Art. 373-2-1 Si l'intérêt de l'enfant le commande, le juge peut confier l'exercice de l'autorité parentale à l'un des deux parents.

L'exercice du droit de visite et d'hébergement ne peut être refusé à l'autre parent que pour des motifs graves.

Lorsque la continuité et l'effectivité des liens de l'enfant avec ce parent l'exigent, le juge aux affaires familiales peut organiser le droit de visite dans un espace de rencontre désigné à cet effet.

Ce parent conserve le droit et le devoir de surveiller l'entretien et l'éducation de l'enfant. Il doit être informé des choix relatifs à la vie de ce dernier. Il doit respecter l'obligation qui lui incombe en vertu de l'article **371-2.**

Art. 373-2-2 En cas de séparation entre les parents, ou entre ceux-ci et l'enfant, la contribution à son entretien et à son éducation prend la forme d'une pension alimentaire versée, selon le cas, par l'un des parents à l'autre, ou à la personne à laquelle l'enfant a été confié.

Les modalités et les garanties de cette pension alimentaire sont fixées par la convention homologuée visée à l'article **373-2-7** ou, à défaut, par le juge.

Cette pension peut en tout ou partie prendre la forme d'une prise en charge directe de frais exposés au profit de l'enfant.

Elle peut être en tout ou partie servie sous forme d'un toit d'usage et d'habitation.

Art. 373-2-3 lorsque la consistance des biens du débiteur s'y prête, la pension alimentaire peut être remplacée, en tout ou partie, sous les modalités et garanties prévues par la convention homologuée ou par le juge, par le versement d'une somme d'argent entre les mains d'un organisme accrédité chargé d'accorder en contrepartie à l'enfant une rente indexée, l'abandon de biens en usufruit ou l'affectation de biens productifs de revenus.

Art. 373-2-4 L'attribution d'un complément, notamment sous forme de pension alimentaire, peut, s'il y a lieu, être demandé ultérieurement.

Art. 373-2-5 Le parent qui assume à titre principal la charge d'un enfant majeur qui ne peut lui-même subvenir à ses besoins peut demander à l'autre parent de lui verser une contribution à son entretien et à son éducation. Le juge peut décider ou les parents convenir que cette contribution sera versée en tout ou partie entre les mains de l'enfant.

Art. 373-2-6 Le juge du tribunal de grande instance délégué aux affaires familiales règle les questions qui lui sont soumises dans le cadre du présent chapitre en veillant spécialement à la sauvegarde des intérêts des enfants mineurs.

Le juge peu prendre les mesures permettant de garantir la continuité et l'effectivité du maintien des liens de l'enfant avec chacun de ses parents.

Il peut notamment ordonner l'inscription sur le passeport des parents de l'interdiction de sortie de l'enfant du territoire français sans l'autorisation des deux parents.

Art. 373-2-7 Les parents peuvent saisir le juge aux affaires familiales afin de faire homologuer la convention par laquelle ils organisent les modalités d'exercice de l'autorité parentale et fixent la contribution à l'entretien et à l'éducation de l'enfant.

Le juge homologue la convention sauf s'il constate qu'elle ne préserve pas suffisamment l'intérêt de l'enfant ou que le consentement des parents n'a pas donné librement.

Art. 373-2-8 Le juge peut également être saisi par l'un des parents ou le ministère public, qui peut lui-même être saisi par un tiers, parent ou non, à l'effet de statuer sur les modalités d'exercice de l'autorité parentale et sur la contribution à l'entretien et à l'éducation de l'enfant.

Art. 373-2-9 En application des deux articles précédents, la résidence de l'enfant peut être fixée en alternance au domicile de chacun des parents ou au domicile de l'un d'eux.

À la demande de l'un des parents ou en cas de désaccord entre eux sur le mode de résidence de l'enfant, le juge peut ordonner à titre provisoire une résidence en alternance dont il détermine la durée. Au terme de celle-ci, le juge statue définitivement sur la résidence de l'enfant en alternance au domicile de chacun des parents ou au domicile de l'un d'eux.

Lorsque la résidence de l'enfant est fixée au domicile de l'un des parents, le juge aux affaires familiales statue sur les modalités du droit de visite de l'autre parent. Ce droit de visite, lorsque l'intérêt de l'enfant le commande, peut être exercé dans un espace de rencontre désigné par le juge.

Art. 373-2-10 En cas de désaccord, le juge s'efforce de concilier les parties.

À l'effet de faciliter la recherche par les parents d'un exercice consensuel de l'autorité parentale, le juge peut leur proposer une mesure de médiation et, après avoir recueilli leur accord, désigner un médiateur familial pour y procéder.

Il peut leur enjoindre de rencontrer un médiateur familial qui les informera sur l'objet et le déroulement de cette mesure.

Art. 373-2-11 Lorsqu'il se prononce sur les modalités d'exercice de l'autorité parentale, le juge prend notamment en considération :

1° La pratique que les parents avaient précédemment suivie ou les accords qu'ils avaient pu antérieurement conclure ;

2° Les sentiments exprimés par l'enfant mineur dans les conditions prévues à l'article **388-1** ;

3° L'aptitude de chacun des parents à assumer ses devoirs et respecter les droits de l'autre ;

4° Le résultat des expertises éventuellement effectuées, tenant compte notamment de l'âge de l'enfant ;

5° Les renseignements qui ont été recueillis dans les éventuelles enquêtes et contre-enquêtes sociales prévues à l'article **373-2-12.**

Art. 373-2-12 Avant toute décision fixant les modalités de l'exercice de l'autorité parentale et du droit de visite ou confiant les enfants à un tiers, le juge peut donner mission à toute personne qualifiée d'effectuer une enquête sociale. Celle-ci a pour but de recueillir des renseignements sur la situation de la famille et les conditions dans lesquelles vivent et ont élevé les enfants.

Si l'un des parents conteste les conclusions de l'enquête sociale, une contre-enquête peut à sa demande être ordonnée.

L'enquête sociale ne peut être utilisée dans le débat sur la cause du divorce.

Art. 373-2-13 Les dispositions contenues dans la convention homologuée ainsi que les décisions relatives à l'exercice de l'autorité parentale peuvent être modifiées ou complétées à tout moment par le juge, à la demande des ou d'un parent ou du ministère public, qui peut lui-même être saisi par un tiers, parent ou non.

Art. 373-3 La séparation des parents ne fait pas obstacle à la dévolution prévue à l'article **373-1**, lors même que celui des pères et mère qui demeure en état d'exercer l'autorité parentale aurait été privé de l'exercice de certains des attributs de cette autorité par l'effet du jugement prononcé contre lui.

Le juge peut, à titre exceptionnel et si l'intérêt de l'enfant l'exige, notamment lorsqu'un des parents est privé de l'exercice de l'autorité parentale, décider de confier l'enfant à un tiers, choisi de préférence dans sa parenté. Il est saisi et statue conformément aux articles 373-2-8 et 373-2-11.

Dans des circonstances exceptionnelles, le juge aux affaires familiales qui statue sur les modalités de l'exercice de l'autorité parentale après séparation des parents peut décider, du vivant même des parents, qu'en cas de décès de celui d'entre eux qui exerce cette autorité, l'enfant n'est pas confié au survivant. Il peut, dans ce cas, désigner la personne à laquelle l'enfant est provisoirement confié.

Art. 373-4 Lorsque l'enfant a été confié à un tiers, l'autorité parentale continue d'être exercée par les pères et mère ; toutefois à la personne à qui l'enfant a été confié accomplit tous les actes usuels relatifs à sa surveillance et à son éducation.

Le juge aux affaires familiales, en confiant l'enfant à titre provisoire à un tiers, peut décider qu'il devra requérir l'ouverture d'une tutelle.

Art. 373-5 S'il ne reste plus ni père ni mère en état d'exercer l'autorité parentale, il y aura lieu à l'ouverture d'une tutelle ainsi qu'il est dit à l'article 390[33] ci-dessous.

Art. 374 *Abrogé.*

Art. 374-1 Le tribunal qui statue sur l'établissement d'une filiation peut décider de confier provisoirement l'enfant à un tiers qui sera chargé de requérir l'organisation de la tutelle.

Art. 374-2 Dans tous les cas prévus au présent titre, la tutelle peut être ouverte lors même qu'il n'y aurait pas de biens à administrer.

Elle est alors organisée selon les règles prévues au titre X.

Section II – *De l'assistance éducative.*

Art. 375 Si la santé, la sécurité ou la moralité d'un mineur non émancipé sont en danger, ou si les conditions de son éducation « ou de son développement physique, affectif, intellectuel et social » sont gravement compromises, des mesures d'assistance éducative peuvent être ordonnées par justice à la requête des pères et mère conjointement, ou de l'un d'eux, de la personne ou du service à qui l'enfant a été confié ou du tuteur, du mineur lui-même ou du ministère public. « Dans les cas où le ministère public a été avisé par le président du conseil général, il s'assure que la situation du mineur entre dans le champ d'application de l'article L. 226-4 du Code de l'action sociale et des familles ». Le juge peut se saisir d'office à titre exceptionnel.

Elles peuvent être ordonnées en même temps pour plusieurs enfants relevant de la même autorité parentale.

La décision fixe la durée de la mesure sans que celle-ci puisse, lorsqu'il s'agit d'une mesure éducative exercée par un service ou une institution, excéder deux ans. La mesure peut être renouvelée par décision motivée.

Cependant, lorsque les parents présentent des difficultés relationnelles et éducatives graves, sévères et chroniques, évaluées comme telles dans l'état actuel des connaissances, affectant durablement leurs compétences dans l'exercice de leur responsabilité parentale, une mesure d'accueil exercée par un service ou une institution peut être ordonnée pour une durée supérieure, afin de permettre à l'enfant de bénéficier d'une continuité relationnelle, affective et géographique dans son lieu de vie dès lors qu'il est adapté à ses besoins immédiats et à venir.

Un rapport concernant la situation de l'enfant doit être transmis annuellement au juge des enfants.

Art. 375-1 Le juge des enfants est compétent, à charge d'appel, pour tout ce qui concerne l'assistance éducative.

Il doit toujours s'efforcer de recueillir l'adhésion de la famille à la mesure envisagée et se prononcer en stricte considération de l'intérêt de l'enfant.

Art. 375-2 Chaque fois qu'il est possible, le mineur doit être maintenu sans son milieu actuel. Dans ce cas, le juge désigne, soit une personne qualifiée, soit un service d'observation, d'éducation ou de rééducation en milieu ouvert, en lui donnant mission d'apporter aide et conseil à la famille, afin de surmonter les difficultés matérielles ou morales qu'elle rencontre. Cette personne ou ce service est chargée de suivre le développement de l'enfant et d'en faire rapport au juge périodiquement.

Lorsqu'il confie un mineur à un service mentionné au premier alinéa, il peut autoriser ce dernier à lui assurer un hébergement exceptionnel ou périodique à condition que ce service soit spécifiquement habilité à cet effet. Chaque fois qu'il héberge le mineur en vertu de cette autorisation, le service en informe sans délai ses parents ou ses représentants légaux ainsi que le juge des enfants et le président du conseil général. Le juge est saisi de tout désaccord concernant cet hébergement.

Le juge peut aussi subordonner le maintien de l'enfant dans son milieu à des obligations particulières, telles que celle de fréquenter régulièrement un établissement sanitaire ou d'éducation, ordinaire ou spécialisé, « le cas échéant sous régime de l'internat » ou d'exercer une activité professionnelle.

Art. 375-3 Si la protection de l'enfant l'exige, le juge des enfants peut décider de le confier :

1° À l'autre parent ;

2° À un autre membre de la famille ou à un tiers digne de confiance ;

3° À un service départemental de l'aide sociale à l'enfance ;

4° À un service ou à un établissement habilité pour l'accueil de mineurs à la journée ou suivant toute autre modalité de prise en charge ;

5° À un service ou à un établissement sanitaire ou d'éducation, ordinaire ou spécialisé.

Toutefois, lorsqu'une requête en divorce a été présentée ou un jugement de divorce rendu entre les pères et mère ou lorsqu'une requête en vue de statuer sur la résidence et les droits de visite afférents à un enfant a été présentée ou une décision rendue entre les pères et mère, ces mesures ne peuvent être prises que si un fait nouveau de nature à entraîner un danger pour le mineur s'est révélé postérieurement à la décision statuant sur les modalités de l'exercice de l'autorité parentale ou confiant l'enfant à un tiers. Elles ne peuvent faire obstacle à la faculté qu'aura le juge aux affaires familiales de décider, par application de l'article **373-3**, à qui l'enfant devra être confié. Les mêmes règles sont applicables à la séparation de corps.

Art. 375-4 Dans les cas spécifiés aux 1°, « 2°, 4° et 5° » de l'article précédent, le juge peut charger, soit une personne qualifiée, soit un service d'observation, d'éducation ou de rééducation en milieu ouvert d'apporter aide et conseil à la personne ou au service à qui l'enfant a été confié ainsi qu'à la famille et de suivre le développement de l'enfant.

Dans tous les cas, le juge peut assortir la remise de l'enfant des mêmes modalités que sous l'article **375-2**, « troisième » aliéna. Il peut aussi décider qu'il lui sera rendu compte périodiquement de la situation de l'enfant.

Art. 375-5 À titre provisoire mais à charge d'appel, le juge peut, pendant l'instance, soit ordonner la remise provisoire du mineur à un centre d'accueil ou d'observation, soit prendre l'une des mesures aux articles **375-3 et 375-4.**

En cas d'urgence, le procureur de la République du lieu où le mineur a été trouvé a le même pouvoir, à charge de saisir dans les huit jours le juge compétent, qui maintiendra, modifiera ou rapportera la mesure. « Si la situation de l'enfant le permet, le procureur de la République fixe la nature et la fréquence du droit de correspondance, de visite et d'hébergement des parents, sauf à les réserver si l'intérêt de l'enfant l'exige ».

Art. 375-6 Les décisions prises en matière d'assistance éducative peuvent être, à tout moment, modifiées ou rapportées par le juge qui les a rendues soit d'office, soit à la requête des pères et mère conjointement, ou de l'un d'eux de la personne ou du service à qui l'enfant a été confié ou du tuteur, du mineur lui-même ou du ministère public.

Art. 375-7 Les pères et mère de l'enfant bénéficiant d'une mesure d'assistance éducative, continuent à exercer tous les attributs de l'autorité parentale qui ne sont pas inconciliables avec cette mesure. Ils ne peuvent, pendant la durée de cette mesure, émanciper l'enfant sans autorisation du juge des enfants.

Sans préjudice de l'article **373-4** et des dispositions particulières autorisant un tiers à accomplir un acte non usuel sans l'accord des détenteurs de l'autorité parentale, le juge des enfants peut exceptionnellement, dans tous les cas où l'intérêt de l'enfant le justifie, autoriser la personne, le service ou l'établissement à qui est confié l'enfant à exercer un acte relevant de l'autorité parentale en cas de refus abusif ou injustifié ou en cas de négligence des détenteurs de l'autorité parentale, à charge pour le demandeur de rapporter la preuve de la nécessité de cette mesure.

Le lieu d'accueil de l'enfant doit être recherché dans l'intérêt de celui-ci et afin de faciliter l'exercice du droit de visite et d'hébergement par le ou les parents et le maintien de ses liens avec ses frères et sœurs en application de l'article **371-5**.

S'il a été nécessaire de confier l'enfant à une personne ou un établissement, ses parents conservent un droit de correspondance ainsi qu'un droit de visite et d'hébergement. Le juge en fixe les modalités et peut, si l'intérêt de l'enfant l'exige, décider que l'exercice de ces droits, ou de l'un d'eux, est provisoirement suspendu. Il peut également décider que le droit de visite du ou des parents ne peut être exercé qu'en présence d'un tiers désigné par l'établissement ou le service à qui l'enfant est confié.

Si la situation de l'enfant le permet, le juge fixe la nature et la fréquence des droits de visite et d'hébergement et peut décider que leurs conditions d'exercice sont déterminées conjointement entre les titulaires de l'autorité parentale et la personne, le service ou l'établissement à qui l'enfant est confié, dans un document qui lui est alors transmis. Il est saisi en cas de désaccord.

Le juge peut décider des modalités de l'accueil de l'enfant en considération de l'intérêt de celui-ci. Si l'intérêt de l'enfant le nécessite ou en cas de danger, le juge décide de l'anonymat du lieu d'accueil.

Art. 375-8 Les frais d'entretien et d'éducation de l'enfant qui a fait l'objet d'une mesure d'assistance éducative continuent d'incomber à ses pères et mère ainsi qu'aux ascendants auxquels des aliments peuvent être réclamés, sauf la faculté pour le juge de les en décharger en tout ou partie.

Art. 375-9 La décision confiant le mineur, sur le fondement du « 5° » de l'article **375-3**, à un établissement recevant des personnes hospitalisées en raison de troubles mentaux, est ordonnée après avis médical circonstancié d'un médecin extérieur à l'établissement, pour une durée ne pouvant excéder quinze jours.

La mesure peut être renouvelée, après avis médical conforme d'un psychiatre de l'établissement d'accueil, pour une durée d'un mois renouvelable.

Section II-1 – *Mesure judiciaire d'aide à la gestion du budget familial.*

Art. 375-9-1 Lorsque les prestations familiales ne sont pas employées pour les besoins liés au logement, à l'entretien, à la santé et à l'éducation des enfants et que l'accompagnement en économie sociale et familiale prévu à l'article L. **222-3** du Code de l'action sociale et des familles n'apparaît pas suffisant, le juge des enfants peut ordonner qu'elles soient, en tout ou partie, versées à une personne physique ou morale qualifiée, dite « déléguée aux prestations familiales ».

Ce délégué prend toutes les décisions, en s'efforçant de recueillir l'adhésion des bénéficiaires des prestations familiales et de répondre aux besoins liés à l'entretien, à la santé et à l'éducation des enfants ; il exerce auprès de la famille une action éducative visant à rétablir les conditions d'une gestion autonome des prestations.

La liste des personnes habilitées à saisir le juge aux fins d'ordonner cette mesure d'aide est fixée par décret.

La décision fixe la durée de la mesure. Celle-ci ne peut excéder deux ans. Elle peut être renouvelée par décision motivée.

Art. 375-9-2 Le maire ou son représentant au sein du conseil pour les droits et devoirs de familles peut saisir le juge des enfants, conjointement avec l'organisme débiteur des prestations familiales, pour lui signaler, en application de l'article **375-9-1,** les difficultés d'une famille. Lorsque le maire a désigné un coordonnateur en application de l'article L. **121-6-2** du Code de l'action sociale et des familles, il l'indique, après accord de l'autorité dont relève ce professionnel, au juge des enfants. Ce dernier peut désigner le coordonnateur pour exercer la fonction de délégué aux prestations familiales.

L'exercice de la fonction de délégué aux prestations familiales par le coordonnateur obéit aux règles posées par l'article L. **474-3** et les premiers et deuxièmes alinéas de l'article L. **474-5** du Code de l'action sociale et des familles ainsi que par l'article **375-9** du présent code.

Section III – *De la délégation de l'autorité parentale.*

Art. 376 Aucune renonciation, aucune cession portant sur l'autorité parentale, ne peut avoir d'effet, si ce n'est en vertu d'un jugement dans les cas déterminés ci-dessous.

Art. 376-1 Un juge aux affaires familiales peut, quand il est appelé à statuer sur les modalités de l'exercice de l'autorité parentale ou sur l'éducation d'un enfant mineur ou quand il décide de confier l'enfant à un tiers, avoir égard aux pactes que les pères et mère ont pu librement conclure entre eux à ce sujet, à moins que l'un d'eux ne justifie de motifs graves qui l'autoriseraient à révoquer son consentement.

Art. 377 Les pères et mère, ensemble ou séparément, ou le tuteur autorisé par le conseil de famille, peuvent, lorsque les circonstances l'exigent, saisir le juge en vue de voir déléguer tout ou partie de l'exercice de leur autorité parentale à un tiers, membre de la famille, proche digne de confiance, établissement agréé pour le recueil des enfants ou service départemental de l'aide sociale à l'enfance.

En cas de désintérêt manifeste ou si les parents sont dans l'impossibilité d'exercer tout ou partie de l'autorité parentale, le particulier, l'établissement ou le service départemental de l'aide sociale à l'enfance qui a recueilli l'enfant peut également saisir le juge aux fins de se faire déléguer totalement ou partiellement l'exercice de l'autorité parentale.

Dans tous les cas visés au présent article, les deux parents doivent être appelés à l'instance. Lorsque l'enfant concerné fait l'objet d'une mesure d'assistance éducative, la délégation ne peut intervenir qu'après avis du juge des enfants.

Art. 377-1 La délégation, totale ou partielle, de l'autorité parentale résultera du jugement rendu par le juge aux affaires familiales.

Toutefois, le jugement de délégation peut prévoir, pour les besoins d'éducation de l'enfant, que les pères et mère, ou l'un d'eux, partageront tout ou partie de l'exercice de l'autorité parentale avec le tiers délégataire. Le partage nécessite l'accord du ou des parents et tant qu'ils exercent l'autorité parentale. La présomption de l'article **372-2** est applicable à l'égard des actes accomplis par le ou les déléguant et le délégataire.

Le juge peut être saisi des difficultés que l'exercice partagé de l'autorité parentale pourrait générer par les parents, l'un d'eux, le délégataire ou le ministère public. Il statue conformément aux dispositions de l'article 373-2-11.

Art. 377-2 La délégation pourra, dans tous les cas, prendre fin ou être transférée par un nouveau jugement, s'il est justifié de circonstances nouvelles.

Dans le cas où la restitution de l'enfant est accordée aux pères et mère, le juge aux affaires familiales met à leur charge, s'ils ne sont indigents, le remboursement de tout ou partie des frais d'entretien.

Art. 377-3 Le droit de consentir à l'adoption du mineur n'est jamais délégué.

Section IV – *De retrait total ou partiel de l'autorité parentale.*

Art. 378 Peuvent se voir retirer totalement » l'autorité parentale par une disposition expresse du jugement pénal les pères et mère qui sont condamnés, soit comme auteurs, coauteurs ou complices d'un crime ou délit commis sur la personne de leur enfant, soit comme coauteurs ou complices d'un crime ou délit commis par leur enfant.

Ce retrait est applicable aux ascendants autres que les pères et mère pour la part d'autorité parentale qui peut leur revenir sur leurs descendants.

Art. 378-1 Peuvent se voir retirer totalement l'autorité parentale, en dehors de toute condamnation pénale, les pères et mère qui, soit par de mauvais traitements, soit par une consommation habituelle et excessive de boissons alcooliques ou un usage de stupéfiants, soit par une inconduite notoire ou des comportements délictueux, soit par un défaut de soins ou un manque de direction, mettent manifestement en danger la sécurité, la santé ou la moralité de l'enfant.

Peuvent pareillement se voir retirer totalement l'autorité parentale, quand une mesure d'assistance éducative avait été prise à l'égard de l'enfant, les pères et mère qui, pendant plus de deux ans, se sont volontairement abstenus d'exercer les droits et de remplir les devoirs que leur laissait l'article 375-7.

L'action en retrait total de l'autorité parentale est portée devant le tribunal de grande instance, soit par le ministère public, soit par un membre de la famille ou le tuteur de l'enfant.

Art. 379 Le retrait total de l'autorité parentale prononcée en vertu de l'un des deux articles précédents porte de plein droit sur tous les attributs, tant patrimoniaux que personnels, se rattache à l'autorité parentale ; à défaut d'autre détermination, il s'étend à tous les enfants mineurs déjà nés au moment du jugement.

Il emporte, pour l'enfant, dispense de l'obligation alimentaire, par dérogation aux articles 205 à 207, sauf disposition contraire dans le jugement de retrait.

Art. 379-1 Le jugement peut, au lieu du retrait total, se borner à prononcer un retrait partiel de l'autorité parentale, limité aux attributs qu'il spécifie. Il peut aussi décider que le retrait total ou partiel de l'autorité parentale n'aura d'effet qu'à l'égard de certains des enfants déjà nés.

Art. 380 En prononçant le retrait total ou partiel de l'autorité parentale ou du droit de garde, la juridiction saisie devra, si l'autre parent est décédé ou s'il a perdu l'exercice de l'autorité parentale, soit désigner un tiers auquel l'enfant sera provisoirement confié à charge pour lui de requérir l'organisation de la tutelle, soit confier l'enfant au service départemental de l'aide sociale à l'enfance.

Elle pourra prendre les mêmes mesures lorsque l'autorité parentale est dévolue à l'un des parents par l'effet du retrait total de l'autorité parentale prononcé contre l'autre.

Art. 381 Les pères et mère qui ont fait l'objet d'un retrait total de l'autorité parentale ou d'un retrait de droits pour l'une des causes prévues aux articles **378** et **378-1**, pourront, par requête, obtenir du tribunal de grande instance, en justifiant de circonstances nouvelles, que leur soient restitués, en tout ou partie, les droits dont ils avaient été privés.

La demande en restitution ne pourra être formée qu'un an au plus tôt après que le jugement prononçant le retrait total ou partiel de l'autorité parentale est devenu irrévocable ; en cas de rejet, elle ne pourra être renouvelée qu'après une nouvelle période d'un an. Aucune demande ne sera recevable lorsque, avant le dépôt de la requête, l'enfant aura été placé en vue de l'adoption.

Si la restitution est accordée, le ministère public requerra, le cas échéant, des mesures d'assistance éducative.

***

Chapitre II – *De l'autorité parentale relativement aux biens de l'enfant.*
Art. 382 Le père et la mère ont, sous leurs distinctions qui suivent, l'administration et la jouissance des biens de leur enfant.

Art. 383 L'administration légale est exercée conjointement par le père et la mère lorsqu'ils exercent en commun l'autorité parentale et, dans les autres cas, sous le contrôle du juge, soit par le père, soit par la mère, selon les dispositions du chapitre précédent.

La jouissance légale est attachée à l'administration légale : elle appartient soit aux deux parents conjointement, soit celui des pères et mère qui à la charge de l'administration.

Art. 384 Le droit de jouissance cesse :

1° Dès que l'enfant a seize ans accomplis, ou même plus tôt quand il contracte mariage ;

2° Par les causes qui mettent fin à l'autorité parentale, ou même plus spécialement par celles qui mettent fin à l'administration légale ;

3° Par les causes qui emportent l'extinction de tout usufruit.

Art. 385 Les charges de cette jouissance sont :

1° Celles auxquelles sont tenus en général les usufruitiers ;

2° La nourriture, l'entretien et l'éducation de l'enfant, selon sa fortune ;

3° Les dettes grevant la succession recueillie par l'enfant en tant qu'elles auraient dû être acquittées sur les revenus.

Art. 386 Cette jouissance n'aura pas lieu au profit de l'époux survivant qui aurait omis de faire inventaire, authentique ou sous seing privé, des biens échus au mineur.

Art. 387 La jouissance légale ne s'étend pas aux biens que l'enfant peut acquérir par son travail, ni à ceux qui lui sont donnés ou légués sous la condition expresse que les pères et mère n'en jouiront pas.

***

Titre X
De la minorité, de la tutelle et de l'émancipation

Chapitre I – *De la minorité.*

Art. 388 Le mineur est l'individu de l'un ou l'autre sexe qui n'a point encore l'âge de dix-huit ans accomplis.

Art. 388-1 Dans toute procédure le concernant, le mineur capable de discernement peut, sans préjudice des dispositions prévoyant son intervention ou son consentement, être entendu par le juge ou la personne désignée par le juge à cet effet.

Lorsque le mineur en fait la demande, son audition ne peut être écartée que par une décision spécialement motivée. Il peut être entendu seul, avec un avocat ou une personne de son choix. Si ce choix n'apparaît pas conforme à l'intérêt du mineur, le juge peut procéder à la désignation d'une autre personne.

L'audition du mineur ne lui confère pas la qualité de partie à la procédure.

Art. 388-2 Lorsque, dans une procédure, les intérêts d'un mineur apparaissent en opposition avec ceux de ses représentants légaux, le juge des tutelles dans les conditions prévues à l'article 389-3 ou, à défaut, le juge saisi de l'instance lui désigne un administrateur ad hoc chargé de le représenter.

Certes, les lois permettent son encadrement dans la vie sociale immédiate de chacun ; mais les politiques sociales doivent aussi permettre de meilleures prises en charge et de prévention dans les cas « cliniques », ayant des difficultés à son exercice, afin de recouvrer des perspectives de vie et d'avenir plus sereins pour les parents et les enfants. L'autorité parentale fait aussi partie du droit –, des lois – des politiques familiales, économiques et sociales, et surtout du droit fondamental d'en faire le meilleur usage sur le plan humain entre les générations. Car elle ne doit servir à détruire le sens du lien, des droits de l'enfant et la promesse des parents ; dans l'importance qu'apporte l'éducation au droit d'équilibrer le non et le oui. Elle doit rester bien plus qu'une utopie de la collectivité sur l'individu, un pouvoir contrôlé visant à réduire au maximum son absence – conduisant vers l'anarchie au sein du groupe familial. Mais la loi seule, ne peut définir le droit de l'enfant et l'autorité parentale comme un « contrat de la relation sociale ». Au cours de la Convention internationale relative aux droits de l'enfant, le 26 janvier 1990 à New-York et paru au journal officiel du 12 octobre, se trouve fixé dans les textes non codifiés du Code civil. S'extrait cette phrase :

« L'enfant a avant tout besoin de l'amour et de la protection de ses parents ou de ceux qui les remplacent s'ils font ou ont fait défaut. Il a aussi besoin du soutien sans faille de la collectivité pour que ces droits puissent réellement s'exercer ». Énoncé montrant combien la relation à l'enfance s'avère importante et que l'autorité doit faire montre d'une efficience à réinventer et à reconstruire.

Aujourd'hui, nous nous trouvons dans une situation de crise de l'éducation, mais aussi de l'autorité, face à ses traditions de jadis dans un monde se globalisant. Il convient de le repenser et d'agir non comme une utopie pour la cohésion des groupes humains, mais une nécessité de « réguler » les hiérarchies sociales – au sein des familles et du couple, malgré les contingences de modernité des psychologies sociales. L'histoire de la tradition ne peut se répéter, car l'autorité par l'éducation ne suffit plus à fonder comme valeur un ordre commun – puisque tout va à l'individu – les repenser dans les liens, permettra de meilleures préhensions de ses fonctions.

V – ÉDUCATION DES ENFANTS

« Les parents ont, par priorité, le droit de choisir le genre d'éducation

à donner à leurs enfants[34]. »

n.f. (lat. *educatio*). Action d'éduquer, de former, d'instruire quelqu'un ; manière de comprendre, de dispenser, de mettre en œuvre cette formation. Connaissance et pratique des usages du monde, former au point de vue physique, intellectuel et moral.

Hormis les textes de lois du Code civil Français ; au chapitre VI. *« Des devoirs et des droits respectifs des époux »*, l'article 213 stipule :

« Les époux assurent ensemble la direction morale et matérielle de la famille. Ils pourvoient à l'éducation des enfants et préparent leur avenir. » Et des articles 204 et 205 au Titre : *« Des Obligations qui naissent du mariage »*. Cependant, l'éducation reste et devient un sujet crucial dans les différents enjeux du couple et de la société par l'instruction.

Sa naissance et son développement correspondent à l'histoire humaine dans les conditions culturelles, sociales et historiques. Elle repose sur un système de symbole – politique, religieuse, militaire, culturelle, puis sportive ; cristallisant une grande part de l'humanité par la reconnaissance de son « rite » d'enseignement et de sa dialectique – langage – entre l'enfant, les parents et l'instructeur ou le précepteur. Par l'image qu'elle véhicule, indique aussi le niveau de civilisation, de l'économie nationale et locale, la vision de son partage dans les classes sociales et de son utilisation comme instrument de ségrégation dans l'accession aux meilleures écoles, et aussi dans la relation spécifique interculturelle. On peut aussi la regarder dans la théorie historique, de « l'évolution en boucle », où toute situation antérieure se répète dans un cycle (jours, mois, années) ce et devant se renouveler et non à la seule atonie parcourant les réflexions actuelles entre apprentissage et compréhension.

À chaque époque, les hommes l'adaptèrent aux besoins de la politique, à partir du XVIIIe siècle, les premières conceptions éducatives se dessinèrent autour du potentiel et de la personnalité de l'enfant. Et par là même, les familles acquirent une fonction morale ne se limitant plus à la simple question des transmissions de patrimoines. La puissance et le pouvoir accordé aux pères ne permirent aux enfants de bénéficier de droit jusqu'à la révolution de 1789. D'ailleurs, Condorcet prépara et élabora la base d'un programme égalitaire par l'éducation, abolissant le pouvoir paternel absolu de cette époque, par l'accès à la citoyenneté, la responsabilité et à l'autonomie. Bien que le Code Napoléon de 1804 permît son rétablissement, pour toute la famille, comme « magistrat » naturel de l'État.

Au cours du XIXe siècle, le processus pour l'éducation des enfants en place, dut faire face à la main-d'œuvre que représentaient ces derniers (agriculture, mines, champs, artisanat), par leur contribution financière familiale, tant la paupérisation s'avérait forte. À partir de 1882, les lois de Jules Ferry rendirent l'école obligatoire pour tous, jusqu'à 13 ans et firent reculer le travail des enfants ; et aussi par une majorité pénale ramenée de 16 à 18 ans. À partir du XXe siècle, l'éducation des enfants se dessina dans un devoir sacré et de patriotisme — garantissant une sécurité — pour l'enfant et la mère par la santé, le repas, les loisirs et une relative sécurité au plan matériel. Aujourd'hui, elle se regarde et se confond dans les différentes valeurs individuelles, et les aspects de la société : politique, sociologique, économique, culturel, esthétique, historique, philosophique et sportive. Aussi par l'école, son cursus et son temps consacré à développer les compétences au travers des programmes et de l'éducation générale touchant au monde sensible – à l'humain et au culturel.

Cependant, l'éducation et la philosophie restent des composantes importantes, depuis l'Antiquité où les structures demeurent à la fois, indépendantes et analogues, philosophiques, car se voit comme un combat dans sa relation directe du modèle d'éducation à philosopher au cours des âges. Elle doit conduire à un dépassement par la loi, la morale, l'objectif de vie avec pour vainqueur, ceux et celles qui décident de mesurer les « exploits » ou « utopies », en résultant, par la parole, la compréhension et l'action ; pour d'autres, il s'avère difficile de transmettre la conscience de l'être par l'éducation, tant elle repose aussi sur des contradictions. Elle s'avère utile dans tous les sens, par la reconnaissance de ses caractères et comme guide des stratégies de chacun en complément de l'école ; et non aux seules projections et désirs inassouvis des parents. D'ailleurs, le **Code de Droit Canonique** de l'Église romaine, au Livre III – *La fonction d'enseignement de l'Église*, Titre III – *L'éducation catholique* (Cann. 793-821), stipule ses fondements aux articles 793[35]- § 1 et 795[36].

L'éducation se compare aussi dans les différentes traditions –, occidentales, orientales, africaines, car les deux premières se développèrent différemment avant le Moyen Âge. Dans le *Taoïsme* et le *Bouddhisme*, il y a le principe de la non-action et de la non-connaissance, reflétant l'état de la société ; car l'éducation reste un objet à atteindre et la philosophie la méthode de l'analyse, par la culture du couple pour la comprendre dans le socle des connaissances. Pourtant, à toutes les cultures, une « mère aime tous ses enfants de la même manière et éprouvera toujours autant de sentiments à leurs égards –, car dans l'aventure humaine, elles ont porté la vie. L'éducation se regarde aussi dans l'enjeu « culturel » – d'où du parent(s), pour des raisons politiques, religieuses et/ou économiques.

Cependant, ce thème montre bien des différences dans son approche, selon les cultures et l'importance accordée dans le noyau social, politique et religieux – débat revenant ces dernières années, en France au regard de la loi de 1905. Dans sa globalité l'éducation passe par l'école pour un grand nombre, car elle permet via la langue (du pays), de s'exprimer, d'apprendre, comprendre les œuvres et les textes significatifs pour l'esprit, à respecter autrui, raisonner, à structurer sa pensée, à argumenter, à développer son imagination, à avoir le sens de la beauté et de l'abstrait. L'école reste le troisième « œil » et parent pour l'enfant se mesure objectivement par le temps accordé et la fonction de chacun à cette tâche ; par des symétries différentes aux cultures entre l'enfant et l'adulte.

L'enfant dans le modèle Anglo-saxon et occidental se regarde à ces différentes étapes :

- Préscolaire – scolaire, allant de deux ans et demi à dix ans (2 ½ à 10) ;
- La puberté, la prépuberté, de dix à douze ans (10 à 12) ; la puberté de douze à quatorze ans (12 à 14) et la post-puberté jusqu'à seize ans (14 à 16).

Dans l'éducation Anglo-saxonne, les parents laissent grandir librement les enfants dans leur monde, sans les menacer, ni les punir indûment au nom de leur bien-être ; et ils peuvent prendre part aux discussions et débats des adultes. D'où l'idée, que leurs avis s'avèrent importants, dans la recherche d'un équilibre du libre choix et de la maîtrise des parents dans le respect de l'ordre.

Dans le judaïsme, l'éducation demeure une de ses priorités, le devoir pour les parents d'enseigner à leurs enfants la *Torah*, un métier et aussi étrange qu'il paraîtra, celui de savoir nager ! Cependant, l'obligation scolaire remonte au premier siècle de notre ère, avec un programme qui donnait à l'enfant les bases de la lecture dès l'âge de cinq ans, d'où un faible niveau d'analphabètes dans les sociétés juives. Car l'éducation ne se résume pas à l'ensemble des connaissances, mais aussi à l'apprentissage d'un chemin de vie, avec une éthique, une philosophie et un ensemble de gestes à accomplir, des rites structurant à la fois la temporalité, la conscience du temps et l'espace interhumain. Les rites et les paroles fondatrices d'identité, constituent le rythme d'une vie équilibrée, permettant à l'enfant, de recevoir de la génération précédente et de donner à la génération suivante. Sociologiquement, les parents juifs restent très attentifs à la carrière de leurs enfants et peu importe ce qu'ils feront plus tard dans la vie et d'autant diront comme tous les parents : «... *Pourvu qu'il soit docteur ou avocat* ».

Cependant, elle renferme aussi les *interdits*, *tolérances* et *inter-*

dits institutionnalisés à la fois par la société et les parents. Par cette dernière, les parents exercent aussi les ressorts de leur savoir maîtrisés – mettant un temps plus ou moins long au développement dans la compréhension des esprits, par le choix de leurs stratégies de vie. Dans Tout est langage, de Françoise Dolto, je retins cette phrase : « *Les interdits structurent chez l'enfant la valeur de son désir, désir à aller plus loin que cette satisfaction à court terme [...]* ». Au regard de nombre de discours et débats l'entourant, beaucoup oublient – au nom de toute la « connaissance » d'aujourd'hui, que nombre d'animaux « subissent » l'influence de ce qu'ils voient et entendent depuis leur naissance –, une grande attention doit s'apporter à l'entourage de l'enfant d'aujourd'hui et plus qu'hier.

Pour la majorité des parents, l'école permet et prépare à l'intégration dans le modèle laïc – de l'aristocratie et du mérite républicain, et non aux seuls *diktats* de l'enfant-roi, se développant depuis deux décennies, où nombre de parents s'efforcent de trouver des solutions adaptées à son utilité. Pour d'autres, l'école n'a pour but premier que celui d'enseigner au plus grand nombre et à chaque génération l'ensemble des informations utiles et nécessaires, à un développement « durable » des personnes.

Cependant, les incertitudes qu'elle suscite – inefficacité du système éducatif, dans son apport pour tous – violences grandissantes au sein de l'école, conduisent (dans l'immédiat) un faible pourcentage de parents, à procéder à l'instruction scolaire à domicile. Ce nombre se voit en augmentation aux États-Unis, afin de garder un contrôle optimum sur les enfants, par une instruction importante de la morale et du religieux, importants selon eux au bon développement psychologique de l'enfant. Mais aussi un droit « fondamental » à éduquer ses enfants. Pour beaucoup, il s'agit de la représentation du modèle maître élève –, enseignant enseigné, au regard du schéma parent enfant, dans le rapport au savoir, car tous les parents ne peuvent se muer en professeur, par la seule remise en question de la finalité de l'école. D'ailleurs, les travaux et réflexions d'Ivan Illich[37], prônaient pour une société sans école, remplacée par des réseaux de libre-échange mettant les savoirs de l'instruction à la portée de tous, ce que beaucoup considérèrent comme une utopie irréalisable. Son idée lança des contre réactions sur la sensibilité du sujet – déjà élaboré par Condorcet, mais aussi Comenius[38] –, où chaque citoyen, au nom de la liberté, pourrait, selon ses propres valeurs, élever et éduquer ses enfants, comme il l'entendrait.

En *Europe*, l'instruction à domicile demeure interdite en Allemagne, alors qu'elle apparaît dans des pays comme la Suisse, la Grèce et la Russie, d'autres pays comme le Japon, l'Afrique du Sud ou encore le Mexique, voient son émergence, non pour des raisons religieuses –, comme souvent cités – mais pour des raisons économiques et sociales. En France, l'école n'a pas un caractère obligatoire, seul l'instruction scolaire demeure un devoir se dispensant au sein d'établissements publics ou privés, ou dans la famille, d'ailleurs l'article L. 131-2 du Code de l'éducation le stipule. La seule obligation pour les parents faisant ce choix, passe par une déclaration aux autorités en début d'année scolaire, satisfaire au contrôle annuel de l'éducation nationale par un (des) inspecteur(s) et aussi des assistantes sociales, dans le cadre de la Miviludes[39]. S'assurant ainsi du « bon » développement des enfants, dans l'acquisition des connaissances et du milieu familial.

Aujourd'hui, ce choix reste « marginal » sur l'ensemble du territoire, ne représentant que moins de 1 % des enfants scolarisés, mais pleinement conscientisé par ceux et celles choisissant cette voie. Néanmoins, les observations montrent qu'à la différence des États-Unis, ce choix ne relève pas d'une considération religieuse première pour les parents, mais porte sur les questions de rythme des enfants, du sens de l'instruction par le développement de la curiosité naturelle, d'approfondir le partage des connaissances, de prendre le temps de faire et de vivre (réduction des effets du stress), et aussi de rester au contact plus longtemps avec ses enfants – un renforcement de la protection de tous les membres de la famille par ce point. Une forme de contrat social, engageant pleinement la responsabilité et la liberté des parents, par une autodétermination à réussir, à la fois l'instruction et l'éducation des enfants – un devoir solidaire et égalitaire au regard du modèle de la méritocratie.

L'éducation et le modèle de la hiérarchie sociale n'existant (presque) plus, par cette verticalité de jadis, mais par l'horizontalité touchant aussi tous les pans de la société dans le relationnel. Pour cette raison l'école tient une place importante suer la formation des connaissances et de la culture de la société immédiates et du reste du monde.

Les travaux de Benjamin Spock[40] se portèrent sur la psychanalyse, dans les besoins des enfants, leur éducation dans la sphère familiale en tant, que personne, et non à la seule discipline imposée par les parents, dans l'idée de l'époque (courant béhavioriste) – une éducation stricte, sans « contact », les préparant à devenir des adultes autonomes dans un monde rempli d'incertitude. Son travail pouvait se considérer d'humaniste, car il invitait les parents à regarder leurs enfants, comme des *êtres* à part entière, ne devant les rendre identiques au modèle social, en niant leurs capacités propres de développement. Nonobstant, ses réflexions et constats, il se vit « responsable » des conséquences négatives de cette forme d'éducation – trop permissive – pour la seule satisfaction des enfants. Néanmoins, ses travaux et combats se poursuivirent aussi dans ses engagements et combats politiques.

Cependant, la politique publique d'un État, se mesure aussi sur les conditions sociales, sanitaires et éducatives, mise en place pour le développement des enfants, et aussi pour l'harmonie des parents et non à les marginaliser par un caractère discriminatoire dans son formalisme et son conformisme. Mais, sur le développement des coopérations entre l'institution et toutes les « couches » des populations ; plus particulièrement depuis la scolarisation et la participation des femmes à toutes les décisions concernant ce sujet. Cette question reste politique par les raisonnements devant favoriser son développement dans l'existence – santé, préparatoire aux futurs défenseurs des institutions, atteindre diverses finalités, affinées les passions et les idéaux même dans les oppositions s'y concentrant. Son approche se justifie par nombre d'arguments passionnés, montrant son utilisation et la vision portée au service de chacun, comme valeur ne pouvant se justifier dans l'amour, l'intérêt et l'attirance puissante en font une question restant ouverte.

L'éducation se regarde de *facto* dans la politique économique et sociale de la société et repose pour une majorité sur le système scolaire ; par l'école comme lieu d'échanges de l'accès progressif, partiel et/ou total des connaissances à l'élargissement de « l'intelligence », afin de combler tout ou partie des lacunes des parents (*temps consacré, civisme, les bonnes manières, les valeurs, etc.)* avec les meilleures appréciations.

Jadis et jusqu'à la séparation de l'Église et de l'État, les valeurs éducatives reposaient sur l'art de vivre et de se comporter ; des enseignements du christianisme par les seuls hommes d'Église et les précepteurs, car le peuple ne pouvait s'éduquer seul. À l'avènement de l'école laïque, l'instruction devint à la portée de la majorité de la population, par l'apport des instituteurs[41] qui remplissaient une mission, une vocation avec le soutien de parents ; qui aujourd'hui semble marquer le pas depuis les années quatre-vingt et se diriger vers d'autres objectifs ou *valeurs symboles* –, déterminant le social et le culturel. L'éducation se regarde aussi dans la violence et certains rejets au sein de la société –, négation pour les uns et dénégation pour les autres, par l'appropriation et l'expérience de chacun dans la confiance portée et partagée au sein du groupe, de la famille ou du clan. Pour les parents, aussi dans l'acceptation de tout ou partie des modes et des dogmes les entourant.

De nos jours, il y a une course pour une catégorie ou classe sociale, dans l'accès le plus tôt à la meilleure éducation en choisissant les meilleurs établissements devant garantir un enseignement d'élite pour les enfants, ce, dès la maternelle. Cela ne représente qu'une infime partie des enfants pouvant réussir de cette élite et représente le symbole d'une réussite sociale pour les parents, par les moyens matériels et financiers mis en œuvre. D'où des différences de plus en plus importantes des niveaux d'éducation, selon que les moyens financiers du couple, par le choix de l'établissement, permettant de favoriser ou non l'entrée dans ce « moule » préfigurant un caractère élitiste – avec une pression importante des parents, digne des meilleurs sportifs. Cependant, l'hétérogénéité des valeurs éducatives reste ancrée dans des carcans et du temps social, car elle permet le passage du monde de l'enfance à celui des adultes et selon les cultures par les rites de passage marquant ce temps. Pour Leibniz[42], l'éducation pouvait tout, mais à son époque – des lumières, il existait encore ce distinguo –, séparation entre éducation et instruction, qu'aussi l'éducation faisait une différence entre les individus dès leur venue au monde.

Aussi une formule de Victor Hugo resta pendant longtemps un leitmotiv reliant l'éducation à la société, comme un des points importants de la structure et du développement de la société : *« Plus on ouvrira d'écoles, plus on fermera de prisons »*. L'éducation se voulait et se définissait comme la pierre angulaire permettant une universalité aux hommes, par l'enseignement, le savoir, la raison et l'intelligence, se transmettant par un ensemble de règles et de normes, et surtout par les parents, dans « leur bonheur de vie » à transmettre à leurs enfants. Mais les changements dans l'évolution politique changèrent peu à peu ce regard, l'éducation ne se voyant comme un garant fort assurant et garantissant « la sécurité » des enfants.

La France ratifia en 1990, la Convention internationale sur les droits de l'enfant. Depuis, nombre de bilans montrent le chemin parcouru et à parcourir sur la responsabilité collective (institutionnelle) et individuelle (familiale) touchant à l'éducation et la protection des enfants dans leurs droits et devoirs des parents. Ce regard passe par la conception patrimoniale de la loi civile, résidant dans cette notion de propriété, prenant essence de « l'autorité paternelle » de jadis. En témoigne d'ailleurs, le nombre d'affaires de violences familiales sur la question de l'autorité, de son partage et des pouvoirs des deux parents dans l'instant présent. Or, l'autorité ne se construit sur l'instant, mais sur un temps de vie non comptable – mais sur un temps long avec des étapes et des paliers permettant la construction de chacun dans son rôle et sa place. Une dissymétrie enfant/adulte nécessaire et non cette asymétrie, où l'enfant possédera les mêmes droits que l'adulte, ce, à tous les niveaux de vie. Car l'autorité repose aussi sur une fonction graduelle, en mouvement perpétuel et ne se définissant, dans cette seule et unique globalité ; mais à tous les stades de développement, d'adaptation et d'habileté des parents.

Elle se regarde dans sa force intensive par les fondements la faisant, non par le seul fait d'un phénomène naturel, mais par le symbolisme de son édifice culturel et social. Elle cristallise tous les maux de la société par la structure de cette dernière, menant dans le subconscient de beaucoup comme un bienfait, une tragédie par le rôle des parents et des enfants dans la rencontre des premiers ; une religion, car elle permet de sauver « son âme », par l'amour devant réduire les conflits, même par le secours de dieu par leur égalité ; ou une société de l'universelle par ses écoles, son ministère, son calendrier –, presque à l'identique pour les peuples par son caractère non violent dans la recherche de résultats communs devant la préserver par ses lois. Elle devint une source d'idéal pour chacun dans un monde moderne. Car elle porte les stigmates de la société de l'époque et doit permettre au plus grand nombre de se sentir à l'aise partout dans le monde.

Elle met en exergue les relations proches et/ou lointaines entre les parents et les enfants, mais aussi de relation duale entre la religion, le social, le culturel et la politique. Dans *Émile*, Jean-Jacques Rousseau mettait en évidence l'importance d'une éducation dénaturant le moins les personnes, afin de vivre, dans un contrat social régi par la société. Pour beaucoup aujourd'hui, elle se voit par l'acquisition et l'apport du système scolaire, alors qu'elle doit s'accompagner de tous les apports, parentaux et familiaux, importants dans le développement des vertus et des talents humains par l'approche du plus grand nombre d'arts, et non aux seules connaissances techniques pouvant aussi gâcher ses fondamentaux utiles – esprit de bon sens, désir d'apprendre et de se partager. Pour d'autres, elle permet de déceler les défauts et les principes mesurant le développement de l'esprit, de sa maturité et de son affect, dans son aptitude à se perfectionner avec l'aide des parents ; cependant, lorsque ces derniers vivent séparément, la mise en œuvre devient plus délicate dans les choix de chacun et pouvant l'égarer dans son évolution.

Dans son exercice, elle se voit comme l'espérance des parents devant dépasser leur frontière personnelle et leur philosophie pour le meilleur usage du monde – sans une poigne tyrannique, par la charge morale qu'elle représente – d'humilité, de charité, d'espérance, d'humanité, de justice et de générosité devant par ces principes en faire un homme « bon ». Cependant, elle comporte cette part connue et d'inconnue (déduction et d'induction) inhérente au résultat se mesurant dans le temps pour parents et enfants. L'échec rendant les premiers responsables des seconds et tendra à montrer les voies empruntées (violence, bassesse, égoïsme, haine, méfiance, insensibilité).

Elle se partage d'abord au niveau des deux parents, de nos jours, la situation économique et sociale se faisant – les deux travaillent, parfois loin du domicile, au point que le temps consacré à cette éducation s'en trouve réduit (*Temps de travail en 2000*). Aussi nombre de foyers se trouvent monoparentaux ; cela se traduit dans les différentes statistiques, un peu plus de 50 % des enfants d'ouvriers obtiennent leur baccalauréat, alors que plus de 80 % des enfants de cadres supérieurs l'obtiennent. Certes, ils travaillent autant, mais consacrent un temps important sur la qualité apportée et son partage au sein du couple par l'apport de chacun ; afin de faire progresser et avancer au plus haut des connaissances devant assurer le développement des enfants dans la vision d'une vie meilleure et épanouie.

Lorsque le milieu familial et affectif se trouve stable, la flexibilité et la plasticité de l'éducation des enfants s'en trouvent plus « simples » et plus « aisées » dans l'accommodation et la confiance se faisant aux parents. Ce, dès les premières années de vie jusqu'à l'entrée à l'école – période cruciale au développement, tant des parents, que des enfants ; au lieu de se vivre comme une inhibition à l'intellectuelle et au relationnel. L'éducation des enfants témoigne tout au long de la vie du couple de ses obligations, ses droits et devoirs, se mesurant dans cet effort continu et supporté par chacun dans les résultats. Or, selon les études et les chiffres, il apparaît que près de 50 % des enfants se voient éduqués dans un foyer monoparental. En l'absence des parents, il se voit confié à l'entourage (grands-parents, oncles et tantes, etc.), selon la décision de justice retenue.

Sur un plan sociologique, pour les parents, cela signifie qu'ils ont atteint la maturité nécessaire pour une transmission des plus fines aux enfants à venir. Les parents développent ensemble un « écosystème » où l'enfant obéit aux formules qu'ils jugeront comme les conditions *sine qua non* à son éducation. Elle varie et dépend aussi de l'environnement psychologique, affectif et du contexte social, car des enfants grandissant dans une harmonie parentale, avant ce débordement matériel – gèrent plus facilement toutes les petites choses paraissant « énormes », voire insurmontables pour les moins préparés. Au regard des couples les plus nantis ou les plus pauvres peuvent et réussissent l'éducation, pour nombre de leurs enfants. L'arrivée de ce parcours initiatique se verra réussie, voir accomplie, si les nations humaines font développer très tôt l'implication des parents à tous les niveaux. Car, ce développement se pratique aux premières années des enfants et s'avère déterminant pour leur avenir. Lorsque les parents omettent la partie éducative au profit du matériel ou de leur pouvoir dans le couple, cela conduit les enfants ; souvent de façon irrémédiable sur une route de la souffrance au vu de l'échec des parents. Bien des maux des enfants, semblent plus difficiles à gérer pour beaucoup par rapport à leurs parents.

Dès la petite enfance, son courage mérite la stimulation et personne ne doit le menacer, ni le tromper – de quelque manière. Car, si dès l'enfance il souffre d'anxiétés et de peurs diverses –, des cicatrices le marqueront, tout au long de sa vie.

La maturité de l'enfant fonctionne aussi par crise du système nerveux, du fait de son auto-expérience le conduisant à grandir. Par exemple, les parents ne devraient jamais par négligence effrayer l'enfant du tonnerre, de la foudre, de l'obscurité, ni lui raconter des histoires « de peurs » sous prétexte de le calmer. Mais de l'autre côté, le réprimander, le gronder trop sévèrement en fait très souvent un adulte timide, renfermé et parfois revanchard. Ils doivent veiller à ce qu'il n'acquière pas de traits de caractère déplaisants, car l'école n'a pas cette fonction, du tout dans l'éducation – au regard des débats et prises de positions de ces dernières années. Car une fois les mauvais plis installés, les leçons ultérieures ne l'en débarrasseront qu'en partie. Dans ses expressions et manières, la compréhension des convenances ne devrait lui éprouver de désirs vulgaires ; le reste suivra dans une moindre importance, car, un enfant recevant une éducation « saine et normale » se développera dans le temps. Nombre d'observateurs s'accordent le constat, que les enfants issus de parents mal accordés manqueront de piété filiale !

Cependant, aucun texte de loi ne suffit à la faire – la loi vient à rappeler les devoirs et obligations « naturels » des parents dans leur tâche quotidienne tout au long de leur vie. À la différence de l'école, ne durant qu'un temps plus ou moins long et servant de socle aux connaissances générales des savoirs. Car, sur le plan esthétique, elle se voit pour beaucoup comme une satisfaction morale (parents éducateurs) par le niveau graduel atteint de la volonté des premiers et de la capacité des seconds part le bâti, et se mesure aussi sur les réussites et les échos rencontrés.

Pourtant, certains pensent que les enfants restent les victimes des modèles sociaux préfabriqués à leur intention par les adultes, avec les préjugés, les enjeux sociaux, politiques, culturels se jouant dans l'éducation. Le point commun visible pour les parents et les enfants, passe par toutes les joies et les souffrances, comme un passeport permettant l'accession à l'âge adulte. Cela se comprend, que lorsque les enfants peuvent se projeter dans l'avenir et qu'ils parviendront au plus loin de leurs projets de vie. S'il s'entend mal avec son père à cause des divergences ou de l'inconscience de la mère par exemple, voulant par étourderie surprotéger l'enfant en prenant sa défense chaque fois que le père le réprimandera. Cela créera une complicité devenant inévitablement source de conflits entre le père et le fils ; mais aussi avec la mère.

Car, faire de son enfant un complice contre le père semble découler parfois du manque de cohésion et de pénétration que beaucoup de femmes manifestent naturellement dans leur dessein. En s'imaginant assurer la sécurité du foyer et de leurs « vieux jours » en gagnant sa faveur dans l'âge tendre. Aujourd'hui, nombre de mères (célibataires, divorcées, ou séparées) portent un amour considéré par beaucoup comme excessif à leurs fils (filles) et font cause commune contre le père au nom d'une parité et d'une autorité de l'éducation – perturbant ainsi les relations et rapports pères/fils. Ceci, modifiant et provoquant un ressenti de l'autorité paternelle pour les uns et un déclin pour les autres ; car dès lors l'enfant devient « le chéri » à sa maman. Affirmant ce rôle de dominatrice en bannissant le père, qui normalement doit transmettre à son fils ce lien du sang et aussi mental. Au lieu de cela, le père se voit pour une partie comme un étranger, une machine rapportant éventuellement de l'argent à la maison et non plus dans le foyer.

Dans l'éducation de l'enfant, il semble que des convictions personnelles trop marquées affectent ce dernier –, le but tend à communiquer la parfaite maîtrise des principes de base et des premiers rudiments devant se poursuivre. Afin que les premières acquisitions portent leurs fruits ; car jamais les efforts ne doivent et devront se relâcher tout au long de la vie de couple et de parent. Cela suppose la compréhension d'une telle quête, auquel le sens de la véritable éducation basé sur l'engagement trouvera sa voie et la fonction parentale portée au plus haut. D'ailleurs, l'éducation ne se résume pas aux seules connaissances, mais par l'élaboration à l'apprentissage de la vie, ne pouvant se faire seule – mais par la transmission des parents, voire grands-parents. Jadis, la société eut régi de telle sorte que l'éducation prévalait sur bien des points, actuellement chacun signale la « démission » des parents pour différentes raisons – en analyse sur les causes *(monoparentalité, divorce, modernité, évolution des mœurs, etc.).* L'attente au législateur à remplir cette « fonction », dès lors qu'un enfant ne répond plus aux critères de la société, n'ira pas sans causer nombre de perturbations, mais plutôt de récupérer cet espace laissé vacant afin de permettre une reproductibilité et une durabilité de l'éducation.

À l'heure de nombreuses *fractures sociales,* toutes les questions liées à ce sujet de société se posent et se poseront au fil du temps. Car, elle fait partie intégrante de la responsabilité de chacun pour le maintien de l'équilibre et des responsabilités au sein des sociétés et non de la seule culpabilité en résultant, car elle conserve et joue un rôle important dans la vie politique, car une société « éduquée » et « instruite » doit favoriser les unités politiques dans son adhésion, et permet de défendre « symboliquement » la notion de territoire, et aussi dans le sens qu'elle donne à la famille. Bien que préparée, réglementée et espérée, l'éducation ne peut pas tout et renvoi à la baisse sa vision dans le défi de réussite et de valorisation des parents avec les bienfaits et méfaits entourant tout excès à elle. Car, ces deniers font et feront tout leur possible, afin que leurs enfants reçoivent le meilleur, et deviennent meilleurs à leur tour dans leur vie future d'adultes ; mais en gardant la modestie que chaque enfant reste différent et que le programme éducatif retenu *doit* s'adapter par les parents et les éducateurs aux différents moments et étapes de la vie, en travaillant sur un développement continu des points forts et faibles.

Malgré toutes les transformations et changements opérés dans son développement au cours des siècles, il n'existe pas de système éducatif parfait, mais son pouvoir doit rester une utopie utile, une philosophie devant élever l'enfant, par un entraînement intense et continu dans les compréhensions immédiates et ancestrales. Un besoin culturel important à la poursuite de l'histoire humaine, demandant – en plus de l'entraînement – un investissement continu pour l'avenir des enfants

– elle doit permettre à la société de mesurer une avancée à la compréhension utile de l'éducation, dans l'urgence de l'époque. Et surtout, donner à tous les enfants les meilleurs « outils » ; sinon les diatribes et les états lacunaires continueront à dériver son mal-être.

L'éducation se construit, comme le reste de l'entreprise familiale, autour d'un projet éducatif réalisable et atteignable pour les parents et les enfants – aussi de la place et du rôle des parents dans ces processus –, en tenant compte des différences de chacun dans sa capacité à transmettre et apprendre dans sa représentation de l'éducation, de l'instruction et des normes de l'époque les entourant. Aujourd'hui, elle se regarde comme un produit de « culture » – obligatoire – pour le rôle et la place des hommes et des femmes au regard des valeurs humanistes.

CONCLUSION

Le couple humain se regarde dans une recherche d'efficacité dans sa relation, par la compréhension, l'écoute, l'histoire, la psychologie, la religion, la philosophie, mais aussi, les sciences et techniques analogues, pouvant l'aider dans « sa quête » et finalité, afin de dépasser une *simple* efficacité externe à tous, mais surtout interne.

Pourtant, la rencontre de deux personnes combine, histoire et philosophie, histoire, par le passé respectif, dans son arbre de vie, et philosophique, par les sens à définir et les préoccupants, dans des intérêts semblables et/ou différents, faisant ou non avancer cette quête de codépendance. Cette rencontre humaine se réfère aussi à nos différents degrés de connaissances, comme le : certain ; probable ; l'indéterminable ; possible ; l'impossible ; le vrai et le faux. Car, l'histoire de chacun se mêle à la continuité d'une histoire multimillénaire, et discontinuité, s'il n'y a de rencontre permettant a première. La rencontre humaine doit permettre, aujourd'hui, par les sciences – depuis un siècle – d'apporter plus de sens, comme un correctif nécessaire à sa vision globale et personnelle. Cependant, comme à nombre de points, les sciences ne peuvent remplacer la part humaine de la réflexion et de l'existence, qui n'obtient de sens que par la conceptualisation que chacun en fera – pour le meilleur usage –, aussi pour le pire, dans le dessein humain.

Aujourd'hui, le tout (presque) science nous entourant et développant aussi une certaine relation humaine, permet des bénéfices, dans certaines de ses approches et méthodes ; mais réclame de la prudence et de circonspection, dans nombre de conclusions concernant les relations humaines. Car, par le couple, il s'agit de la cause humaine, dans son interrelation et aux institutions, une mise en égalité, difficile à obtenir, car le dessein humain se joue sur la confiance et l'opportunité de sortir vainqueur, en dominant l'autre. Pourtant, son analyse reste infinie, par toutes les diversités humaines, par les objectifs de vie, de culture, se renouvelant sans cesse – comme un acte de création – inachevé. À la différence d'une entreprise, où le cadre se définit par avance, et n'évoluera que par certains leviers, où les tentations d'évoluer à l'opposé ou en marge, se heurtent aux responsabilités engagées ; compromettant sa gestion dans le rapport au groupe – à la tribu, par les différentes imaginations humaines ressenties.

Devant l'accroissement de la population mondiale, les distances géographiques se réduisant et des échanges, via les réseaux internet. Le métissage grandissant des cultures, tend aussi vers celui des personnes – malgré les caractères nationalistes, s'exprimant ci et là ; le couple humain se retrouve aussi dans tous les défis se dessinant, autour de lui et pour lui. Plus qu'hier, les enjeux de se retrouver en « une » population, avance à grand pas, les projets et défis humains semblent progresser moins vite – et la rencontre humaine, semble en souffrir, par toutes « contraintes » voulues et imposées. Seule la réactivité et la conscientisation de chacun, dans son projet réel et solidaire, permettront de limiter les catastrophes individuelles et collectives se dessinant, et qu'il faille préparer aux jeunes générations présentes et à venir de toute uniformisation, au nom du seul progrès.

Toutes les décisions prises, partagées, composées, impliquant l'engagement de chacun à un projet social – un consensus continuel, dans les aléas de la vie. À la différence, de moult situations, il n'y a de compétitions, pour devenir le meilleur couple, pour chacun, le but restant, de partager son amour et sa passion, par la présence de l'autre avec raison, émotion et imagination – un régulateur de vie, dans tous les sacrifices à consentir.

Cependant, tous ces points constituent nombre de ses invariants (temps, espace, structures, cultures, politiques), opposant aussi la « bonne » écriture de son histoire, mais s'en enrichissent. Car, chaque homme et chaque femme demeurent différents, tant, par son patrimoine génétique, historique, culturel, linguistique et religieux. Et l'avenir du couple humain, doit passer par cette compréhension, celle de la coexistence de toutes les diversités, qui permirent ses avancées dans tous les projets de vie.

REMERCIEMENTS

Un grand merci à :
François « *Poub's* », pour nos échanges, rencontres photographiques, débats touchant au mariage, la psychologie, des sujets sociaux touchant l'homme et la femme au travail, depuis toutes ces années d'amitiés et de collaboration.

Nathalie, pour sa motivation, ses corrections et son approche de l'Orient.

Emmanuelle, pour son apport éducatif et social aux enfants.

Au Diocèse de Paris et de Fort-de-France, ainsi qu'aux C.P.M. (Centre de Préparation au Mariage).

Un merci et hommage, à Madame Mady Gabay, pour ses conseils et éclairages sur le mariage oriental et juif.

À Anne dans les moments d'écriture.

Aussi, un grand merci à tous ceux et toutes celles (restés anonymes), qui me portèrent « quelques » fragments au travers d'entretiens et échanges dans l'élaboration de ce long travail.

Merci à ma famille pour leur soutien.

BIBLIOGRAPHIE

Pour ceux et celles souhaitant porter plus loin leurs réflexions autour de ce thème :

Angel Sylvie, Gutton Philippe & Naouri Aldo, *Les mères juives*, Odile Jacob, Paris, 2007.

Ariès Philippe, *Essai sur l'histoire de la mort en Occident*, Le Seuil, Paris, 1975.

Amson Daniel, *La Querelle religieuse*, Odile Jacob, Paris, 2004.

Ascher François, *Le Mangeur hypermoderne*, Odile Jacob, Paris, 2005.

Badinter Élisabeth, *L'amour en plus*, Flammarion, Paris, 1980.

—, *Fausse route*, Odile Jacob, Paris, 2003.

Bajos Natahlie & Spira Alfred, *La Sexualité aux temps du sida*, « *analyse des comportements sexuels en France* », PUF, Paris, 1993.

Balzac (de) Honoré, *Physiologie du mariage*, Gallimard, Paris, 1971.

Bauman Zygmunt, *Le coût humain de la mondialisation*, Hachette, Paris, 1999.

Bettelheim Bruno, *La Psychanalyse des contes de fées*, Hachette, Paris, 2000.

Bergson Henri, *Les Données immédiates de la conscience*, PUF, Paris, 2007.

—, *L'énergie spirituelle*, PUF, Paris, 2005.

Berque Jacques, *Relire le Coran*, Bibliothèque Albin Michel, Paris, 2002.

Bernstein Basile, *Langage et classes sociales. Codes sociolinguistiques et contrôle social*, Éditions de Minuit, Paris, 1975.

Bessis Sophie, *Les Arabes, les femmes, la liberté*, Albin Michel, Paris, 2007.

Bihr Alain & Pféfferkorn Roland, *Le système des inégalités*, La Découverte, Paris 2008.

Boyer Alain, *Le Droit des religions en France*, PUF, Paris, 1993.

Breton André & Éluard Paul, *L'Immaculée Conception*, Seghers, Paris, 1972.

Breton Philippe, *L'Utopie de la communication : le mythe du village planétaire*, La Découverte, Paris, 2004.

Brosse Jacques, *Les maîtres spirituels*, Albin Michel, Paris, 2005.

Calvet Louis-Jean, *Les voix de la ville - Introduction à la sociolinguistique urbaine*, Payot, Paris, 1994.

Calvin Jean, *L'institution chrétienne, Livre premier et second*, Éditions Ferel, 1995.

Chatelin Yannick, *In Bed with the web : Internet et le nouvel adultère*, Chiron, Paris, 2005.

Chehata Chafik, *Droit Musulman*, Dalloz, Paris, 1970.

Chomsky Noam, *Aspect de la théorie syntaxique, trad. Jean-Claude Milner*, Éditions du Seuil, Paris, 1971.

Collectif, *Entretien Pastoral en vue du mariage*, Bayard, Documents d'Église, Paris 1990.

Collin Françoise, *L'homme est-il devenu superflu ?*, Hannah Arendt, Odile Jacob, Paris 1999.

Cyrulnik Boris, Héritier Françoise & Naouri Aldo, *De l'inceste*, Odile Jacob, Paris, 2000.

Cyrulnik Boris, *Les vilains petits canards*, Odile Jacob, Paris, 2004.

Danon-Boileau Henri, *De la vieillesse à la mort*, Calman-Lévy, Paris, 2000.

De Mondadon Louis, *(traduction de) Confessions de Saint-Augustin*, Seuil-Sagesses, 2007.

Dolto Françoise, *Quand les parents se séparent (en coll. avec Ines Angelino)*, Le Seuil, Paris, 1988.

—, *La Cause des enfants*, Laffont, Paris, 1985.

Duby, Georges, *Le chevalier, la femme, le prêtre*, Hachette, Paris, 1981.

Dumont Louis, *Groupes de filiation et alliance de mariage, Introduction à deux théories d'anthropologie sociale*, Gallimard Tel n° 284, Paris 1997.

Egen Jean, *L'abbatoir solennel*, Guy Authier éditeur, Paris, 1973.

Ferry Luc, *Qu'est-ce qu'une vie réussie*, Grasset, Paris, 2002.

Filoche Gérard, *La vie, la santé, l'amour sont précaires. Pourquoi le travail ne le serait-il pas ?*, Jean-Claude Gawsewitch, Paris, 2006.

Flandrin Jean-Louis, *Familles : parenté, maison et sexualité dans l'ancienne société*, Hachette, 1976.

Föllmi Danielle et Olivier, *Offrandes*, Éd. de La Martinière, Paris, 2003.

Foucault Michel, *Histoire de la sexualité Tome I*, Gallimard, Paris, 1976.

Goody Jack, *La Peur des représentations*, La Découverte, Paris, 2003.

Green André, *Le Complexe de Castration*, PUF, Paris, 2007.

Hadot Pierre, *Exercices spirituels et philosophiques antiques*, Albin Michel, Paris, 2002.

Halimi Gisèle, *La Nouvelle cause des femmes*, Seuil, Paris, 1997.

Hervieu-Léger Danièle & Willaime Jean-Paul, *Sociologie et religions. Approches classique*, PUF, Paris 2001.

Iacub Marcela & Maniglier Patrice, *Antimanuel d'éducation sexuelle*, Bréal, Paris, 2005.

Illich Ivan, *Une société sans école (Deschooling Society)*, Seuil, Paris, 1971.

—, *Le Chômage créateur*, Éditions du Seuil, Paris, 1977.

Jacquart Albert, *Éloge de la différence, la génétique et les hommes*, Éditions du Seuil, Paris, 1978.

Kant Emmanuel, *La Critique de la raison pure*, PUF, Paris, 2004.

Keynes John Maynard, *La Pauvreté dans l'abondance*, Gallimard Tel n° 320, Paris, 2002.

Laplanche Jacques, *Vie et mort en psychanalyse*, Flammarion, Paris, 1970.

—, *Castration, symbolisations, problématiques*, PUF, Paris, 1980.

Lasch Christopher, *La culture du narcissisme*, Champs-Flammarion, Paris, 1979.

Latouche Serge, *L'Occidentalisation du monde*, Éditions La Découverte, Paris, 1989.

Lesueur Christine, *Déclaration universelle des droits de l'homme*, Le Cherche Midi Éditeur, Paris, 1998.

Levy-Strauss Claude, *Les Structures élémentaires de la parenté*, PUF, Paris, 1949.

—, *Race et histoire*, Éditions de l'Unesco, 1952.

Loewy Raymond, *La laideur se vend mal. Trad. de l'anglais par Miriam Cendrars*, Gallimard Tel n° 165, Paris, 1990.

Lucas Violaine & Vilain Barbara, *La Clause de l'Européenne la plus favorisée*, Des femmes, Paris, 2008.

Mahieu Francois-Régis, *William Petty. Fondateur de l'économie politique*, Economica, Collection Economie poche, 1997.

Malamoud Charles, *Féminité de la parole. Études sur l'Inde ancienne*, Albin Michel, Paris, 2005.

Manent Pierre, *Naissances de la politique moderne*, Payot, Paris, 1977.

Marx Karl, *Le Capital, Livre I*, Flammarion, Paris, 1985.

Merleau-Ponty, Maurice, *Phénoménologie de la perception*, Gallimard Tel n° 4, Paris, 1976.

Merton Thomas, *La nuit privée d'étoiles*, Albin-Michel, Paris, 2005.

Moreau Pierre, *Les Sacrements*, Bayard Éditions – Centurion, Paris, 1997.
Morin Edgar, *Terre – Patrie*, Éditions du Seuil, Paris, 1996.
Péguy Charles, *Œuvres poétiques complètes*, Gallimard, la Pléiade, Paris, 1994.
—, *L'argent*, Équateur Parallèles, Paris, 2008.
Perrault Charles, *Contes*, Livre de poche, Paris, 2006.
Phélip Jacqueline & Berger Maurice, *Le livre noir de la garde alternée*, Édition Dunod, 2006.
Piaget Jean, *Le langage et la pensée chez l'enfant*, PUF, Paris, 1976.
Polanyi Karl, *La Grande Transformation. Aux origines politiques et économiques de notre temps*, Gallimard NRF, Paris, 1983.
Rabelais François, *Le Tiers livre*, PUF, Paris, 1994.
Raglan (Lord), *Le Tabou de l'inceste. Traduit de l'anglais par L. Rambert*. Payot Éditions, Paris, 1935.
Reuchlin Maurice, *Histoire de la psychologie*, PUF, Paris, 1957.
Rougemeont Denis de, *L'amour et l'Occident*, Poche, Paris, 2001.
Rousseau Jean-Jacques, *Discours sur l'origine et les fondements de l'inégalité parmi les hommes*, Gallimard, Paris, 2006.
Rufo Marcel, *Œdipe toi-même !*, Anne Carrière, Paris, 2000.
Scala Hervé et Mireille, *Des ancêtres encombrants*, le Souffle d'Or, Gap, 2006.
Stendhal, *De l'amour*, GF Flammarion, Paris, 1993.
Tao-té-King par Lao-Tzeu, *La Voie et sa vertu*, Seuil-Sagesses, Paris, 1979.
Unterman Alan & Cheval Catherine, *Dictionnaire du Judaïsme. Histoires, mythes et traditions*, Thomas et Hudson, 1997.
• Weber Max, *L'Éthique protestante et l'esprit du capitalisme. Trad. de l'allemand par Jean-Pierre Grossein*, Gallimard Tel n° 330, 2004.
—, *Économie et société*, Plon, Paris, 1971.
Yambangba Sawadogo Alfred, *La polygamie en question*, L'Harmattan, Paris 2006.
Zwang Gérard, *La fonction érotique*, Robert Laffont, Paris, 1972.
Code de Droit Canonique, XXVᵉ, Bibliothèque du Vatican, 1983.

Sites Internet :
www.justice.gouv.fr
www.inserm.fr (Institut national de la santé et de la recherche médicale).
www.ined.fr (Institut national d'études démographiques).

• Prioux, F. « *Vivre en couple, se marier, se séparer : contrastes européens* », *Population & Sociétés* n° 422, avril 2006. (bulletin d'information)

www.insee.fr (Institut national de la statistique et des études économiques).
• Jacquot A., Minodier C., « *Enquêtes annuelles de recensement 2004 et 2005-193 1,3 millions de logements au 1ᵉʳ janvier 2005* », *Insee Première* n° 1060, janvier 2006.
• « *L'enquête Étude de l'histoire familiale de 1999* », Insee Résultats n° 33, série Société, août 2004.
• « *Projections de ménages pour la France métropolitaine, ses régions et ses départements* », Insee Résultats n° 19, série Société, octobre 2003.
Chaleix M., « *7,4 millions de personnes vivent seules en 1999* », Insee Première, n° 788.

TABLE

Chapitre V – La Famille

   Chapitre V – La Famille

   II – Parents – Parentalité
     Paternité :
     Maternité :

Le Couple, *Entreprise de vie...*

La vie en couple connaît une période particulière et contrasté de son histoire, depuis le XXe siècle et s'observe par différents points de ruptures, par un grand nombre de questions.

Aujourd'hui et plus qu'hier, quel regard portons-nous au couple, au nôtre et aux autres ? Mérite-t-il une attention particulière, dans tous les maux actuels de la société ? Conduit-il à un véritable projet de vie ? Permet-il une société meilleure et plus humaniste ? Doit-on en faire sa doxa, ou au contraire laisser chaque individu à son sort ? L'avenir du couple aujourd'hui, doit-il passer par des réformes (politiques et économiques) pour sa survie ? Se porte-t-il mieux que jadis ? Pourquoi va-t-il mal ? À quoi sert-il dans la société présente ? Permet-il encore (presque) toutes les certitudes ou incertitudes ? Participe-t-il encore aux différentes théories des évolutions de l'homme ? Rend-il heureux et pour longtemps ?

Autant de questions parcourant nombre de personnes aujourd'hui, dans leurs quêtes et attentes, aussi déceptions et fantasmes qu'il représente. Pour d'autres non, car leur expérience s'avère aboutie sur tous les points essentiels. Car aujourd'hui, les fragilités du couple se regardent dans les peurs et incertitudes paralysant le cours de l'existence, sans savoir, ni pourquoi et comment. Fragilisant les structures de jadis (liens humains, normes sociales et économiques).

Ces ouvrages ne se veulent comme des guides à nombre de questions, mais comme à toute une réflexion, de l'ordre de l'humain à partager.

Olivier Necker, (Formation sciences humaines/Éducateur/Formateur, Photographe.)

Ce premier essai provient de recherches, de rencontres et échanges humains pour tenter une autre approche de l'image à l'écrit. En parcourant nombre de cultures, dans un regard photographique sur l'humain, ses instants de vie, ses paysages, sa relation à la nature, à la vie, à l'amour et la mort. Par une approche singulière des points communs et différences des hommes et des femmes.

---

[1] n.m. (du lat. *Placae*, plaire) État de contentement que crée chez quelqu'un la satisfaction d'une tendance, d'un besoin, d'un désir ; bien-être, faire plaisir à

quelqu'un, – volontiers – par caprice. Psychan. Principe de plaisir ; principe régissant le fonctionnement psychique selon lequel l'activité psychique à pour but d'éviter le déplaisir et de procurer le plaisir (par oppos. à principe de réalité).

[2] Gustav Fechner médecin (inventeur du terme Psychophysique) introduit vers 1860 la notion de seuil de perception et précisa les méthodes d'investigations permettant de les repérer.

[3] *Traité de la réforme de l'entendement* (1661-1677) Baruch Spinoza.

[4] (1924-2000) Sociologue britannique, dont les principaux travaux portèrent sur la sociolinguistique du langage et ses codes.

[5] Article 29-1 de la Déclaration universelle des droits de l'homme.

[6] Article 16-2 de la Déclaration universelle des droits de l'homme.

[7] Tableaux de l'Économie Française - Édition 2007. Tableaux de l'Économie Française - Édition 2007.

[8] n.m. (lat. *sacrificium*). Offrande à une divinité et, en particulier. – Renoncement volontaire à quelque chose.

[9] INED : Institut National d'Étude Démographique.

[10] n.f. (lat. nuptiae). Festin et réjouissances qui accompagnent un mariage ; ensemble des personnes qui y participent.

[11] n.f. (grec agapê, amour). Repas commun des premiers chrétiens.

[12] Art. 26-1 – Toute déclaration de nationalité doit, à peine de nullité, être enregistrée soit par le juge d'instance, pour les déclarations souscrites en France, soit par le ministre de la justice pour les déclarations souscrites à l'étranger.

[13] Article 16-1 de la Déclaration universelle des droits de l'homme.

[14] Philippe II Auguste (1165-1223), fils de Louis VII et d'Adèle de Champagne, roi de France de 1180 à 1223.

[15] **Art. 159** – S'il n'y a ni père, ni mère, ni aïeuls, ni aïeules, ou s'ils se trouvent tous dans l'impossibilité de manifester leur volonté, les mineurs de dix-huit ans ne peuvent contracter mariage sans le consentement du conseil de famille.

[16] **Art. 50** – Toute contravention aux articles précédents, de la part des fonctionnaires y dénommés, sera poursuivie devant le tribunal de grande instance, et punie d'une amende de 3 à 30 €.

[17] **Art. 99** – La rectification des actes de l'état civil est ordonné par le président du tribunal.

La rectification des jugements déclaratifs ou supplétifs d'actes de l'état civil est ordonné par le tribunal.

La requête en rectification peut être présentée par toute personne intéressée ou par le procureur de la République ; celui-ci est tenu d'agir d'office quand l'erreur ou l'omission porte sur une indication essentielle de l'acte ou de la décision qui en tient lieu.

Le procureur de la République territorialement compétent peut procéder à la rectification administrative des erreurs et omissions purement matérielles des actes de l'état civil ; à cet effet, il donne directement les instructions utiles aux dépositaires des registres.

[18] n.m. (lat. *Praecipuum*). Droit reconnu à certaines personnes appelées à un partage de prélever, avant celui-ci, une somme d'argent ou certains biens de la masse à partager. Apparaît à l'article 38 du Code civil en annexe, Loi n° 2006-728 (JO 24 juin 2006) – au Titre premier – *Dispositions relatives aux successions.*

[19] Extrait de « Offrandes ».

[20] Sixième mois de l'année républicaine, commençait le 19, 20 ou 21 février et finissait le 20 ou 21 Mars, à la fin de l'hiver. Calendrier en usage du 24 octobre 1793 au 1er janvier 1806.

[21] Bgerliches Gesetzbuch.

[22] Parfum à base de bergamote et de santal, dont le nom provient de l'île de Chypre, en Méditerranée.

[23] n.m. (g *paidion*, petit garçon) Jeune noble placé au service d'un seigneur.

[24] Voir le bulletin d'information statistique du Ministère de la Justice, réalisé par Valérie Carrasco, « Infosat Justice », Octobre 2007, n° 97, ISSN 1252-7114. Cette lettre explique aussi les sources et méthodes pour la réalisation des données.

[25] Collectivités Outre-mer, anciennement DOM, Départements Outre-mer.

[26] Voir chapitre : Contrat de Mariage – Titre V. – Du contrat de mariage et des régimes matrimoniaux du Code civil.

[27] Caius Aurelius Valerius Diocles Diocletianus (245-313).

[28] (1772-1837). Théoricien et économiste, qui publia en 1829, *Nouveau Monde industriel et sociétaire*, préconisa ce que beaucoup considérèrent comme une utopie sociale. Par sa vision d'une organisation sociale, basé sur des petites unités autonomes, composées d'hommes et de femmes de caractères différents, facilitant « l'amour », aussi une meilleure répartition des talents, du travail et du capital.

[29] n. (de l'ancien fr. *Amer,* aimer) personne qui éprouve un amour partagé pour quelqu'un de l'autre sexe. Homme avec qui une femme a des relations sexuelles en dehors du mariage. Partenaire sexuel.

[30] n.f. Femme avec laquelle un homme a des relations sexuelles en dehors du mariage.

[31] Extrait de « Offrandes ».

[32] Famille conjugale où les parents sont issus d'une union antérieure de chacun des conjoints.

[33]

[34] Article 26-3 de la Déclaration universelle des droits de l'homme.

[35] 793 - §1. : Les parents, ainsi que ceux qui en tiennent lieu, sont astreints par l'obligation et ou le droit d'éduquer leurs enfants ; les parents catholiques ont aussi le devoir et le droit de choisir les moyens et les institutions par lesquels, selon les conditions locales, ils pourront le mieux pourvoir à l'éducation catholique de leurs enfants.

[36] 795 : L'éducation véritable doit avoir pour but la formation intégrale de la personne humaine qu'a en vue la fin dernière de celle-ci en même temps que le bien commun de la société. Les enfants et les jeunes seront donc fermés de telle façon qu'ils puissent développer harmonieusement leurs dons physiques, moraux et intellectuels, qu'ils acquièrent un sens plus parfait de la responsabilité et un juste usage de la liberté, et qu'ils deviennent capables de participer activement à la vie sociale.

[37] Penseur, écrivain et philosophe autrichien (1926-2002). L'ensemble de ses travaux portèrent sur l'écologie politique, par de nombreuses œuvres qui firent débats au cours des années soixante et soixante-dix, tels : *Une société sans école - ABC, l'alphabétisation de l'esprit populaire -Le Genre vernaculaire*, et bien d'autres.

[38] Nom latin de l'humaniste tchèque Jan Ámos Komenský (1592-1670), considéré comme une des précurseurs de la pédagogie moderne. Auteur de *La Grande Didactique*.

[39] Mission interministérielle de vigilance et de lutte contre les dérives sectaires.

[40] Pédiatre et psychiatre américain (1903-1998). Un de ses best-sellers, traduit dans plus de trente langues reste : « *Comment soigner et éduquer son enfant* », publié en 1946, au titre original : « *The common sense book of baby and child care* ».

[41] mot datant de la révolution française de 1789.

[42] Gottfried Wilhelm Leibniz (1646-1716). Philosophe et savant allemand, inventeur en 1676 du calcul infinitésimal, recouvrant le calcul différentiel et le calcul intégral sur les infiniment petits et les limites. Intellectuel du rationalisme par son système sur la religion chrétienne et la philosophie.

www.ingramcontent.com/pod-product-compliance
Lightning Source LLC
Chambersburg PA
CBHW071209240726
48654CB00009B/705